川北は、社会を支える巨大な[　　　　　　　　]を通じ、
環境に優しい、より豊かな社会づくりに取り組んでいます。

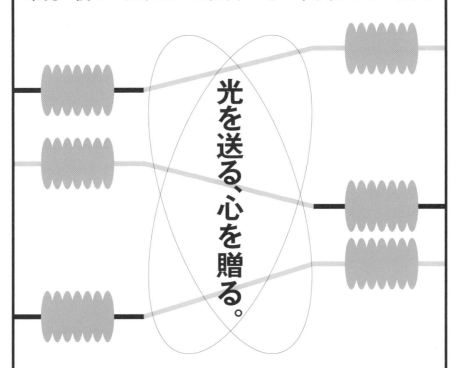

光を送る、心を贈る。

営業品目
送電線・地中線・電気設備　設計施工
電気機器材料製造加修販売／電気計装設計施工

 川北電気工業株式会社

取締役会長　牛嶋教雄　　　取締役社長　大津正己

本　　　社	〒460-0008　名古屋市中区栄四丁目6番25号　☎(052)251-7111（代表）
東京支社	〒101-0041　東京都千代田区神田須田町一丁目3番地　☎(03)5295-1051（代表）

支社・営業所／電設中部本店・電力中部本店・東部電力・大阪・静岡・九州・東北・茨城・栃木・埼玉・千葉
　　　　　　　横浜・浜松・豊橋・三河・豊田・春日井・岐阜・三重・北陸・中国・沖縄／名古屋工場

http://www.kawakita.co.jp

心をつなぐ、明日を照らす。
（ハート）

情報通信 電力工事
電設・設備工事

中央電気工事株式会社

- ■本　　　社　〒460-8434　愛知県名古屋市中区栄三丁目14番22号　TEL(052)262-2151
- ■神宮東分室　〒456-0033　愛知県名古屋市熱田区花表町1番20号　TEL(052)871-3161
- ■東 京 支 社　〒160-0022　東京都新宿区新宿五丁目7番17号　TEL(03)3341-0193
- ■静 岡 支 社　〒420-0029　静岡県静岡市葵区研屋町29番地6　TEL(054)275-1618
- ■営 業 所　　仙台・茨城・埼玉・神奈川・北陸・岐阜・浜松・豊橋・安城・刈谷・西尾・とこなめ・稲沢・小牧・三重・大阪

2018年版
電力役員録

目　　次

■電力役員人事の視点

北海道電力 ……………　5
東北電力 ………………　27
東京電力グループ ……　53
中部電力 ………………　105
北陸電力 ………………　129
関西電力 ………………　149
中国電力 ………………　177
四国電力 ………………　203
九州電力 ………………　227
沖縄電力 ………………　257
電源開発 ………………　271
日本原子力発電 ………　289

電氣新聞

2018 電力役員人事の視点

　電力各社とＪパワー（電源開発）、日本原子力発電で新たな役員体制が発足した。今年は九州電力で6年ぶりのトップ交代があったほか、電力8社（北海道、沖縄除く）やＪパワー、原電で副社長がそれぞれ1～2人交代した。全般的に取締役は小幅な変化にとどまったと言えるが、各社とも執行役員は入れ替わっており、本格競争をはじめ経営環境が大きく変わる時代に対応した布陣としている。

　2018年、経営陣に大きな変化があったのは九州電力だ。東日本大震災後の12年4月から「貫正義会長―瓜生道明社長」体制が続いたが、6年ぶりのトップ交代に踏み切り、取締役・常務執行役員だった池辺和弘氏が6月27日付で社長に就いた。池辺氏は企画畑が長いが、松尾新吾特別顧問の秘書を務めた経験もあり、次代のホープとして期待されていた。九州電力は川内、玄海の原子力4基が再稼働を果たしただけに、今後の持続的な成長に向けて池辺社長の手腕が期待されている。

　また、東北電力では執行役員の異動が多かった。常務執行役員に7氏、上席執行役員に1氏、執行役員（待遇含む）に11氏が起用された。九州電力も理事制度を廃止したこともあり、上席執行役員に2氏、執行役員に19氏が就いた。その一方で、沖縄電力では今年は役員の異動はなかった。

　ここ数年の経営トップ交代を見ると、15年度に5社、16年度は3社と続き、17年度は東京電力ホールディングス（東電ＨＤ）で経営陣が大幅に変わった。18年度は九州電力だけだったが、電気事業の構造自体が変化している中で、19年度以降は再び多くの会社でトップ交代が行われることが予想される。

経営機構改革の面では、20年4月に迫った発送電分離（送配電部門の法的分離）を控え、準備作業の一環として、各社（東電HDを除く）で送配電カンパニーなどを相次いで設置している。今後は19年6月の株主総会での承認を得て、送配電部門を正式に分社化することになる。

　また、今年は東北電力と九州電力が6月27日の株主総会での議案採択を受け、監査等委員会設置会社に移行した。東北電力では常任監査役1氏、社外監査役3氏の計4氏が取締役監査等委員に就いた。九州電力でも監査役2氏、社外監査役3氏の計5人が新たに取締役監査等委員に就任した。電力業界で監査等委員会設置会社に移行するのは16年度の中国電力、17年度の四国電力に続き、合計で4社となった。

　今年は電気事業連合会でも役員人事があった。専務理事・福島支援本部長に中部電力取締役・専務執行役員だった清水成信氏が4月1日付で就任。また、6月27日付で四国電力の佐伯勇人社長が非常勤の副会長に就任したほか、理事・事務局長には東北電力執行役員だった大森聡氏が就いた。

　電力系工事会社では、中電工の社長には迫谷章氏（前中国電力副社長）が6月26日付で就任。北陸電気工事の社長には矢野茂氏（前北陸電力副社長）、四電工の社長には宮内義憲氏（前四国電力副社長）がそれぞれ6月28日付で就いた。また、九電工の会長には佐藤尚文氏（前九州電力副社長）が6月27日付で就任した。

北海道

北 海 道 電 力

〒060-8677　札幌市中央区大通東1丁目2番地
☎　0 1 1 － 2 5 1 － 1 1 1 1 (代表)

北海道電力は2018年6月27日に役員人事を正式に決定した。14年9月に就任した真弓明彦社長のもと、新たな顔ぶれで、激しさを増す競争への対応や収支・財務基盤の強化、泊発電所の早期再稼働、総合エネルギー企業化など多岐にわたる経営課題に立ち向かう。

　取締役人事では舟根俊一氏が取締役・常務執行役員に昇格。大井範明氏と石黒基氏は退任した。大井氏はほくでんエコエナジー社長に専任となった。石黒氏は6月28日付で北電興業の常務に就いている。社外取締役には、新たに北海道教育大学名誉教授の鵜飼光子氏を迎えた。社外を含めて取締役は1人減り、13人体制。常任監査役には、秋田耕児監査役が昇任した。常任監査役は古郡宏章氏と秋田氏の2人体制となっている。

　7月1日には新たな常務執行役員に原田憲朗、細野一広、大杉秀樹の3氏を任用した。新執行役員には丸木卓也、村山淳、坂本浩之、奥村敦史の4氏を起用した。同日付で執行役員制度も改正。取締役以外でも常務執行役員を選任できるよう見直した。上席執行役員は廃止し、従来の執行役員と一本化している。

　6月27日には上席執行役員の中村満氏と髙橋豊氏が退任した。6月28日付で中村氏は北海電気工事の取締役に就任。髙橋氏は北海道パワーエンジニアリングの取締役に就いた。

役員の担当 ◇ 北海道電力

役職	氏名	担当
取締役会長	佐藤　佳孝	☆
取締役社長 社長執行役員	真弓　明彦	原子力推進本部長
取締役副社長 副社長執行役員	藤井　　裕	送配電カンパニー社長、原子力推進本部本部長代理 新エネルギー・再生可能エネルギー担当
取締役副社長 副社長執行役員	森　　昌弘	原子力推進本部本部長代理 環境室・総合研究所・人事労務部・総務部担当
取締役副社長 副社長執行役員	阪井　一郎	原子力事業統括部長、原子力推進本部本部長代理 火力部・石狩湾新港火力発電所建設所担当
取締役 常務執行役員	氏家　和彦	原子力推進本部副本部長 経営企画室・総合エネルギー事業部担当、経営改革担当
取締役 常務執行役員	魚住　　元	原子力事業統括部長補佐、原子力推進本部副本部長 情報通信部・水力部・土木部担当
取締役 常務執行役員	高橋多華夫	原子力推進本部副本部長 販売推進部・首都圏販売部・広報部担当
取締役 常務執行役員	藪下　裕己	送配電カンパニー副社長 内部監査室・秘書室・経理部・資材部担当
取締役 常務執行役員	瀬尾　英生	原子力監査室担当、地域産業経済担当、コンプライアンス担当
取締役 常務執行役員	舟根　俊一	原子力事業統括部長補佐、原子力推進本部副本部長 泊原子力事務所長
取締役	市川　茂樹	☆
取締役	鵜飼　光子	☆
常任監査役	古郡　宏章	（常勤）
常任監査役	秋田　耕児	（常勤）
監査役	長谷川　淳	☆
監査役	成田　教子	☆
監査役	藤井　文世	☆

取締役会長
佐藤　佳孝
（さとう・よしたか）

出身地　北海道
50年4月22日生
（昭和25年）
趣味　読書、スキー
信条

学歴
74（昭和49）年3月東京工業大学理学部情報科学科卒
職歴
74年4月北海道電力入社、93年2月札幌支店札幌西営業所長、96年3月札幌支店営業部次長、98年8月旭川支店営業部長、01年3月情報通信部次長、02年6月情報通信部長、03年7月理事・情報通信部長、05年6月理事・企画本部副本部長（情報通信部担当）・情報通信部長、06年6月常務取締役、08年3月取締役社長、12年3月取締役会長

取締役社長
社長執行役員
真弓　明彦
（まゆみ・あきひこ）

出身地　北海道
54年5月7日生
（昭和29年）
趣味　観戦・観劇・鑑賞、
　　　ゴルフ
信条

学歴
79（昭和54）年3月北海道大学工学部電気工学科卒
職歴
79年4月北海道電力入社、97年7月札幌支店電力部送電グループリーダー、00年3月工務部送電技術グループリーダー、02年3月工務部送電グループリーダー、同年8月工務部工務企画グループリーダー、03年6月旭川支店電力部長、04年3月旭川統括電力センター所長、05年3月札幌統括電力センター所長、06年6月岩見沢支店長、08年6月流通本部副本部長兼工務部長、同年7月理事・流通本部副本部長兼工務部長、12年6月常務取締役、14年1月取締役副社長、同年6月取締役副社長　副社長執行役員、同年9月取締役社長　社長執行役員

取締役副社長
副社長執行役員
藤井　裕
（ふじい・ゆたか）

出身地　北海道
56年4月19日生
（昭和31年）
趣味　ウオーキング、ゴルフ、読書、スポーツ観戦
信条

学歴
81（昭和56）年3月宇都宮大学工学部電気工学科卒
職歴
81年4月北海道電力入社、99年3月旭川支店電力部送電グループリーダー、02年8月工務部送電グループリーダー、03年8月工務部工務企画グループリーダー、05年3月釧路統括電力センター所長、06年6月工務部次長、07年6月室蘭支店長、10年6月人事労務部長、11年7月理事・人事労務部長、14年6月上席執行役員、15年6月取締役 常務執行役員、16年6月取締役副社長 副社長執行役員、18年4月取締役副社長 副社長執行役員・送配電カンパニー社長

取締役副社長
副社長執行役員
森　昌弘
（もり・まさひろ）

出身地　北海道
57年8月25日生
（昭和32年）
趣味　家庭菜園、ウオーキング
信条

学歴
80（昭和55）年3月東北大学法学部卒
職歴
80年4月北海道電力入社、99年6月企画部経営企画グループリーダー、02年6月企画部次長、05年6月苫小牧支店長、07年6月東京支社長、08年6月企画本部副本部長兼企画部長、同年7月理事・企画本部副本部長兼企画部長、12年6月常務取締役、14年6月取締役 常務執行役員、17年6月取締役副社長 副社長執行役員

取締役副社長
副社長執行役員
阪井　一郎
（さかい・いちろう）

出身地　北海道
57年4月13日生
（昭和32年）
趣味　読書、美術鑑賞
信条

学歴
80（昭和55）年3月京都大学工学部物理工学科卒、82年3月京都大学大学院工学研究科修了
職歴
82年4月北海道電力入社、01年8月原子力部設計グループリーダー、06年3月泊原子力発電所建設所次長、09年1月泊発電所次長、同年4月企画部次長、10年6月企画部経営企画グループリーダー、11年6月発電本部副本部長兼原子力部長、同年7月理事・発電本部副本部長兼原子力部長、13年6月常務取締役・泊原子力事務所長、14年6月取締役　常務執行役員・泊原子力事務所長、16年6月取締役　常務執行役員、17年6月取締役副社長　副社長執行役員

取締役
常務執行役員
氏家　和彦
（うじいえ・かずひこ）

出身地　北海道
59年8月18日生
（昭和34年）
趣味
信条

学歴
82（昭和57）年3月北海道大学法学部法学科卒
職歴
82年4月北海道電力入社、02年3月経理部経理企画グループリーダー、05年8月企画部経営管理グループリーダー、08年6月企画部次長、10年7月小樽支店長、12年6月企画部長、13年7月理事・企画部長、14年7月執行役員・企画部長、15年7月上席執行役員・企画部長、16年6月取締役　常務執行役員

取締役
常務執行役員
魚住　元
（うおずみ・げん）

出身地　北海道
59年2月22日生
（昭和34年）
趣味　読書、ウオーキング
信条

学歴
81（昭和56）年3月北海道大学工学部電気工学科卒、83年3月北海道大学大学院工学研究科修了

職歴
83年4月北海道電力入社、02年10月原子力部原子力企画グループリーダー、05年6月企画部次長、09年4月原子力部原子燃料統括室長、12年6月広報部長、13年7月理事・広報部長、14年7月執行役員・広報部長、15年7月上席執行役員・広報部長、16年6月取締役 常務執行役員・泊原子力事務所長、18年6月取締役 常務執行役員

取締役
常務執行役員
高橋　多華夫
（たかはし・たかお）

出身地　北海道
56年9月29日生
（昭和31年）
趣味
信条

学歴
80（昭和55）年3月創価大学経営学部経営学科卒

職歴
80年4月北海道電力入社、96年3月釧路支店弟子屈営業所長、98年8月苫小牧支店総務グループリーダー、02年3月営業部営業計画グループリーダー、04年3月エネルギーソリューション部次長、07年4月札幌支店営業部長、09年4月総務部長、11年6月東京支社長、同年7月理事・東京支社長、13年6月理事・営業部長、14年7月執行役員・営業部長、15年1月上席執行役員・札幌支店長、17年6月取締役 常務執行役員

**取締役
常務執行役員
藪下　裕己**
（やぶした・ひろみ）

出身地　北海道
58年5月21日生
（昭和33年）
趣味
信条

学歴
82（昭和57）年3月小樽商科大学商学部経営法学科卒
職歴
82年4月北海道電力入社、00年8月釧路支店総務部経理グループリーダー、02年8月経理部決算グループリーダー、03年3月経理部予算グループリーダー、05年8月経理部決算グループリーダー、09年6月経理部次長、10年6月経理部予算グループリーダー、11年6月経理部経理企画グループリーダー、12年6月帯広支店長、14年4月経理部長、15年7月執行役員・経理部長、16年7月上席執行役員・経理部長、17年6月取締役 常務執行役員、18年4月取締役 常務執行役員・送配電カンパニー副社長

**取締役
常務執行役員
瀬尾　英生**
（せお・ひでお）

出身地　北海道
58年4月14日生
（昭和33年）
趣味　ウオーキング
信条

学歴
82（昭和57）年3月小樽商科大学商学部経済学科卒
職歴
82年4月北海道電力入社、07年6月事業推進部部長、09年2月事業推進部付北海道経済連合会出向、15年1月旭川支店長、16年6月監査役、17年6月取締役 常務執行役員

北海道

取締役
常務執行役員
舟根　俊一
（ふなね・しゅんいち）

出身地　北海道
59年3月7日生
（昭和34年）
趣味
信条

学歴
81（昭和56）年3月新潟大学工学部電子工学科卒、83年3月新潟大学大学院工学研究科修了

職歴
83年4月北海道電力入社、97年12月泊発電所電気保修課長、02年3月原子力部原子力運営グループリーダー、05年3月泊発電所次長、09年4月原子力部次長、10年6月原子力部原子力設備グループリーダー、12年10月原子力部経年化対応グループリーダー、13年2月原子力部部長、14年6月泊発電所長、同年7月執行役員・泊発電所長、16年7月上席執行役員・泊発電所長、18年6月取締役 常務執行役員・泊原子力事務所長

取締役
市川　茂樹
（いちかわ・しげき）

出身地　北海道
47年7月1日生
（昭和22年）
趣味
信条

学歴
71（昭和46）年3月北海道大学法学部卒

職歴
74年4月弁護士登録・札幌弁護士会入会、00年4月札幌弁護士会会長（01年3月退任）、01年4月北海道弁護士会連合会理事長（02年3月退任）、03年4月日本弁護士連合会副会長（04年3月退任）、12年6月北海道電力監査役、16年6月取締役

取締役
鵜飼　光子
（うかい・みつこ）

出身地　群馬県
52年4月20日生
（昭和27年）
趣味
信条

学歴
75（昭和50）年3月群馬大学教育学部卒、77年3月千葉大学大学院園芸学研究科修士課程修了、82年9月お茶の水女子大学大学院人間文化研究科博士課程修了

職歴
83年4月お茶の水女子大学大学院人間文化研究科助手、85年4月群馬女子短期大学助教授、91年4月武蔵丘短期大学助教授、01年4月北海道教育大学大学院教育学研究科教授、18年4月名誉教授、18年6月北海道電力取締役

常任監査役
古郡　宏章
（ふるごおり・ひろあき）

出身地　北海道
56年12月29日生
（昭和31年）
趣味　読書
信条

学歴
80（昭和55）年3月早稲田大学政治経済学部経済学科卒

職歴
80年4月北海道電力入社、99年3月経理部財務グループリーダー、01年3月事業推進部事業管理グループリーダー、03年8月事業推進部事業統括グループリーダー、04年8月経理部次長、09年6月経理部長、11年6月岩見沢支店長、同年7月理事・岩見沢支店長、14年6月上席執行役員、15年6月取締役　常務執行役員、17年6月常任監査役

常任監査役
秋田　耕児
（あきた・こうじ）

出身地　北海道
58年6月4日生
（昭和33年）
趣味
信条

学歴
81（昭和56）年3月北海道大学工学部応用物理学科卒
職歴
81年4月北海道電力入社、02年8月工務部自由化対応グループリーダー、05年3月工務部給電計画グループリーダー、06年3月企画部電力市場取引室長、07年10月営業部次長、09年4月工務部中央給電指令所長、12年4月工務部系統運用グループリーダー、13年9月工務部部長（系統運用担当）、15年6月総合研究所長、同年7月執行役員・総合研究所長、17年6月監査役、18年6月常任監査役

監査役
長谷川　淳
（はせがわ・じゅん）

出身地　北海道
43年12月13日生
（昭和18年）
趣味
信条

学歴
71（昭和46）年3月北海道大学大学院工学研究科電気工学専攻博士課程修了
職歴
71年4月北海道大学工学部講師、85年4月工学部教授、97年4月大学院工学研究科教授、04年4月函館工業高等専門学校校長（09年3月退任）、09年4月北海道情報大学学長、13年4月顧問（14年3月退任）、同年6月北海道電力監査役

監査役
成田　教子
（なりた・のりこ）

出身地　北海道
51年4月11日生
（昭和26年）
趣味　旅行、音楽
信条

学歴
76（昭和51）年3月北海道大学法学部卒
職歴
79年4月弁護士登録・札幌弁護士会入会、廣岡得一郎法律事務所入所、93年1月成田教子法律事務所開設（現成田・武野法律事務所）、14年12月北海道労働委員会会長（16年11月退任）、16年6月北海道電力監査役

監査役
藤井　文世
（ふじい・ふみよ）

出身地　群馬県
54年8月20日生
（昭和29年）
趣味
信条

学歴
79（昭和54）年3月東京大学経済学部卒
職歴
79年4月㈱北海道拓殖銀行入行、11年6月㈱札幌北洋ホールディングス取締役 事務局長、同年6月㈱北洋銀行取締役 持株会社担当、12年10月取締役 経営企画部長、14年6月常務取締役、17年6月常勤監査役、同年6月北海道電力監査役

執行役員の担当　◇　北海道電力

常務執行役員	原田	憲朗	人事労務部長、㈱ほくでんアソシエ兼務出向
常務執行役員	細野	一広	送配電カンパニー工務部長
常務執行役員	大杉	秀樹	送配電カンパニー業務部長
執行役員	今野	満	総務部長
執行役員	松原	宏樹	道央支社長
執行役員	槙	信弘	原子力事業統括部長補佐 兼原子力推進本部副本部長
執行役員	上野	昌裕	経営企画室長 兼原子力推進本部付部長
執行役員	荒矢	貴洋	火力部長、北海道パワーエンジニアリング㈱兼務出向
執行役員	濱谷	將人	総務部部長
執行役員	鍋島	芳弘	総合エネルギー事業部長
執行役員	中川	秀世	販売推進部長
執行役員	梅澤	秀敏	道北支社長
執行役員	斉藤	晋	苫東厚真発電所長
執行役員	勝海	和彦	原子力事業統括部原子力部長 兼原子力推進本部付部長
執行役員	藪	正樹	土木部長 兼原子力事業統括部原子力土木部長 兼原子力推進本部付部長
執行役員	皆川	和志	総合研究所長
執行役員	名畑	優	広報部長 兼原子力推進本部付部長
執行役員	小林	剛史	経理部長
執行役員	佐藤	斉	東京支社長
執行役員	大野	浩	送配電カンパニー札幌支店長
執行役員	加藤	正浩	送配電カンパニー帯広支店長
執行役員	丸木	卓也	首都圏販売部長
執行役員	村山	淳	奈井江発電所長 兼砂川発電所長
執行役員	坂本	浩之	原子力事業統括部泊発電所長
執行役員	奥村	敦史	送配電カンパニー配電部長

常務執行役員
原田　憲朗
（はらだ・のりあき）

出身地　北海道
61年9月19日生
（昭和36年）

学歴	85（昭和60）年3月室蘭工業大学工学部電気工学科卒
職歴	85年4月北海道電力入社、04年3月配電部基盤整備グループリーダー、05年3月配電部総合企画グループリーダー、06年8月岩見沢支店滝川営業所長、09年4月苫小牧支店営業部長、12年4月配電部業務企画グループリーダー、14年6月配電部長、16年7月執行役員・配電部長、17年6月執行役員・人事労務部長、18年7月常務執行役員・人事労務部長

常務執行役員
細野　一広
（ほその・かずひろ）

出身地　北海道
63年1月1日生
（昭和38年）

学歴	85（昭和60）年3月北見工業大学工学部電気工学科卒
職歴	85年4月北海道電力入社、03年8月旭川支店電力部送電グループリーダー、04年3月旭川統括電力センター送電グループリーダー、06年3月工務部送電グループリーダー、09年4月旭川統括電力センター北見電力センター所長、11年4月工務部工務企画グループリーダー、15年6月札幌統括電力センター所長、17年7月執行役員・札幌統括電力センター所長、18年4月執行役員・送配電カンパニー札幌支店電力部長、同年6月執行役員・送配電カンパニー工務部長、同年7月常務執行役員・送配電カンパニー工務部長

常務執行役員
大杉　秀樹
（おおすぎ・ひでき）

出身地　北海道
61年1月3日生
（昭和36年）

学歴	83（昭和58）年3月小樽商科大学商学部商業学科卒
職歴	83年4月北海道電力入社、01年3月苫小牧支店お客さまセンターグループリーダー、02年3月苫小牧支店販売グループリーダー、03年8月営業部電力購入グループリーダー、04年3月営業部料金企画グループリーダー、06年8月釧路支店営業部長、09年4月企画部次長（原価企画担当）、10年6月苫小牧支店長、13年7月営業部付ほくでんサービス株出向、15年9月営業部部長、18年4月送配電カンパニー業務部長、同年7月常務執行役員・送配電カンパニー業務部長

執行役員
今野　満
（こんの・みつる）

出身地　北海道
59年10月28日生
（昭和34年）

学歴　82（昭和57）年3月慶応義塾大学法学部政治学科卒
職歴　82年4月北海道電力入社、00年3月東京支社総務グループリーダー、03年8月広報部広報計画グループリーダー、04年3月広報部情報センターグループリーダー、05年3月秘書室秘書グループリーダー、07年6月総務部次長、10年6月秘書室長、13年7月理事・函館支店長、14年7月執行役員・函館支店長、15年6月執行役員・総務部長、16年7月上席執行役員・総務部長、18年7月執行役員・総務部長

執行役員
松原　宏樹
（まつばら・ひろき）

出身地　北海道
59年11月27日生
（昭和34年）

学歴　82（昭和57）年3月岩手大学工学部電気工学科卒
職歴　82年4月北海道電力入社、98年3月苫小牧支店営業開発グループリーダー、00年4月事業推進部関連事業グループ、同年8月事業推進部事業企画グループ、同年11月営業部付㈱エナジーフロンティア出向、06年3月エネルギーソリューション部次長、08年4月旭川支店営業部長、11年6月営業部長、14年4月帯広支店長、15年7月執行役員・帯広支店長、16年6月執行役員・広報部長、同年7月上席執行役員・広報部長、18年4月上席執行役員・道央支社長、同年7月執行役員・道央支社長

執行役員
槙　信弘
（まき・のぶひろ）

出身地　北海道
60年10月21日生
（昭和35年）

学歴　83（昭和58）年3月北海道大学工学部原子工学科卒
職歴　83年4月北海道電力入社、98年3月原子力部安全審査グループリーダー、03年8月東京支社技術グループリーダー、04年3月原子力部設計グループ、06年3月原子力部原子力企画グループリーダー、07年8月泊原子力発電所建設所次長、09年1月泊発電所発電室長、11年6月企画部経営企画グループリーダー、13年6月原子力部長、14年7月執行役員・原子力部長、17年6月執行役員・発電本部副本部長（原子力安全担当）、同年7月上席執行役員・発電本部副本部長（原子力安全担当）、18年4月上席執行役員・原子力事業統括部長補佐、同年7月執行役員・原子力事業統括部長補佐

執行役員
上野　昌裕
（うえの・まさひろ）

出身地　北海道
60年12月13日生
（昭和35年）

- 学歴　83（昭和58）年3月北海道大学工学部電気工学科卒
- 職歴　83年4月北海道電力入社、01年3月旭川支店電力部工務グループリーダー、03年3月工務部電力システムグループリーダー、05年6月企画部総合計画グループリーダー、08年6月企画部次長、10年6月企画部総合計画グループリーダー、11年7月函館統括電力センター所長、14年6月工務部長、15年7月執行役員・工務部長、16年6月執行役員・企画部長、17年7月上席執行役員・企画部長、18年4月上席執行役員・経営企画室長、同年7月執行役員・経営企画室長

執行役員
荒矢　貴洋
（あらや・たかひろ）

出身地　北海道
60年9月21日生
（昭和35年）

- 学歴　83（昭和58）年3月京都大学工学部物理工学科卒
- 職歴　83年4月北海道電力入社、06年3月泊原子力発電所建設所機械課長、09年1月泊発電所機械保修課課長、同年12月泊発電所機械保修課長、11年6月泊発電所次長、13年6月企画部経営企画グループリーダー、15年6月室蘭支店長、16年7月執行役員・室蘭支店長、17年6月執行役員・火力部長、同年7月上席執行役員・火力部長、18年7月執行役員・火力部長

執行役員
濱谷　將人
（はまや・まさと）

出身地　北海道
59年1月3日生
（昭和34年）

- 学歴　82（昭和57）年3月早稲田大学社会科学部社会科学科卒
- 職歴　82年4月北海道電力入社、02年3月立地環境部総括グループリーダー、04年8月泊原子力事務所次長、06年8月広報部次長、07年7月電源立地部次長、11年7月電源立地部長、同年12月総務部立地室長、14年7月執行役員・総務部立地室長、15年6月執行役員・函館支店長、16年4月執行役員・総務部部長、17年7月上席執行役員・総務部部長、18年7月執行役員・総務部部長

執行役員
鍋島　芳弘
（なべしま・よしひろ）

出身地　北海道
58年4月12日生
（昭和33年）

学歴	83（昭和58）年3月北海道大学経済学部経済学科卒
職歴	83年4月北海道電力入社、08年4月総合研究所経済グループリーダー、12年5月企画部付北海道食産業総合振興機構出向、15年9月企画部部長（事業戦略担当）、16年6月企画部事業戦略室長、同年7月執行役員・企画部事業戦略室長、18年1月執行役員・企画部事業戦略室長兼企画部事業戦略室ガス＆ソリューショングループリーダー、同年4月執行役員・総合エネルギー事業部長

執行役員
中川　秀世
（なかがわ・ひでよ）

出身地　北海道
61年8月24日生
（昭和36年）

学歴	84（昭和59）年3月東海大学工学部経営工学科卒
職歴	84年4月北海道電力入社、04年3月小樽支店お客さまセンターグループリーダー、06年3月営業部営業業務グループリーダー、07年4月営業部営業企画グループリーダー、08年4月函館支店営業部長、11年4月営業部営業業務グループリーダー、12年6月営業部営業企画グループリーダー、14年6月北見支店長、16年6月旭川支店長、同年7月執行役員・旭川支店長、17年6月執行役員・営業部長、18年4月執行役員・販売推進部長

執行役員
梅澤　秀敏
（うめざわ・ひでとし）

出身地　北海道
60年2月5日生
（昭和35年）

学歴	83（昭和58）年3月成蹊大学法学部政治学科卒
職歴	83年4月北海道電力入社、01年8月旭川支店営業部営業開発グループリーダー、02年3月旭川支店営業部販売グループリーダー、04年8月エネルギーソリューション部法人営業グループリーダー、06年3月エネルギーソリューション部リビング営業グループリーダー、07年4月エネルギーソリューション部次長（東京支社駐在）、08年6月東京支社次長、11年4月函館支店営業部長、14年4月営業部部長、17年6月旭川支店長、同年7月執行役員・旭川支店長、18年4月執行役員・道北支社長

執行役員
斉藤　晋
（さいとう・すすむ）

出身地　北海道
61年1月23日生
（昭和36年）

- 学歴　83（昭和58）年3月北見工業大学工学部環境工学科卒
- 職歴　83年4月北海道電力入社、05年3月人事労務部人事計画グループリーダー、07年4月企画部設備計画グループリーダー、08年4月火力部次長、10年6月火力部火力計画・環境グループリーダー、12年4月火力部火力企画グループリーダー、15年6月苫東厚真発電所長、17年7月執行役員・苫東厚真発電所長

執行役員
勝海　和彦
（かつうみ・かずひこ）

出身地　北海道
63年1月11日生
（昭和38年）

- 学歴　85（昭和60）年3月北海道大学工学部原子工学科卒、87年3月北海道大学工学研究科修了
- 職歴　87年4月北海道電力入社、03年7月原子力部原子力システム開発グループリーダー、05年3月泊発電所電気保修課長、09年12月泊発電所制御保修課長、11年4月原子力部経年化対応グループリーダー、同年6月原子力部原子力運営グループリーダー、12年10月原子力部原子力設備グループリーダー、15年8月原子力部部長、17年6月原子力部長、同年7月執行役員・原子力部長、18年4月執行役員・原子力事業統括部原子力部長

執行役員
藪　正樹
（やぶ・まさき）

出身地　北海道
62年3月22日生
（昭和37年）

- 学歴　85（昭和60）年3月北海道大学工学部土木工学科卒
- 職歴　85年4月北海道電力入社、03年8月京極水力発電所建設所土木第一課長、07年4月土木部土木エンジニアリンググループリーダー、12年4月土木部原子力土木グループリーダー、14年7月石狩湾新港火力発電所建設所長、16年6月土木部長、17年7月執行役員・土木部長、18年4月執行役員・土木部長兼原子力事業統括部原子力土木部長

執行役員
皆川　和志
（みながわ・かずし）

出身地　北海道
61年3月20日生
（昭和36年）

学歴　83（昭和58）年3月北海道大学工学部電気工学科卒、85年3月北海道大学大学院工学研究科修了

職歴　85年4月北海道電力入社、00年1月総合研究所主査研究員情報通信グループリーダー、04年8月情報通信部情報通信事業グループリーダー、07年6月情報通信部次長、09年6月情報通信部付ほくでん情報テクノロジー㈱出向、12年4月情報通信部情報通信企画グループリーダー、13年6月情報通信部長、16年7月執行役員・情報通信部長、17年6月執行役員・総合研究所長

執行役員
名畑　優
（なはた・ゆう）

出身地　北海道
60年5月30日生
（昭和35年）

学歴　83（昭和58）年3月東海大学政治経済学部経済学科卒

職歴　83年4月北海道電力入社、01年8月苫東厚真発電所総務課長、02年8月釧路支店総務部労務グループリーダー、04年3月釧路事務サポートセンター長、05年3月広報部情報センターグループリーダー、06年11月総務部付北海道電気協会出向、08年4月総務部オフィスサポートグループリーダー、10年6月総務部総務・防災グループリーダー、14年6月考査担当考査役、16年4月函館支店長、17年7月執行役員・函館支店長、18年4月執行役員・広報部長

執行役員
小林　剛史
（こばやし・つよし）

出身地　北海道
61年9月19日生
（昭和36年）

学歴　84（昭和59）年3月小樽商科大学商学部商業学科卒

職歴　84年4月北海道電力入社、05年8月経理部経理企画グループリーダー、08年6月経理部予算グループリーダー、09年5月岩見沢支店営業部長、10年7月企画部経営管理グループリーダー、15年6月企画部部長、17年6月経理部長、同年7月執行役員・経理部長

執行役員
佐藤　斉
（さとう・ひとし）

出身地　北海道
59年3月16日生
（昭和34年）

学歴　82（昭和57）年3月早稲田大学法学部卒
職歴　82年4月北海道電力入社、02年6月企画部経営企画グループリーダー、06年3月広報部報道グループリーダー、07年6月広報部次長、10年4月広報部長、12年6月小樽支店長、15年7月執行役員・小樽支店長、16年6月執行役員・秘書室長、18年6月執行役員・東京支社長

執行役員
大野　浩
（おおの・ひろし）

出身地　北海道
60年4月5日生
（昭和35年）

学歴　84（昭和59）年3月小樽商科大学商学部商業学科卒
職歴　84年4月北海道電力入社、04年3月企画部企画調査グループリーダー、06年3月企画部経営企画グループリーダー、09年4月釧路支店営業部長、11年12月総務部企業行動室長、16年6月北見支店長、17年7月執行役員・北見支店長、18年4月執行役員・送配電カンパニー札幌支店長

執行役員
加藤　正浩
（かとう・まさひろ）

出身地　北海道
58年12月14日生
（昭和33年）

学歴　82（昭和57）年3月北海道大学法学部卒
職歴　82年4月北海道電力入社、02年8月資材部主幹資材企画グループリーダー、03年6月資材部資材企画グループリーダー、07年4月資材部次長、10年6月資材部資材企画グループリーダー、11年4月札幌支店千歳支社長、13年6月資材部長、16年6月帯広支店長、同年7月執行役員・帯広支店長、18年4月執行役員・送配電カンパニー帯広支店長

執行役員
丸木　卓也
（まるき・たくや）

出身地　北海道
62年6月30日生
（昭和37年）

学歴　85（昭和60）年3月北海道大学法学部卒
職歴　85年4月北海道電力入社、04年6月エネルギーソリューション部東京担当グループリーダー、07年6月エネルギーソリューション部法人契約グループリーダー、08年6月営業部法人契約グループリーダー、09年4月営業部料金企画グループリーダー、10年7月岩見沢支店営業部長、13年4月営業部業務高度化グループリーダー、14年6月営業部営業計画グループリーダー、15年12月営業部法人サービスグループリーダー、17年4月首都圏販売部長、18年7月執行役員・首都圏販売部長

執行役員
村山　淳
（むらやま・まこと）

出身地　北海道
61年6月9日生
（昭和36年）

学歴　84（昭和59）年3月北海道大学工学部機械工学科卒、86年3月北海道大学大学院工学研究科修了
職歴　86年4月北海道電力入社、03年8月砂川発電所発電課長、06年3月火力部火力運用高度化推進グループリーダー、07年4月火力部火力計画グループリーダー、08年4月火力部火力経営企画グループリーダー、11年2月苫東厚真発電所次長、15年4月奈井江発電所長兼砂川発電所長、18年7月執行役員・奈井江発電所長兼砂川発電所長

執行役員
坂本　浩之
（さかもと・ひろゆき）

出身地　北海道
62年1月4日生
（昭和37年）

学歴　84（昭和59）年3月京都大学工学部物理工学科卒、86年3月京都大学大学院工学研究科修了
職歴　86年4月北海道電力入社、05年6月泊発電所技術課長、07年8月原子力部原子力企画グループリーダー、12年6月泊発電所次長、13年6月原子力部原子燃料統括室長、17年6月泊発電所所長代理、18年4月原子力事業統括部 泊発電所所長代理、同年6月原子力事業統括部 泊発電所所長、同年7月執行役員・原子力事業統括部 泊発電所長

執行役員
奥村　敦史
（おくむら・あつし）

出身地　北海道
62年11月15日生
（昭和37年）

| 学歴 | 86（昭和61）年3月北海道大学工学部電気工学科卒 |
| 職歴 | 86年4月北海道電力入社、04年3月旭川支店配電グループリーダー、06年3月配電部業務企画グループリーダー、09年4月岩見沢支店滝川営業所長、11年4月帯広支店営業部長、14年6月配電部業務企画グループリーダー、17年6月配電部長、18年4月送配電カンパニー配電部長、同年7月執行役員・送配電カンパニー配電部長 |

東北

東 北 電 力

〒980-8550　仙台市青葉区本町1丁目7番1号
☎　022 － 225 － 2111(代表)

東北電力は2018年4月、発電・販売カンパニー、送配電カンパニー、原子力本部の新設を柱とする組織改正を行った。これに合わせ、副社長に昇格した増子次郎氏が原子力本部長に就任。発電・販売カンパニー長に阿部俊徳常務、送配電カンパニー長に田苗博副社長がそれぞれ就いた。4月には役付執行役員制度も導入。八代浩久、松岡利彦、千釜章、春浪隆夫、伊東裕彦、加藤功、泉田融の7氏を常務執行役員に起用した。

　6月27日の株主総会を経て、監査等委員会設置会社へと移行。これに伴い、前監査役の加藤公樹、藤原作弥、宇野郁夫、馬場千晴の4氏が取締役・監査等委員に選任された。取締役数は監査等委員を含め計17人。退任した渡部孝男氏（前取締役）は同社常勤顧問、三浦直人氏（同）は東北インテリジェント通信社長、中野春之氏（同）は東北電気保安協会理事長、佐々木隆志氏（前常任監査役）はエルタス東北社長に就任した。

　新任の上席執行役員には髙野広充氏、執行役員には近藤一英、羽鳥明満、岩渕伸一、若林利明、新田盛久、江波恒夫、二階堂宏樹、石山一弘の8氏を起用。執行役員待遇には齋藤幹治、小林正明、土方薫の3氏が就任した。

　厳しさを増す競争環境や、20年に迫った送配電部門の法的分離など現在進行形で変化する経営環境に、新たな布陣、組織で臨む。

役員の担当　◇　東 北 電 力

取締役会長	海輪　誠	☆
取締役社長 社長執行役員	原田　宏哉	☆
取締役副社長 副社長執行役員	坂本　光弘	業務全般、コンプライアンス推進担当
取締役副社長 副社長執行役員	岡信　愼一	業務全般、コーポレート担当、CSR担当、IR担当、IoTイノベーション担当
取締役副社長 副社長執行役員	田苗　博	業務全般、送配電カンパニー長
取締役副社長 副社長執行役員	増子　次郎	業務全般、原子力本部長、QMS管理責任者
取締役 常務執行役員	長谷川　登	原子力本部副本部長、支店統轄
取締役 常務執行役員	山本　俊二	ビジネスサポート本部長、原子力本部副本部長
取締役 常務執行役員	阿部　俊徳	発電・販売カンパニー長
取締役 常務執行役員	樋口　康二郎	発電・販売カンパニー長代理、原子力本部副本部長
取締役	近藤　史朗	☆
取締役	小縣　方樹	☆
取締役	上條　努	☆
取締役 監査等委員	加藤　公樹	☆
取締役 監査等委員	藤原　作弥	☆
取締役 監査等委員	宇野　郁夫	☆
取締役 監査等委員	馬場　千晴	☆

取締役会長
海輪　誠
（かいわ・まこと）

出身地　東京都
49年9月25日生
（昭和24年）
趣味　絵画
信条　朝の来ない夜はない

学歴
73（昭和48）年3月東北大学法学部法律学科卒
職歴
73年4月東北電力入社、87年2月企画室総合計画課副長、89年7月営業開発本部営業部営業課副長、91年7月東京支社付電気事業連合会出向、94年2月企画部課長、98年8月企画部副部長、01年8月企画部部長、03年6月副理事・企画部部長、05年6月取締役・企画部長、07年6月上席執行役員・新潟支店長、09年6月取締役副社長・IR担当、10年6月取締役社長、15年6月取締役会長
主な公職
16年6月（一般社）東北経済連合会会長

取締役社長
社長執行役員
原田　宏哉
（はらだ・ひろや）

出身地　山形県
56年3月10日生
（昭和31年）
趣味　鉄道小旅行、映画
信条

学歴
78（昭和53）年3月早稲田大学法学部卒
職歴
78年4月東北電力入社、93年7月広報部地域交流課副長、95年2月広報部副長、同年6月地域交流部副長、同年7月広報部副長、98年8月広報部課長、00年8月東京支社付、03年6月東京支社副支社長、06年6月企画部副部長、08年6月秘書室秘書役、09年6月企画部長、10年6月取締役・企画部長、11年6月上席執行役員・東京支社長、14年6月取締役副社長、15年6月取締役社長、18年4月取締役社長社長執行役員

取締役副社長
副社長執行役員
坂本　光弘
（さかもと・みつひろ）

出身地　秋田県
55年11月29日生
（昭和30年）
趣味　読書、ガーデニング
信条

学歴
79（昭和54）年3月早稲田大学法学部卒
職歴
79年4月東北電力入社、93年7月東京支社業務課副長、95年7月東京支社総務課課長、96年8月人材開発部副長、99年6月人財部副長、同年8月人財部課長、00年8月経営管理部課長、02年6月人財部課長、04年8月仙台南営業所長、05年6月人財部副部長、07年6月総務部副部長、08年6月総務部法務室長、10年6月総務部長、11年6月執行役員・総務部長、12年6月取締役・総務部長、13年6月上席執行役員・新潟支店長、15年6月取締役副社長・火力原子力本部長、18年4月取締役副社長副社長執行役員

取締役副社長
副社長執行役員
岡信　愼一
（おかのぶ・しんいち）

出身地　宮城県
57年2月16日生
（昭和32年）
趣味　読書、絵画・音楽鑑賞、ジョギング
信条

学歴
79（昭和54）年3月東北大学経済学部経済学科卒
職歴
79年4月東北電力入社、93年7月関連事業部関連事業課副長、95年2月企画部副長、99年8月企画部課長、04年6月企画部副部長、06年7月盛岡営業所長、09年6月環境部長、11年6月グループ事業推進部長、12年6月執行役員・企画部長、13年6月常務取締役・企画部長、15年6月取締役副社長、18年4月取締役副社長副社長執行役員

取締役副社長
副社長執行役員

田苗　博
（たなえ・ひろし）

学歴
78（昭和53）年3月東北大学工学部通信工学科卒
職歴
78年4月東北電力入社、93年7月送変電建設センター課長、96年8月電力システム部副長、98年8月新潟支店電力部発変電課長、00年8月電力流通本部電力システム部課長、03年8月青森支店副支店長・電力流通本部長、05年6月電力流通本部電力システム部副部長、08年6月会津若松支社長、11年6月執行役員・電力流通本部副本部長、電力流通本部電力システム部長、13年6月執行役員・福島支店長、15年6月常務取締役・電力ネットワーク本部長、17年6月取締役副社長・電力ネットワーク本部長、18年4月取締役副社長副社長執行役員・送配電カンパニー長

出身地　山形県
56年3月30日生
（昭和31年）
趣味　読書、ゴルフ、ジョギング
信条　・ABC（あたり前のことを、バカみたいに、チャンとやる）
　　　・継往開来、温厚篤実

取締役副社長
副社長執行役員

増子　次郎
（ますこ・じろう）

学歴
80（昭和55）年3月北海道大学大学院工学部原子工学専攻修士課程修了
職歴
80年4月東北電力入社、95年8月東京支社技術課副長、98年8月原子力部課長、99年6月火力原子力本部原子力部課長、01年8月女川原子力発電所副所長、06年7月青森支店調査役、07年6月青森支店副支店長・原子力・立地担当、09年4月女川原子力発電所所長代理、11年6月執行役員・青森支店長、14年6月執行役員・火力原子力本部原子力部長、15年6月常務取締役・火力原子力本部副本部長・火力原子力本部原子力部長、16年6月常務取締役・火力原子力本部副本部長、18年4月取締役副社長副社長執行役員・原子力本部長

出身地　岩手県
55年7月7日生
（昭和30年）
趣味　読書、ウオーキング
信条

**取締役
常務執行役員
長谷川　登**
（はせがわ・のぼる）

出身地　宮城県
55年4月17日生
（昭和30年）
趣味　渓流釣り、旅行、スポーツ観戦
信条

学歴
79（昭和54）年3月東北大学経済学部経営学科卒
職歴
79年4月東北電力入社、93年7月広報部広報課副長、95年2月広報部副長、97年6月地域交流部付㈳東北経済連合会出向、00年8月広報部課長、03年6月八戸営業所長、06年6月東京支社副支社長、09年6月執行役員・東京支社長、11年6月取締役・広報・地域交流部長、13年6月常務取締役・火力原子力本部副本部長、18年4月取締役常務執行役員・原子力本部副本部長

**取締役
常務執行役員
山本　俊二**
（やまもと・しゅんじ）

出身地　宮城県
56年12月19日生
（昭和31年）
趣味　犬の散歩、ソフトボール
信条

学歴
79（昭和54）年3月慶応義塾大学法学部卒
職歴
79年4月東北電力入社、94年7月経理部決算課副長、95年2月経理部副長、99年8月経理部課長、04年8月人財部課長、05年6月経理部副部長、08年6月経理部長、10年6月執行役員・経理部長、11年6月執行役員・山形支店長、13年6月常務取締役、15年6月常務取締役、17年7月常務取締役・ビジネスサポート本部長、18年4月取締役常務執行役員・ビジネスサポート本部長・原子力本部副本部長

取締役
常務執行役員
阿部　俊徳
（あべ・としのり）

出身地　宮城県
57年10月28日生
（昭和32年）
趣味　文楽、ゴルフ
信条

学歴
81（昭和56）年3月東北大学法学部法律学科卒
職歴
81年4月東北電力入社、95年7月人材開発部副長、00年8月秘書室課長、05年7月水沢営業所長、07年6月人財部副部長、10年6月人財部部長、11年6月人財部長、14年6月執行役員・東京支社長、17年6月常務取締役・お客さま本部長、18年4月取締役常務執行役員・発電・販売カンパニー長

取締役
常務執行役員
樋口　康二郎
（ひぐち・こうじろう）

出身地　福島県
57年10月26日生
（昭和32年）
趣味　スポーツ観戦、ドライブ
信条　誠心誠意

学歴
81（昭和56）年3月東北大学工学部通信工学科卒
職歴
81年4月東北電力入社、99年8月火力原子力本部火力部副長、03年8月火力原子力本部火力部課長、09年6月火力原子力本部火力部副部長、11年6月原町火力発電所長、13年6月執行役員・火力原子力本部火力部長、16年6月常務取締役・火力原子力本部副本部長、18年4月取締役常務執行役員・発電・販売カンパニー長代理・原子力本部副本部長

取締役
近藤　史朗
（こんどう・しろう）

出身地　新潟県
49年10月7日生
（昭和24年）
趣味
信条

学歴
73（昭和48）年3月新潟大学工学部機械工学科卒
職歴
73年4月㈱リコー入社、96年2月IPS事業部α－PTリーダー、00年6月執行役員、同年10月画像システム事業本部事業本部長、03年6月常務取締役、04年10月MFP事業本部事業本部長、05年6月取締役専務執行役員、07年4月代表取締役社長執行役員、13年4月代表取締役会長執行役員、16年4月代表取締役会長、同年6月東北電力取締役、17年4月㈱リコー取締役会長、18年6月㈱リコー取締役会長退任

取締役
小縣　方樹
（おがた・まさき）

出身地　東京都
52年2月16日生
（昭和27年）
趣味
信条

学歴
74（昭和49）年3月東京大学工学部機械工学科卒
職歴
74年4月日本国有鉄道入社、87年4月東日本旅客鉄道㈱入社、02年6月取締役鉄道事業本部運輸車両部長、04年6月常務取締役鉄道事業本部副本部長、06年6月常務取締役IT事業本部長・鉄道事業本部副本部長、07年7月常務取締役IT・Suica事業本部長・鉄道事業本部副本部長、08年6月代表取締役副社長鉄道事業本部長・IT・Suica事業本部長、09年6月代表取締役副社長鉄道事業本部長、10年6月代表取締役副社長、11年6月取締役副会長、12年6月取締役副会長技術関係（全般）・国際関係（全般）、18年6月東北電力取締役

取締役
上條　努
（かみじょう・つとむ）

出身地　宮城県
54年1月6日生
（昭和29年）
趣味
信条

学歴
76（昭和51）年3月慶応義塾大学法学部卒
職歴
76年4月サッポロビール㈱入社、96年9月サッポロビール飲料㈱出向、01年3月取締役営業企画部長、同年9月マーケティング部長、03年7月純粋持株会社移行に伴いサッポロビール飲料㈱新設、同年9月取締役兼常務執行役員マーケティング本部長、04年1月サッポロ飲料㈱に社名変更、同年3月マーケティング本部長兼サプライチェーンマネジメント部長、同年9月マーケティング本部長、05年9月経営戦略本部長、06年3月経営戦略・SCM担当役員兼サプライチェーンマネジメント部長、同年10月事業開発・経営戦略・SCM担当役員、07年3月サッポロホールディングス㈱取締役経営戦略部長、09年3月常務取締役、11年3月代表取締役社長兼グループCEO・サッポロ飲料㈱代表取締役社長、12年3月代表取締役社長兼グループCEO、17年1月代表取締役会長、同年6月田辺三菱製薬㈱取締役、同年6月㈱帝国ホテル取締役、18年6月東北電力取締役

取締役
監査等委員
加藤　公樹
（かとう・こうき）

出身地　宮城県
54年3月9日生
（昭和29年）
趣味　ガーデニング
信条

学歴
76（昭和51）年3月東京大学工学部原子力工学科卒
職歴
76年4月東北電力入社、90年2月企画室ニューヨーク事務所課長、91年2月原子力部原子力業務課副長、93年7月女川原子力発電所建設所技術課長、95年8月企画部課長、99年6月経営管理部課長、00年8月経営管理部副部長、04年6月企画部副部長、06年6月企画部部長、07年6月環境部長、09年6月執行役員・青森支店長、11年6月取締役・企画部長、12年6月常任監査役、18年6月取締役監査等委員

**取締役
監査等委員**
藤原　作弥
（ふじわら・さくや）

出身地　宮城県
37年1月14日生
（昭和12年）
趣味
信条

学歴
62（昭和37）年3月東京外国語大学外国語学部フランス学科卒
職歴
62年4月時事通信社入社、85年5月編集局編集委員、88年7月解説委員兼務、94年6月解説委員長、97年4月解説委員会顧問、98年3月日本銀行副総裁、03年3月日本銀行副総裁退任、同年6月㈱日立総合計画研究所取締役社長、同年6月東北電力監査役、07年6月㈱日立総合計画研究所取締役社長退任、18年6月東北電力取締役監査等委員

**取締役
監査等委員**
宇野　郁夫
（うの・いくお）

出身地　大分県
35年1月4日生
（昭和10年）
趣味
信条

学歴
59（昭和34）年3月東京大学法学部卒
職歴
59年3月日本生命保険相互会社入社、86年7月取締役、89年3月常務取締役、92年3月専務取締役、94年3月代表取締役副社長、97年4月代表取締役社長、05年4月代表取締役会長、同年6月東北電力監査役、11年4月日本生命保険相互会社取締役相談役、同年7月相談役、15年7月日本生命保険相互会社名誉顧問、18年6月東北電力取締役監査等委員

**取締役
監査等委員**

馬場　千晴
（ばば・ちはる）

出身地　東京都
50年11月15日生
（昭和25年）
趣味
信条

学歴
73（昭和48）年3月慶応義塾大学経済学部卒

職歴
73年4月㈱日本興業銀行入行、88年12月国際資金部為替班副参事役（班長）、91年6月営業第一部第三班副参事役（班長）、93年6月営業第一部第三班参事役（班長）、94年6月総合企画部参事役、96年6月ニューヨーク支店副支店長、97年10月ニューヨーク総務部長、99年6月市場リスク管理部長、同年6月統合リスク管理部長、01年6月執行役員統合リスク管理部長、02年4月㈱みずほ銀行常務執行役員、04年4月みずほ信託銀行㈱専務執行役員、同年6月専務取締役、05年4月取締役副社長、07年4月取締役、同年6月㈱ジャパンエナジー監査役（常勤）、10年7月JX日鉱日石エネルギー㈱監査役（常勤）、12年6月JX日鉱日石金属㈱監査役（常勤）、14年6月顧問、15年6月東北電力監査役、同年6月㈱埼玉りそな銀行社外取締役、同年6月JX日鉱日石金属㈱顧問退任、17年6月㈱りそなホールディングス社外取締役、同年6月埼玉りそな銀行社外取締役退任、18年6月東北電力取締役監査等委員、同年6月㈱ミライト・ホールディングス社外取締役

執行役員の担当　◇　東　北　電　力

常務執行役員	八代　浩久	コーポレート担当
常務執行役員	松岡　利彦	ビジネスサポート本部副本部長、原子力本部副本部長
常務執行役員	千釜　　章	送配電カンパニー副カンパニー長
常務執行役員	春浪　隆夫	送配電カンパニー副カンパニー長
常務執行役員	伊東　裕彦	発電・販売カンパニー副カンパニー長
常務執行役員	加藤　　功	原子力本部副本部長
常務執行役員	泉田　　融	送配電カンパニー副カンパニー長
上席執行役員	髙野　広充	新潟支店長
執　行　役　員	金澤　定男	原子力本部原子力部長
執　行　役　員	齋藤　光春	青森支店長
執　行　役　員	藤原　正雄	山形支店長
執　行　役　員	鴇田　真孝	東通原子力発電所長
執　行　役　員	工藤　和典	秋田支店長
執　行　役　員	佐々木裕司	東京支社長
執　行　役　員	砂子田　智	岩手支店長
執　行　役　員	竹原　秀臣	ビジネスサポート本部情報通信部長
執　行　役　員	宮本　保彦	宮城支店長
執　行　役　員	大野　貞彦	発電・販売カンパニー火力部長
執　行　役　員	佐藤　裕市	東新潟火力発電所長
執　行　役　員	森　則之	原子力本部副本部長 女川駐在地域統括
執　行　役　員	近藤　一英	ビジネスサポート本部経理部長
執　行　役　員	羽鳥　明満	発電・販売カンパニー土木建築部長
執　行　役　員	岩渕　伸一	ビジネスサポート本部資材部長
執　行　役　員	若林　利明	女川原子力発電所長
執　行　役　員	新田　盛久	発電・販売カンパニー法人営業部長
執　行　役　員	江波　恒夫	福島支店長
執　行　役　員	二階堂宏樹	ビジネスサポート本部総務部長
執　行　役　員	石山　一弘	企画部長
執行役員待遇	藤倉　勝明	監査等特命役員
執行役員待遇	大森　　聡	電気事業連合会
執行役員待遇	倉田　雅人	会津碍子㈱
執行役員待遇	齋藤　幹治	(公財)東北活性化研究センター (一般社)日本電気協会東北支部
執行役員待遇	小林　正明	(一般社)東北経済連合会
執行役員待遇	土方　　薫	東北電力エナジートレーディング㈱

常務執行役員
八代　浩久
（やしろ・ひろひさ）

出身地 宮城県
57年10月21日生
（昭和32年）

学歴　80（昭和55）年3月東北大学法学部法律学科卒
職歴　80年4月東北電力入社、94年7月企画部副長、98年7月東京支社付電気事業連合会出向、01年8月企画部課長、03年8月秘書室課長、04年3月企画部課長、08年7月企画部副部長、12年6月企画部部長、13年6月秘書室秘書役、14年6月執行役員待遇・電気事業連合会、18年6月常務執行役員

常務執行役員
松岡　利彦
（まつおか・としひこ）

出身地 宮城県
57年7月14日生
（昭和32年）

学歴　81（昭和56）年3月東北大学経済学部経営学科卒
職歴　81年4月東北電力入社、96年2月企画部副長、99年3月福島支店総務部企画課長、01年8月企画部課長、07年6月水沢営業所長、09年7月企画部副部長、12年6月企画部部長、14年6月執行役員・環境部長、16年6月執行役員・山形支店長、18年6月常務執行役員・ビジネスサポート本部副本部長・原子力本部副本部長

常務執行役員
千釜　章
（ちがま・あきら）

出身地 秋田県
57年10月13日生
（昭和32年）

学歴　81（昭和56）年3月東京大学工学部土木工学科卒
職歴　81年4月東北電力入社、97年2月土木建築部副長、99年3月秋田支店電力部土木建築課長、01年8月企画部副長、03年8月企画部課長、06年10月企画部付国際原子力機関出向、11年3月企画部副部長、12年6月土木建築部長、14年6月執行役員・土木建築部長、15年6月執行役員・企画部長、18年4月常務執行役員・送配電カンパニー副カンパニー長

常務執行役員
春浪　隆夫
（はるなみ・たかお）

出身地　宮城県
58年6月18日生
（昭和33年）

学歴　82（昭和57）年3月東北大学工学部通信工学科卒
職歴　82年4月東北電力入社、98年8月電力システム部副長、99年6月電力流通本部電力システム部副長、00年8月資材部副長、03年8月青森支店電力流通本部発変電統括リーダー、05年7月電力流通本部電力システム部課長、08年7月考査室保安担当考査役、09年6月盛岡技術センター所長、12年7月電力流通本部電力システム部副部長、14年6月会津若松支社長、15年6月執行役員・電力ネットワーク本部電力システム部長、18年4月常務執行役員・送配電カンパニー副カンパニー長・送配電カンパニー電力システム部長、同年6月常務執行役員・送配電カンパニー副カンパニー長

常務執行役員
伊東　裕彦
（いとう・ひろひこ）

出身地　神奈川県
59年3月10日生
（昭和34年）

学歴　82（昭和57）年3月早稲田大学政経学部経済学科卒
職歴　82年4月東北電力入社、97年8月営業部副長、03年8月東京支社業務課長、05年7月お客さま本部営業部課長、06年6月お客さま本部お客さま提案部課長、09年5月青森営業所長、11年6月お客さま本部営業部副部長、14年6月お客さま本部副本部長兼お客さま本部お客さま提案部長、16年6月執行役員・お客さま本部副本部長・お客さま本部営業部長、18年4月常務執行役員・発電・販売カンパニー副カンパニー長・発電・販売カンパニー営業部長、同年6月常務執行役員・発電・販売カンパニー副カンパニー長

常務執行役員
加藤　功
（かとう・いさお）

出身地　宮城県
59年5月26日生
（昭和34年）

学歴　82（昭和57）年3月東京大学工学部原子力工学科卒
職歴　82年4月東北電力入社、98年8月原子力部副長、00年8月女川原子力発電所建設所技術課課長代理、02年3月女川原子力発電所建設所技術課長、同年8月女川原子力発電所技術課長、03年8月火力原子力本部原子力部課長、06年7月女川原子力発電所副所長、09年7月火力原子力本部原子力部副部長、12年7月女川原子力発電所所長代理、14年6月火力原子力本部原子力部部長兼火力原子力本部、16年6月執行役員・火力原子力本部原子力部長、18年4月常務執行役員・原子力本部副本部長・原子力本部原子力部長、同年6月常務執行役員・原子力本部副本部長

常務執行役員
泉田　融
（いずみた・とおる）

出身地　秋田県
60年10月8日生
（昭和35年）

学歴　83（昭和58）年3月東北大学工学部電気工学科卒
職歴　83年4月東北電力入社、99年8月お客さま本部配電部副長業務企画担当、02年8月秋田支店お客さま本部配電統括リーダー、04年8月研究開発センター主幹研究員兼研究開発センター課長、06年7月お客さま本部配電部課長、08年7月仙台北営業所長、11年7月お客さま本部配電部副部長品質保証担当、13年6月秋田支店副支店長・お客さま本部長、15年6月電力ネットワーク本部配電部長、17年6月執行役員・電力ネットワーク本部配電部長、18年4月常務執行役員・送配電カンパニー副カンパニー長・送配電カンパニー配電部長、同年6月常務執行役員・送配電カンパニー副カンパニー長

上席執行役員
髙野　広充
（たかの・ひろみつ）

出身地　秋田県
60年5月4日生
（昭和35年）

学歴　84（昭和59）年3月早稲田大学法学部卒
職歴　84年4月東北電力に入社、99年11月経営管理部副長、01年8月総務部副長、04年8月福島支店企画管理部門企画・総務統括リーダー、07年7月総務部課長、12年6月総務部副部長、13年6月総務部法務室長、15年6月総務部長、17年7月ビジネスサポート本部総務部長兼電力ネットワーク本部ネットワーク総務部長、18年4月ビジネスサポート本部総務部長兼送配電カンパニーネットワーク総務部長、同年6月上席執行役員・新潟支店長

執行役員
金澤　定男
（かなざわ・さだお）

出身地　茨城県
58年11月19日生
（昭和33年）

学歴　83（昭和58）年3月東北大学大学院工学研究科原子核工学専攻修士課程修了
職歴　83年4月東北電力入社、97年8月原子力部副長、00年3月女川原子力発電所技術課長、02年8月東通原子力発電所建設所技術課長、05年6月東通原子力発電所建設所副所長、同年12月東通原子力発電所副所長、08年8月東京支社副支社長、10年6月火力原子力本部原子力部副部長、12年6月火力原子力本部原子力部部長、14年6月執行役員・東通原子力発電所長、18年6月執行役員・原子力本部原子力部長

執行役員
齋藤　光春
（さいとう・みつはる）

出身地　宮城県
57年5月5日生
（昭和32年）

学歴	81（昭和56）年3月福島大学経済学部経済学科卒
職歴	81年4月東北電力入社、95年7月広報部副長、98年8月青森支店付日本原燃㈱出向、00年8月青森支店営業・配電部広報課長、01年8月青森支店企画管理部門広報・地域交流統括リーダー、02年8月広報部課長、03年6月広報・地域交流部課長、06年7月相双営業所長、08年6月火力原子力本部電源立地部副部長兼火力原子力本部副部長、11年6月火力原子力本部副本部長・女川駐在地域統括、13年6月広報・地域交流部長、15年6月執行役員・火力原子力本部電源立地部長、17年6月執行役員・青森支店長

執行役員
藤原　正雄
（ふじわら・まさお）

出身地　岡山県
58年3月10日生
（昭和33年）

学歴	82（昭和57）年3月東北大学大学院工学研究科土木工学専攻修士課程修了
職歴	82年4月東北電力入社、96年8月東京支社副調査役、99年8月福島支店電力部土木建築課長兼浪江・小高原子力準備本部課長、01年8月土木建築部付東北インフォメーション・システムズ㈱出向、05年7月新潟支店電力流通本部土木統括リーダー、09年7月土木建築部課長、11年6月土木建築部副部長、14年7月土木建築部部長、15年6月執行役員・土木建築部長、17年7月執行役員・火力原子力本部土木建築部長、18年4月執行役員・発電・販売カンパニー土木建築部長、同年6月執行役員・山形支店長

執行役員
鴇田　真孝
（ときた・まさたか）

出身地　福島県
60年1月10日生
（昭和35年）

学歴	82（昭和57）年3月山形大学工学部電気工学科卒
職歴	82年4月東北電力入社、98年8月原子力部副長、00年8月東通原子力発電所建設所電気課長、04年3月火力原子力本部原子力部課長、06年7月女川原子力発電所副所長、07年10月女川原子力発電所副所長兼女川原子力発電所電気主任技術者、10年7月火力原子力本部原子力部副部長安全審査担当、11年7月火力原子力本部原子力部副部長安全高度化担当、12年12月火力原子力本部原子力品質保証室長、14年6月火力原子力本部原子力部付東北発電工業㈱出向、16年6月執行役員・女川原子力発電所長、18年6月執行役員・東通原子力発電所長

執行役員
工藤　和典
（くどう・かずのり）

出身地　秋田県
60年5月20日生
（昭和35年）

学歴　83（昭和58）年3月北海道大学経済学部経済学科卒
職歴　83年4月東北電力入社、98年8月東京支社業務課副長、00年8月経理部副長、02年8月秘書室副長、04年3月秘書室課長、06年7月企画部課長、08年6月経理部課長、09年7月経理部副部長、14年6月経理部長、16年6月執行役員・秋田支店長

執行役員
佐々木　裕司
（ささき・ゆうじ）

出身地　宮城県
60年10月28日生
（昭和35年）

学歴　83（昭和58）年3月東北大学法学部法律学科卒
職歴　83年4月東北電力入社、98年8月企画部副長、04年6月人財部課長、05年7月秘書室課長、08年6月企画部課長、10年6月企画部副部長、11年6月火力原子力本部原子力部部長、13年6月企画部部長、14年6月グループ事業推進部長、16年6月執行役員・グループ事業推進部長、17年6月執行役員・東京支社長

執行役員
砂子田　智
（いさごだ・さとし）

出身地　岩手県
61年6月19日生
（昭和36年）

学歴　84（昭和59）年3月東北大学経済学部経営学科卒
職歴　84年4月東北電力入社、99年1月関連事業部付㈱コアネット東北出向、03年8月経営管理部副部長事業戦略推進担当兼経営管理部付グループファイナンス関係業務、05年7月グループ事業推進部課長、09年6月長岡営業所長、11年6月人財部副部長、14年6月人財部長、16年6月執行役員・人財部長、17年6月執行役員・岩手支店長

執行役員
竹原　秀臣
（たけはら・ひでとみ）

出身地　北海道
58年2月10日生
（昭和33年）

学歴　80（昭和55）年3月北海道大学工学部電子工学科卒
職歴　80年4月東北電力入社、97年8月情報通信部副長、99年1月情報通信部付㈱コアネット東北出向、03年3月情報通信部課長、08年7月東京支社付電気事業連合会出向、11年7月情報通信部副部長情報ネットワーク戦略担当、14年6月情報通信部副部長、15年6月情報通信部長、17年6月執行役員・情報通信部長、同年7月執行役員・ビジネスサポート本部情報通信部長

執行役員
宮本　保彦
（みやもと・やすひこ）

出身地　宮城県
60年1月21日生
（昭和35年）

学歴　83（昭和58）年3月中央大学商学部会計学科卒
職歴　83年4月東北電力入社、98年8月広報部副長、00年8月地域交流部付㈳東北経済連合会出向、03年8月山形支店企画管理部門広報・地域交流統括リーダー、04年8月福島支店企画管理部門広報・地域交流統括リーダー、07年7月東京支社部長、09年6月東京支社副支社長、12年6月広報・地域交流部副部長、15年6月広報・地域交流部長、17年6月執行役員・広報・地域交流部長、18年6月執行役員・宮城支店長

執行役員
大野　貞彦
（おおの・さだひろ）

出身地　秋田県
61年1月17日生
（昭和36年）

学歴　83（昭和58）年3月東北大学工学部電気工学科卒
職歴　83年4月東北電力入社、99年6月火力原子力本部火力部付海外事業プロジェクト・チーム専任、00年8月東新潟火力発電所技術課課長兼東新潟火力発電所建設所技術課長、01年3月東新潟火力発電所課長兼東新潟火力発電所建設所技術課長、03年3月火力原子力本部火力部副長、05年7月新仙台火力発電所副所長、07年7月火力原子力本部火力部課長、12年6月火力原子力本部火力部副部長、13年6月新仙台火力発電所長兼仙台火力発電所長兼新仙台火力発電所建設所長、同年7月解兼仙台火力発電所長、16年6月火力原子力本部火力部長、17年6月執行役員・火力原子力本部火力部長、18年4月執行役員・発電・販売カンパニー火力部長

執行役員
佐藤　裕市
（さとう・ゆういち）

出身地　山形県
61年3月26日生
（昭和36年）

学歴　83（昭和58）年3月東北学院大学工学部機械工学科卒
職歴　83年4月東北電力入社、00年3月火力原子力本部火力部副長情報化担当、同年8月火力原子力本部燃料部副長、03年3月東新潟火力発電所課長兼東新潟火力発電所建設所付、07年7月秋田火力発電所副所長、09年6月火力原子力本部火力部課長、12年6月火力原子力本部火力部副部長兼火力原子力本部副部長、15年7月原町火力発電所長、17年6月執行役員・東新潟火力発電所長

執行役員
森　則之
（もり・のりゆき）

出身地　宮城県
58年9月12日生
（昭和33年）

学歴　85（昭和60）年3月高崎経済大学経済学部経済学科卒
職歴　85年4月東北電力入社、00年8月広報部副長、03年8月新潟支店企画管理部門広報・地域交流統括リーダー、07年3月兼新潟支店付㈳東北経済連合会関係業務、同年7月広報・地域交流部課長、09年7月石巻営業所長、11年7月火力原子力本部電源立地部部長、16年6月火力原子力本部副本部長女川駐在地域統括、17年6月執行役員・火力原子力本部副本部長女川駐在地域統括、18年4月執行役員・原子力本部副本部長女川駐在地域統括

執行役員
近藤　一英
（こんどう・かずひで）

出身地　新潟県
60年1月9日生
（昭和35年）

学歴　83（昭和58）年3月早稲田大学商学部卒
職歴　83年4月東北電力入社、99年1月経理部付㈱コアネット東北出向、01年8月経理部副長、04年8月経理部課長、10年7月経理部付通研電気工業㈱出向、12年6月考査室統括考査役、14年6月経理部副部長、16年6月経理部長、17年7月ビジネスサポート本部経理部長、18年6月執行役員・ビジネスサポート本部経理部長

執行役員
羽鳥　明満
（はとり・あけみち）

出身地　新潟県
59年4月29日生
（昭和34年）

学歴　84（昭和59）年3月名古屋工業大学大学院工学研究科土木工学専攻修了
職歴　84年4月東北電力入社、98年8月東通原子力建設準備本部副調査役、同年9月東通原子力発電所建設所土木課課長代理、01年8月福島支店電力流通本部土木建築統括リーダー、03年8月東京支社付原子力発電環境整備機構出向、06年7月土木建築部課長、12年7月土木建築部副部長耐震担当、15年6月土木建築部部長、17年7月火力原子力本部土木建築部部長、18年4月発電・販売カンパニー土木建築部部長、同年6月執行役員・発電・販売カンパニー土木建築部長

執行役員
岩渕　伸一
（いわぶち・しんいち）

出身地　宮城県
59年5月5日生
（昭和34年）

学歴　84（昭和59）年3月高崎経済大学経済学部経済学科卒
職歴　84年4月東北電力入社、00年8月資材部副長、03年8月宮城支店企画管理部門資材統括リーダー、04年8月宮城支店企画管理部門経理・資材統括リーダー、07年6月資材部課長、12年7月むつ営業所長、14年7月資材部副部長、16年1月女川原子力発電所所長代理、17年6月資材部部長、同年7月ビジネスサポート本部資材部長、18年6月執行役員・ビジネスサポート本部資材部長

執行役員
若林　利明
（わかばやし・としあき）

出身地　宮城県
60年3月26日生
（昭和35年）

学歴　84（昭和59）年3月東北大学大学院工学研究科機械工学専攻修了
職歴　84年4月東北電力入社、02年8月企画部副長、04年6月企画部副長原子力政策担当、05年7月火力原子力本部原子力部課長、07年7月東通原子力発電所副所長、10年6月秘書室秘書役、11年7月女川原子力発電所技術統括部長、13年6月東京支社副支社長、14年6月火力原子力本部原子力部部長、18年4月原子力本部原子力部部長、同年6月執行役員・女川原子力発電所長

執行役員
新田　盛久
（にった・もりひさ）

出身地　宮城県
60年6月14日生
（昭和35年）

学歴　84（昭和59）年3月慶応義塾大学法学部政治学科卒
職歴　84年4月東北電力入社、02年3月企画部副長、04年6月企画部副長リスク管理担当、06年7月企画部課長リスク管理担当、09年6月能代営業所長、12年6月企画部副部長次世代エネルギー担当、14年6月企画部長、16年6月お客さま本部副本部長兼お客さま本部お客さま提案部長、18年4月発電・販売カンパニーお客さま提案部長、同年6月執行役員・発電・販売カンパニーお客さま提案部長、同年7月執行役員・発電・販売カンパニー法人営業部長

執行役員
江波　恒夫
（えなみ・つねお）

出身地　新潟県
61年4月15日生
（昭和36年）

学歴　84（昭和59）年3月新潟大学経済学部経済学科卒
職歴　84年4月東北電力入社、99年8月秋田支店営業・配電部広報課長、01年8月秋田支店企画管理部門広報・地域交流統括リーダー、03年8月広報・地域交流部付㈳東北経済連合会出向、06年7月広報・地域交流部課長、08年6月相双営業所長、10年6月青森支店付日本原燃㈱出向、13年6月宮城支店副支店長企画管理担当、15年6月秘書室長、18年6月執行役員・福島支店長

執行役員
二階堂　宏樹
（にかいどう・ひろき）

出身地　福島県
61年6月21日生
（昭和36年）

学歴　84（昭和59）年3月東北大学法学部卒
職歴　84年4月東北電力入社、00年8月総務部副長、01年6月秘書室副長、05年7月秘書室課長、09年6月広報・地域交流部副部長、15年6月総務部法務室長、17年7月ビジネスサポート本部総務部法務室長、18年6月執行役員・ビジネスサポート本部総務部長

執行役員
石山　一弘
（いしやま・かずひろ）

出身地　福島県
60年6月7日生
（昭和35年）

学歴　85（昭和60）年3月慶応義塾大学大学院工学部機械工学専攻修士課程修了
職歴　85年4月東北電力入社、99年8月企画部副長、01年8月東京支社付電気事業連合会出向、03年8月企画部副長、06年10月企画部課長、10年6月相双営業所長、12年6月企画部部長、16年6月環境部長、18年4月企画部長、同年6月執行役員・企画部長

東北

執行役員待遇
藤倉　勝明
（ふじくら・かつあき）

出身地　宮城県
58年12月9日生
（昭和33年）

学歴　82（昭和57）年3月東北大学法学部法律学科卒
職歴　82年4月東北電力入社、97年8月燃料部副長、99年6月火力原子力本部燃料部副長、02年8月火力原子力本部燃料部課長、09年6月グループ事業推進部副部長、11年6月火力原子力本部燃料部副部長兼火力原子力本部副部長、13年6月秘書室長、15年6月執行役員・火力原子力本部燃料部長、18年4月執行役員・発電・販売カンパニー燃料部長、同年6月執行役員待遇・監査等特命役員

執行役員待遇
大森　聡
（おおもり・さとし）

出身地　福島県
58年4月25日生
（昭和33年）

学歴　82（昭和57）年3月東北大学法学部法律学科卒
職歴　82年4月東北電力入社、97年8月営業部副長、01年8月東京支社付電気事業連合会出向、03年8月お客さま本部営業部課長、07年7月東京支社部長、10年6月お客さま本部お客さま提案部副部長、14年6月お客さま本部副本部長兼お客さま本部営業部長、16年6月執行役員・宮城支店長、18年6月執行役員待遇・電気事業連合会

執行役員待遇
倉田　雅人
（くらた・まさと）

出身地　秋田県
57年12月30日生
（昭和32年）

学歴　80（昭和55）年3月信州大学工学部電気工学科卒
職歴　80年4月東北電力入社、96年8月配電部副長、98年8月岩手支店営業・配電部配電課長、01年8月お客さま本部配電部課長、04年8月五所川原営業所長、07年6月郡山営業所長、09年7月お客さま本部配電部副部長品質保証担当、11年6月お客さま本部配電部副部長、12年6月福島支店副支店長・お客さま本部長、15年6月総合研修センター所長、17年6月執行役員待遇・会津碍子㈱

執行役員待遇
齋藤　幹治
（さいとう・かんじ）

出身地　宮城県
58年12月30日生
（昭和33年）

学歴　81（昭和56）年3月日本大学工学部電気工学科卒
職歴　81年4月東北電力入社、97年8月情報通信部副長、01年3月情報通信部課長、07年3月花北営業所長、10年6月広報・地域交流部付㈳東北経済連合会出向、13年4月広報・地域交流部付（一般社）東北経済連合会出向、同年6月宮城支店副支店長お客さま本部長、15年6月広報・地域交流部付（一般社）東北経済連合会出向、18年6月執行役員待遇・（公財）東北活性化研究センター・（一般社）日本電気協会東北支部

執行役員待遇
小林　正明
（こばやし・まさあき）

出身地　新潟県
59年4月16日生
（昭和34年）

学歴　82（昭和57）年3月新潟大学法文学部法学科卒
職歴　82年4月東北電力入社、97年8月東京支社業務課副長、00年8月東京支社付㈳東北経済連合会出向、01年11月企画部副長、03年8月企画部課長、06年7月大館営業所長、08年7月広報・地域交流部付㈳東北経済連合会出向、10年6月火力原子力本部燃料部副部長、12年6月新潟支店副支店長企画管理担当、15年6月仙台営業所長、18年6月執行役員待遇・（一般社）東北経済連合会

執行役員待遇
土方　薫
（ひじかた・かおる）

出身地　東京都
59年6月28日生
（昭和34年）

学歴　07（平成19）年3月東北大学大学院経済学研究科博士課程修了
職歴　14年4月東北電力入社、15年7月企画部部長、17年7月事業戦略部付東北電力エナジートレーディング㈱出向、18年6月執行役員待遇・東北電力エナジートレーディング㈱

東京電力グループ

東京電力ホールディングス
東京電力フュエル＆パワー
東京電力パワーグリッド
東京電力エナジーパートナー

東京電力ホールディングス（東電HD）が2018年6月27日に開いた株主総会で選任された新取締役は、経済産業省出身の山下隆一氏の1人にとどまった。基幹事業3社トップを含む12人の取締役は再任。昨年発足した「川村隆会長―小早川智明社長」体制が大枠を維持しつつ、2年目に入った。山下氏は同じ経産省出身で東電HD取締役を務めた西山圭太氏の後任を担う。

　執行役人事では4月1日付で増田尚宏氏が執行役副社長に昇格し、副社長が文挾誠一氏との2人体制になった。また、同日付で新任の常務執行役に小野明、宗一誠の2氏が就任した。執行役の総数は14人。執行役のうち小早川氏、守谷誠二氏、金子禎則氏、川崎敏寛氏、牧野茂徳氏、山下氏は取締役を兼務する。

　新任の執行役員には師尾直登、山本竜太郎、大槻陸夫、西村冬彦、磯貝智彦、一ノ瀬貴士、梶山直希、大貫繁樹、多田克行の9氏が就いた。執行役員の総数は19人。

　グループ会社のトップ人事では東京発電社長に堀部慶次氏、バイオ燃料社長に岡本照氏、新日本ヘリコプター社長に林孝之氏、東光高岳社長に武部俊郎氏、TLC社長に大石祐司氏、ハウスプラス確認検査社長に吉田正司氏が就いた。このほか、東電フュエル＆パワー（東電FP）と中部電力の合弁会社JERAの新執行役員として、中部電力参与・秘書室付の瀧澤昌宏氏が4月1日付で選任された。

東京電力ホールディングス

東京

〒100-8560　東京都千代田区内幸町1丁目1番3号
☎　０３－６３７３－１１１１(代表)

役員の担当　◇　東京電力ホールディングス

取締役会長	川村　隆	指名委員会委員長、監査委員会委員、報酬委員会委員
取締役	國井　秀子	報酬委員会委員長、指名委員会委員
取締役	槍田　松瑩	指名委員会委員、報酬委員会委員
取締役	髙浦　英夫	監査委員会委員長
取締役	安念　潤司	監査委員会委員
取締役	冨山　和彦	指名委員会委員
取締役	小早川　智明	指名委員会委員
取締役	守谷　誠二	☆
取締役	金子　禎則	指名委員会委員
取締役	川崎　敏寛	☆
取締役	牧野　茂徳	☆
取締役	山下　隆一	指名委員会委員
取締役	武谷　典昭	監査委員会委員
代表執行役社長	小早川　智明	原子力改革特別タスクフォース長〔業務全般、経営企画ユニット、経営技術戦略研究所〕
執行役副会長（福島統括）	廣瀬　直己	福島統括
代表執行役副社長	文挾　誠一	経営企画担当（共同）〔業務全般、企画室、系統広域連系推進室、技術・環境戦略ユニット、リニューアブルパワー・カンパニー〕
執行役副社長	増田　尚宏	防災・安全統括〔原子力安全監視室、安全推進室、東京オリンピック・パラリンピックプロジェクト統括室〕
常務執行役	佐伯　光司	〔秘書室、稼ぐ力創造ユニット、総務・法務室、ビジネスソリューション・カンパニー〕
常務執行役	森下　義人	〔内部監査室、グループ事業管理室、経理室〕
常務執行役	見學　信一郎	〔渉外・広報ユニット〕
常務執行役	関　知道	IoT担当〔システム統括室、セキュリティ統括室〕
常務執行役	小野　明	福島第一廃炉推進カンパニー・プレジデント兼廃炉・汚染水対策最高責任者兼プロジェクト計画部長
常務執行役	大倉　誠	福島復興本社代表兼福島本部長兼原子力・立地本部副本部長
常務執行役	橘田　昌哉	新潟本社代表兼新潟本部長兼原子力・立地本部副本部長
常務執行役	牧野　茂徳	原子力・立地本部長兼原子力改革特別タスクフォース長代理兼同事務局長
常務執行役	宗　一誠	原子力・立地本部副本部長（青森担当）兼立地地域部長兼福島本部兼新潟本部
執行役	山下　隆一	会長補佐兼社長補佐兼経営企画担当（共同）

取締役会長
川村　隆
（かわむら・たかし）

出身地　北海道
39年12月19日生
（昭和14年）
趣味
信条

学歴
62（昭和37）年3月東京大学工学部電気工学科卒
職歴
62年4月㈱日立製作所入社、92年6月日立工場長、97年6月常務取締役・電力事業本部長、99年4月代表取締役取締役副社長、03年4月取締役、04年5月（一般社）電気学会会長（05年5月まで）、07年6月日立マクセル㈱取締役会長、09年4月㈱日立製作所代表執行役 執行役会長兼執行役社長、同年6月代表執行役 執行役会長兼執行役社長兼取締役、10年4月代表執行役 執行役会長兼取締役、同年5月（一般社）日本経済団体連合会副会長（14年6月まで）、11年4月㈱日立製作所取締役会長、14年6月相談役（16年6月退任）、17年6月東京電力ホールディングス取締役会長

取締役
國井　秀子
（くにい・ひでこ）

出身地　愛知県
47年12月13日生
（昭和22年）
趣味
信条

学歴
73（昭和48）年3月お茶の水女子大学大学院理学研究科物理専攻修士修了、83年5月テキサス大学オースティン校 Ph.D.
職歴
82年5月㈱リコー入社、99年6月㈱リコー理事、00年6月㈱リコー執行役員、02年10月㈱リコーソフトウェア研究開発本部長、05年6月㈱リコー常務執行役員、08年4月㈱リコーグループ執行役員、同年4月リコーソフトウエア㈱（現リコーITソリューションズ㈱）取締役会長（13年3月まで）、09年4月㈱リコー理事（13年3月まで）、12年4月芝浦工業大学大学院工学マネジメント研究科教授（18年3月まで）、13年4月芝浦工業大学学長補佐（18年3月まで）、同年10月芝浦工業大学男女共同参画推進室長（18年3月まで）、14年6月東京電力取締役、16年4月東京電力ホールディングス取締役、18年4月芝浦工業大学大学院工学マネジメント研究科客員教授

取締役
槍田　松瑩
（うつだ・しょうえい）

出身地　東京都
43年2月12日生
（昭和18年）
趣味
信条

学歴
67（昭和42）年3月東京大学工学部精密機械工学科卒
職歴
67年4月三井物産㈱入社、93年7月電機本部・電気機械部長、96年6月機械・情報総括部長、98年5月取締役・情報産業本部長、00年6月代表取締役常務取締役・業務部長、02年4月代表取締役専務取締役兼専務執行役員・業務部門長、同年10月代表取締役社長、07年5月（一般社）日本経済団体連合会副会長（11年4月まで）、09年4月三井物産㈱取締役会長、15年6月顧問、同年6月学校法人国際大学理事長、17年6月東京電力ホールディングス取締役

東京

取締役
髙浦　英夫
（たかうら・ひでお）

出身地　静岡県
49年6月19日生
（昭和24年）
趣味
信条

学歴
72（昭和47）年3月大阪市立大学商学部卒
職歴
74年4月プライスウォーターハウス会計事務所入所、77年5月公認会計士登録、83年6月青山監査法人入所、87年7月代表社員、93年7月統括代表社員（96年6月まで）、99年7月統括代表社員、00年4月中央青山監査法人理事長代行、03年6月代表社員、06年9月あらた監査法人代表執行役、09年5月代表社員（09年6月まで）、同年7月㈱産業革新機構監査役、15年6月本田技研工業㈱監査役、17年6月東京電力ホールディングス取締役、同年6月本田技研工業㈱社外取締役

取締役
安念　潤司
（あんねん・じゅんじ）

出身地　北海道
55年8月12日生
（昭和30年）
趣味
信条

学歴
79（昭和54）年3月東京大学法学部卒

職歴
79年4月東京大学法学部助手、82年8月北海道大学法学部助教授、85年4月成蹊大学法学部助教授、89年4月ハーバード・ロー・スクール客員研究員（91年4月まで）、92年2月弁護士登録、93年4月成蹊大学法学部教授、04年4月成蹊大学法科大学院教授（07年11月まで）、07年12月中央大学法科大学院教授、17年6月東京電力ホールディングス取締役

取締役
冨山　和彦
（とやま・かずひこ）

出身地　和歌山県
60年4月15日生
（昭和35年）
趣味
信条

学歴
85（昭和60）年3月東京大学法学部卒、92年6月スタンフォード大学経営学修士（MBA）修了

職歴
85年4月㈱ボストンコンサルティンググループ入社、86年4月㈱コーポレイトディレクション設立に参画、93年3月㈱コーポレイトディレクション取締役、00年4月常務取締役、01年4月代表取締役社長、03年4月㈱産業再生機構代表取締役専務（COO）、07年4月㈱経営共創基盤代表取締役CEO、17年6月東京電力ホールディングス取締役

取締役
代表執行役社長
小早川　智明
（こばやかわ・ともあき）

出身地　神奈川県
63年6月29日生
（昭和38年）
趣味　読書、音楽鑑賞
信条

学歴
88（昭和63）年3月東京工業大学工学部社会工学科卒
職歴
88年4月東京電力入社、04年6月法人営業部ソリューション営業センターソリューション第二グループマネージャー（以下、GM）、05年7月法人営業部ソリューション営業センター産業エネルギーソリューション第二GM、07年7月法人営業部産業エネルギーソリューション部（以下、ES部）産業ソリューション第二GM兼都市ES部、08年7月法人営業部都市ES部都市ソリューション第一GM兼産業ES部、09年7月神奈川支店営業部、11年12月神奈川支店営業部長、13年7月法人営業部都市エネルギー部長、14年1月法人営業部都市エネルギー部長兼都市第七営業GM、同年6月カスタマーサービス・カンパニー法人営業部長、15年6月常務執行役・カスタマーサービス・カンパニー・プレジデント、16年4月東京電力エナジーパートナー（以下、東電EP）代表取締役社長、同年5月代表取締役社長・商品開発室長、同年6月東京電力ホールディングス（以下、東電HD）取締役及び東電EP代表取締役社長・商品開発室長、17年6月東電HD取締役、代表執行役社長・原子力改革特別タスクフォース長

取締役
守谷　誠二
（もりや・せいじ）

出身地　東京都
63年4月21日生
（昭和38年）
趣味　美術鑑賞、水泳
信条

学歴
86（昭和61）年3月早稲田大学政治経済学部経済学科卒
職歴
86年4月東京電力入社、06年7月東京支店総務部人事グループマネージャー、08年7月関連事業部事業構築グループマネージャー、10年7月関連事業部事業構築グループマネージャー兼燃料関係会社再編準備室、11年7月グループ事業部グループ事業構築グループマネージャー、12年4月グループ事業部部長代理兼グループ事業構築グループマネージャー、同年6月グループ事業部部長代理兼グループ事業部（環境担当）兼グループ事業構築グループマネージャー、13年6月監査委員会業務室長、16年4月東京電力フュエル＆パワー常務取締役兼東京電力ホールディングス経営企画ユニット経理室、17年6月東京電力ホールディングス取締役及び東京電力フュエル＆パワー代表取締役社長

取締役
金子　禎則
（かねこ・よしのり）

出身地　新潟県
63年5月17日生
（昭和38年）
趣味　サイクリング
信条

学歴
86(昭和61)年3月横浜国立大学工学部電気工学科卒、88年3月横浜国立大学大学院工学研究科電子情報工学専攻修了

職歴
88年4月東京電力入社、01年2月工務部変電グループマネージャー、03年10月工務部施設業務グループマネージャー、04年6月情報通信事業部㈱キャスティ出向、08年4月情報通信事業部、同年7月労務人事部人材開発グループマネージャー、11年6月労務人事部人材開発グループマネージャー兼キャリアサポートグループマネージャー、同年10月埼玉支店設備部長、13年7月多摩支店武蔵野支社長、14年2月多摩支店武蔵野支社長兼組織改革準備担当、同年7月多摩支店武蔵野支社長、15年7月パワーグリッド・カンパニー経営企画室長兼経営企画ユニット企画室、16年3月パワーグリッド・カンパニー経営企画室長、同年4月東京電力パワーグリッド取締役副社長・経営改革担当兼経営企画室長、同年6月取締役副社長・経営改革担当、17年6月東京電力ホールディングス取締役及び東京電力パワーグリッド代表取締役社長

取締役
川崎　敏寛
（かわさき・としひろ）

出身地　広島県
65年8月21日生
（昭和40年）
趣味
信条

学歴
88(昭和63)年3月横浜国立大学経済学部国際経済学科卒

職歴
88年4月東京電力入社、05年7月東京支店銀座支社法人営業第一グループマネージャー、07年7月法人営業部都市エネルギーソリューション部電化厨房推進グループマネージャー兼産業エネルギーソリューション部、09年7月法人営業部都市エネルギーソリューション部都市ソリューション第一グループマネージャー、11年6月法人営業部都市エネルギー部都市第三営業グループマネージャー、12年10月東京支店営業部（エネルギー営業担当）、14年6月グループ事業部テプコカスタマーサービス㈱出向、15年7月カスタマーサービス・カンパニーテプコカスタマーサービス㈱出向、16年4月東京電力エナジーパートナー暮らし＆ビジネスサービス事業本部(現リビング事業本部)テプコカスタマーサービス㈱出向、17年6月東京電力ホールディングス取締役及び東京電力エナジーパートナー代表取締役社長

**取締役
常務執行役**

牧野　茂徳
（まきの・しげのり）

出身地　奈良県
69年6月30日生
（昭和44年）

趣味

信条

学歴
92（平成4）年3月東京大学工学部電気工学科卒

職歴
92年4月東京電力入社、10年7月柏崎刈羽原子力発電所第一保全部電気機器（1・4号）グループマネージャー兼電気機器（2・3号）グループ、12年7月原子力設備管理部設備技術グループマネージャー、16年4月東京電力ホールディングス原子力設備管理部設備技術グループマネージャー、同年7月原子力安全・統括部（福島第二原子力発電所駐在）、同年12月原子力人財育成センター所長、17年6月取締役、常務執行役・原子力・立地本部長兼原子力改革特別タスクフォース長代理兼同事務局長

**取締役
執行役**

山下　隆一
（やました・りゅういち）

出身地　鹿児島県
64年6月20日生
（昭和39年）

趣味

信条

学歴
89（平成元）年3月東京大学法学部卒

職歴
89年4月通商産業省（現経済産業省）入省、00年7月産業政策局産業資金課課長補佐、02年7月大臣官房政策審議室室長補佐、同年11月内閣府産業再生機構設立準備室参事官補佐、03年4月㈱産業再生機構ディレクター、04年7月大臣官房総務課課長補佐、06年7月商務情報政策局流通政策課中心市街地活性化室長、同年10月内閣総理大臣補佐官付企画官、07年9月経済協力開発機構日本政府代表部参事官、10年8月資源エネルギー庁電力・ガス事業部電力市場整備課長、11年7月大臣官房参事官（電力・ガス事業部担当）、12年6月製造産業局鉄鋼課長、14年7月経済産業政策局経済産業政策課長、15年7月大臣官房総務課長、16年6月資源エネルギー庁資源・燃料部長、17年7月原子力損害賠償・廃炉等支援機構連絡調整室長、同年7月東京電力ホールディングス執行役・会長補佐兼社長補佐兼経営企画担当（共同）、18年6月取締役、執行役・会長補佐兼社長補佐兼経営企画担当（共同）

取締役
武谷　典昭
（たけたに・のりあき）

出身地　茨城県
59年10月13日生
（昭和34年）
趣味
信条

学歴
83（昭和58）年3月早稲田大学政治経済学部経済学科卒
職歴
83年4月東京電力入社、99年7月千葉支店経理部経理グループマネージャー（以下、GM）、02年7月経理部経理企画グループ、03年10月経理部財務GM、05年7月関連事業部事業総括GM、06年7月関連事業部事業総括GM兼関連事業部（環境担当）、08年2月関連事業部事業総括GM兼関連事業部（環境担当）兼用地管理会社設立準備室、09年4月関連事業部、10年7月関連事業部兼燃料関係会社再編準備室、11年6月グループ事業部兼燃料関係会社再編準備室、同年7月グループ事業部、13年6月経理部長、15年6月常務執行役・グループ事業担当、同年7月常務執行役、16年4月東京電力ホールディングス（以下、東電HD）常務執行役・経営企画ユニット経理室長及び東京電力フュエル＆パワー（以下、東電FP）取締役（非常勤）及び東京電力パワーグリッド（以下、東電PG）取締役（非常勤）及び東京電力エナジーパートナー（以下、東電EP）取締役（非常勤）、同年6月東電HD常務執行役及び東電FP取締役（非常勤）及び東電PG取締役（非常勤）及び東電EP取締役（非常勤）、17年6月東電HD取締役

執行役
副会長
廣瀨　直己
（ひろせ・なおみ）

出身地　東京都
53年2月1日生
（昭和28年）
趣味
信条

学歴
76（昭和51）年3月一橋大学社会学部社会学科卒、83年5月イェール大学スクール・オブ・マネジメント修了（MBA）
職歴
76年4月東京電力入社、02年7月東京支店副支店長兼東京支店（環境担当）、03年6月営業部長、06年6月執行役員・営業部長、07年6月執行役員・販売営業本部副本部長、08年6月執行役員・神奈川支店長、10年6月常務取締役、11年3月常務取締役・福島原子力被災者支援対策本部副本部長、12年6月取締役、代表執行役社長、同年9月取締役、代表執行役社長・原子力改革特別タスクフォース長（以下、TF長）、13年4月取締役、代表執行役社長・原子力改革特別TF長兼ソーシャル・コミュニケーション室長（以下、SC室長）、同年5月取締役、代表執行役社長・原子力改革特別TF長兼SC室長兼新成長TF長、13年6月取締役、代表執行役社長・経営改革本部長兼原子力改革特別TF長兼SC室長兼新成長TF長、14年1月取締役、代表執行役社長・経営改革本部長兼原子力改革特別TF長兼新成長TF長、15年7月取締役、代表執行役社長・原子力改革特別TF長兼新成長TF長、16年4月東京電力ホールディングス取締役、代表執行役社長・原子力改革特別TF長、17年6月執行役副会長（福島統括）

代表執行役副社長
文挟　誠一
（ふばさみ・せいいち）

出身地 栃木県
60年7月25日生
（昭和35年）
趣味
信条

学歴
85（昭和60）年3月東京都立大学経済学部経済学科卒

職歴
85年4月東京電力入社、04年7月経理部決算グループマネージャー、09年7月茨城支店水戸支社長、12年10月経理部部長代理兼経理部（経理担当）兼経営改革本部事務局、13年6月経営改革本部企画部長、14年6月執行役員・経営企画本部事務局長、15年4月常務執行役・経営企画本部担当（共同）兼経営企画本部事務局長、同年6月常務執行役・経営企画本部担当（共同）、同年7月常務執行役・経営企画担当（共同）、16年4月東京電力ホールディングス（以下、東電HD）常務執行役・経営企画担当（共同）及び東京電力フュエル＆パワー（以下、東電FP）取締役（非常勤）及び東京電力パワーグリッド（以下、東電PG）取締役（非常勤）及び東京電力エナジーパートナー（以下、東電EP）取締役（非常勤）、同年6月東電HD常務執行役・経営企画担当（共同）兼経営企画ユニット企画室長及び東電FP取締役（非常勤）及び東電PG取締役（非常勤）及び東電EP取締役（非常勤）、17年6月東電HD代表執行役副社長・経営企画担当（共同）及び東電FP取締役（非常勤）及び東電PG取締役（非常勤）及び東電EP取締役（非常勤）

執行役副社長
増田　尚宏
（ますだ・なおひろ）

出身地 埼玉県
58年3月12日生
（昭和33年）
趣味 ウオーキング
信条

学歴
80（昭和55）年3月横浜国立大学工学部電気工学科卒、82年3月横浜国立大学大学院修士課程工学研究科電気工学専攻修了

職歴
82年4月東京電力入社、95年7月柏崎刈羽原子力発電所保修部電気機器課長、96年8月柏崎刈羽原子力発電所保修部電気機器課長兼柏崎刈羽原子力建設所（課長待遇）、97年7月柏崎刈羽原子力発電所保修部電気機器課長、同年7月原子力技術部東電設計㈱出向（課長）、00年6月原子力技術部東電設計㈱出向、同年7月原子力技術部電気計装設計グループマネージャー、04年7月原子力・立地業務部企画調整グループ、05年6月福島第二原子力発電所ユニット所長、08年7月原子力・立地業務部、10年6月原子力・立地本部福島第二原子力発電所長、13年1月原子力・立地本部福島第二原子力発電所長兼福島本部、同年5月特命役員・原子力安全監視室副室長、14年4月常務執行役・福島第一廃炉推進カンパニー・プレジデント兼廃炉・汚染水対策最高責任者、16年4月東京電力ホールディングス常務執行役・福島第一廃炉推進カンパニー・プレジデント兼廃炉・汚染水対策最高責任者、18年4月執行役副社長・防災・安全統括

常務執行役
佐伯　光司
（さいき・みつし）

出身地　広島県
63年6月30日生
（昭和38年）
趣味　ゴルフ
信条

学歴
86（昭和61）年3月慶応義塾大学法学部法律学科卒
職歴
86年4月東京電力入社、04年8月総務部総務グループマネージャー、08年7月群馬支店総務部長、10年7月総務部部長代理兼総務部（首都圏担当）兼総務部（環境担当）、13年6月総務部長、15年7月経営企画ユニット総務・法務室長、16年4月東京電力ホールディングス常務執行役・経営企画ユニット総務・法務室長兼福島本部副本部長兼原子力・立地本部副本部長、同年6月常務執行役・福島本部副本部長兼原子力・立地本部副本部長、17年6月常務執行役・安全統括、原子力・立地本部副本部長（青森担当）、18年4月常務執行役

常務執行役
森下　義人
（もりした・よしひと）

出身地　埼玉県
62年3月14日生
（昭和37年）
趣味　野球
信条

学歴
85（昭和60）年3月東京大学経済学部経済学科卒
職歴
85年4月東京電力入社、04年7月経理部予算グループマネージャー、08年11月多摩支店総務部長、10年7月千葉支店東葛支社長、12年11月経理部部長代理、13年4月経理部部長代理兼資金管理グループマネージャー、同年7月経理部部長代理、14年2月経理部部長代理兼企画部組織改革推進室、同年6月経理部部長代理兼経営企画本部事務局組織改革推進室、15年4月経理部部長代理兼ビジネスソリューション・カンパニー経理センター兼経営企画本部事務局組織改革推進室、同年6月経理部部長、同年7月経営企画ユニット経理室長兼ビジネスソリューション・カンパニー、16年4月東京電力パワーグリッド常務取締役・経理・社債等担当兼東京電力ホールディングス経営企画ユニット経理室、17年6月東京電力ホールディングス常務執行役及び東京電力フュエル＆パワー取締役（非常勤）及び東京電力パワーグリッド取締役（非常勤）及び東京電力エナジーパートナー取締役（非常勤）

常務執行役
見學　信一郎
（けんがく・しんいちろう）

出身地　神奈川県
64年10月24日生
（昭和39年）
趣味　テニス、スポーツ観戦
信条

学歴
88（昭和63）年3月慶応義塾大学経済学部経済学科卒、98年10月オーストラリア国立大学経営学修士課程修了

職歴
88年4月東京電力入社、05年7月企画部調査グループマネージャー、07年7月企画部経営調査グループマネージャー、12年6月経営改革本部事務局、13年4月執行役員・ソーシャル・コミュニケーション室副室長兼経営改革本部事務局、14年6月執行役員・ソーシャル・コミュニケーション室副室長兼経営企画本部事務局、15年7月執行役員・ソーシャル・コミュニケーション室副室長兼経営企画ユニット企画室、16年4月東京電力ホールディングス常務執行役・新成長タスクフォース長、18年4月常務執行役・新成長タスクフォース長兼ソーシャル・コミュニケーション室長、18年7月常務執行役

常務執行役
関　知道
（せき・ともみち）

出身地　栃木県
64年1月10日生
（昭和39年）
趣味　読書、ジョギング、フットサル
信条　理と情

学歴
86（昭和61）年3月横浜国立大学工学部電気工学科卒、15年3月東京農工大学大学院生物システム応用科学府博士課程修了

職歴
86年4月東京電力入社、06年7月経理部バリュエーショングループマネージャー、09年7月技術開発研究所経済グループマネージャー、11年10月千葉支店支店長付、12年6月企画部総括調整グループ、13年6月経営改革本部事務局次長兼企画部総括調整グループ、同年7月経営改革本部事務局次長兼企画部、14年6月経営企画本部事務局次長、15年7月経営企画ユニット企画室次長、16年4月東京電力ホールディングス常務執行役・IoT担当、17年6月常務執行役・IoT担当兼経営企画ユニットシステム企画室長、18年4月常務執行役・IoT担当

常務執行役
小野　明
（おの・あきら）

出身地　山梨県
59年6月1日生
（昭和34年）
趣味　登山、音楽鑑賞
信条

学歴
83（昭和58）年3月東京大学工学部原子力工学科卒
職歴
83年4月東京電力入社、98年7月福島第二原子力発電所保修部原子炉グループマネージャー、02年7月資材部機械購買グループマネージャー、05年7月資材部発電設備調達センター原子炉設備調達グループマネージャー、06年7月福島第一原子力発電所第二運転管理部長、09年7月神奈川支店鶴見支社長、11年12月福島第一原子力発電所ユニット所長（5・6号）、13年6月執行役員・原子力・立地本部福島第一安定化センター福島第一原子力発電所兼福島本部、14年4月執行役員・福島第一廃炉推進カンパニー・バイスプレジデント兼福島第一原子力発電所長兼福島本部、16年7月原子力損害賠償・廃炉等支援機構執行役員戦略グループ長、18年2月原子力損害賠償・廃炉等支援機構上席執行役員プログラム監督・支援室長、同年4月東京電力ホールディングス常務執行役・福島第一廃炉推進カンパニー・プレジデント兼廃炉・汚染水対策最高責任者兼プロジェクト計画部長

常務執行役
大倉　誠
（おおくら・まこと）

出身地　東京都
58年7月22日生
（昭和33年）
趣味
信条

学歴
82（昭和57）年慶応義塾大学法学部法律学科卒
職歴
82年4月東京電力入社、97年7月神奈川支店中営業所副所長、00年2月企画部企画グループ（渉外担当）（課長）、02年6月総務部、03年7月多摩支店支店長付、06年7月品質・安全監査部業務支援調査グループ、07年7月品質・安全監査部業務監査グループ、同年10月原子力運営管理部防災安全グループマネージャー兼原子力運営管理部（安全品質担当）、11年5月原子力運営管理部、同年6月原子力品質監査部部長代理兼企画部、13年2月原子力品質・安全部、同年6月福島本部復興調整室長、14年6月執行役員・福島本部復興調整部長、16年4月東京電力ホールディングス執行役員・福島本部復興調整部長、17年6月常務執行役・福島復興本社代表兼福島本部長兼原子力・立地本部副本部長

常務執行役
橘田　昌哉
（きった・まさや）

出身地　石川県
64年1月15日生
（昭和39年）
趣味　スポーツ観戦
信条　初心忘るべからず

学歴
87（昭和62）年3月中央大学法学部卒
職歴
87年4月東京電力入社、03年10月柏崎刈羽原子力発電所広報部企画広報グループマネージャー、05年7月山梨支店総務部管財グループマネージャー、08年7月用地部配電用地グループマネージャー兼用地管理会社設立準備室、同年10月用地部配電用地グループマネージャー、10年7月群馬支店総務部、11年4月福島原子力被災者支援対策本部福島原子力補償相談室地域相談グループマネージャー、13年1月福島本部福島原子力補償相談室補償相談ユニットユニット長代理、同年6月パワーグリッド・カンパニー用地部長、15年4月新潟本部副本部長兼企画広報部長、同年6月新潟本部副本部長、16年4月東京電力ホールディングス新潟本部副本部長、17年6月常務執行役・新潟本社代表兼新潟本部長兼原子力・立地本部副本部長

常務執行役
宗　一誠
（そう・いっせい）

出身地　愛知県
64年1月30日生
（昭和39年）
趣味　読書、水泳
信条

学歴
86（昭和61）年3月早稲田大学商学部卒
職歴
86年4月東京電力入社、98年2月原子力計画部広報グループ、01年7月原子力計画部電気事業連合会派遣、04年8月原子力・立地業務部企画調整グループ、06年4月原子力・立地業務部プロジェクト管理グループ、同年7月原子燃料サイクル部サイクル企画グループマネージャー、07年1月原子力・立地業務部独立行政法人日本原子力研究開発機構派遣、10年7月柏崎刈羽原子力発電所総務部長、13年7月福島本部福島原子力補償相談室補償相談ユニット柏崎補償相談センター所長兼柏崎刈羽原子力発電所副所長、15年6月原子力・立地本部立地地域部長兼福島本部兼新潟本部、16年4月東京電力ホールディングス原子力・立地本部立地地域部長兼福島本部兼新潟本部、18年4月常務執行役・原子力・立地本部副本部長（青森担当）兼立地地域部長兼福島本部兼新潟本部

執行役員の担当　◇　東京電力ホールディングス

執行役員	鈴木　成光	福島第一廃炉推進カンパニー・バイスプレジデント
執行役員	髙山　拓治	福島第一廃炉推進カンパニー・バイスプレジデント
執行役員	小島　英夫	経営技術戦略研究所副所長
執行役員	小河原克実	福島第一廃炉推進カンパニー・バイスプレジデント
執行役員	設楽　親	原子力・立地本部柏崎刈羽原子力発電所長兼新潟本部
執行役員	内田　俊志	統括CKO
執行役員	永澤　昌	経営企画ユニット企画室長
執行役員	大久保浩幸	ビジネスソリューション・カンパニー・プレジデント
執行役員	近藤　通隆	福島復興本社副代表兼福島本部副本部長
執行役員	増井　秀企	原子力・立地本部副本部長
執行役員	師尾　直登	福島第一廃炉推進カンパニー・シニアバイスプレジデント
執行役員	山本竜太郎	技監
執行役員	大槻　陸夫	稼ぐ力創造ユニット組織・労務人事室長
執行役員	西村　冬彦	渉外・広報ユニット国際室長
執行役員	磯貝　智彦	福島第一廃炉推進カンパニー・バイスプレジデント兼福島第一原子力発電所長兼福島本部
執行役員	一ノ瀬貴士	内部監査室長
執行役員	梶山　直希	福島第一廃炉推進カンパニー・バイスプレジデント
執行役員	大貫　繁樹	経営企画ユニット企画室
執行役員	多田　克行	原子力・立地本部副本部長兼経営企画ユニット企画室兼原子力改革ユニット原子力改革特別タスクフォース事務局

執行役員
鈴木　成光
（すずき・しげみつ）

出身地　千葉県
54年12月13日生
（昭和29年）

学歴　77（昭和52）年3月東京大学工学部卒、80年3月東京大学大学院修了
職歴　80年4月三菱重工業㈱入社、04年4月神戸造船所原子力プラント設計部次長、05年7月神戸造船所原子燃料・バックエンド設計部部長、07年7月本社原子力事業本部原子力技術センター原子力技術部部長、09年10月神戸造船所副所長、10年4月神戸造船所副所長（参与）、11年4月原子力事業本部副事業本部長（参与）、12年1月エンジニアリング本部本部長代理（参与）、13年10月エネルギー・環境ドメイン火力発電システム事業部エンジニアリング本部原子力PJ総括部総括部長（参与）、14年2月エネルギー・環境ドメイン原子力事業部事業部長代理（参与）、同年4月東京電力執行役員・福島第一廃炉推進カンパニー・バイスプレジデント（以下、VP）、15年4月三菱重工業㈱執行役員フェロー・エネルギー・環境ドメイン原子力事業部調査役、16年4月東京電力ホールディングス執行役員・福島第一廃炉推進カンパニー・VP

執行役員
髙山　拓治
（たかやま・たくじ）

出身地　山梨県
58年4月3日生
（昭和33年）

学歴　81（昭和56）年3月山梨大学工学部卒
職歴　81年4月㈱東芝入社、97年4月原子力プラント設計部（プラント綜合設計第一担当）主査、03年4月原子力営業第二部（東京電力発電第二担当）グループ長、06年2月原子力運転プラント技術部（プロジェクト第一担当）グループ長、08年4月原子力運転プラント技術部プロジェクト統括主幹、10年4月原子力プラント設計部長、14年3月原子力事業部事業部長附、同年4月東京電力執行役員・福島第一廃炉推進カンパニー・バイスプレジデント、16年4月東京電力ホールディングス執行役員・福島第一廃炉推進カンパニー・バイスプレジデント

執行役員
小島　英夫
（こじま・ひでお）

出身地　神奈川県
62年11月11日生
（昭和37年）

学歴　86（昭和61）年3月東京大学経済学部経済学科卒
職歴　86年4月東京電力入社、07年7月国際部総括・海外調査グループマネージャー、12年7月国際部部長代理、13年6月国際部長、15年4月執行役員・経営技術戦略研究所副所長、16年4月東京電力ホールディングス執行役員・経営技術戦略研究所副所長

執行役員
小河原 克実
（おがわら・かつみ）

出身地 千葉県
61年5月6日生
（昭和36年）

学歴　85（昭和60）年3月慶応義塾大学法学部政治学科卒
職歴　85年4月東京電力入社、03年1月埼玉支店春日部支社副支社長兼法人営業グループマネージャー、同年10月埼玉支店春日部支社副支社長、06年7月販売営業本部営業計画グループマネージャー、09年7月営業部部長代理兼営業部（環境担当）兼電力契約兼法人営業部、10年7月群馬支店太田支社長、12年10月用地部部長代理、13年7月福島本部福島原子力補償相談室補償相談ユニット東北補償相談センター所長、14年6月福島本部福島原子力補償相談室補償相談ユニット長兼福島補償相談センター所長、16年4月東京電力ホールディングス福島本部福島原子力補償相談室補償相談ユニット長兼福島補償相談センター所長、同年6月執行役員・福島第一廃炉推進カンパニー・バイスプレジデント

執行役員
設楽　親
（したら・ちかし）

出身地 群馬県
59年9月22日生
（昭和34年）

学歴　82（昭和57）年3月横浜国立大学工学部機械科卒、84年3月横浜国立大学大学院修士課程工学研究科機械工学専攻修了
職歴　84年4月東京電力入社、02年12月原子力技術部規格基準グループマネージャー（以下、GM）、05年7月柏崎刈羽原子力発電所第一保全部長、07年7月原子力品質・安全部設備健全性診断GM、同年10月原子力品質・安全部設備健全性診断GM兼原子力設備管理部新潟県中越沖地震対策センター、11年6月福島第一安定化センター技術支援部長兼福島第一原子力発電所、同年11月福島第二原子力発電所副所長兼福島第二原子力発電所（安全品質担当）、12年8月福島第二原子力発電所ユニット所長、13年5月原子力・立地本部福島第二原子力発電所長兼福島本部、16年4月東京電力ホールディングス原子力・立地本部福島第二原子力発電所長兼福島本部、同年6月執行役員・原子力・立地本部柏崎刈羽原子力発電所長兼新潟本部

執行役員
内田　俊志
（うちだ・しゅんじ）

出身地 東京都
62年2月7日生
（昭和37年）

学歴　85（昭和60）年3月東京大学工学部機械工学科卒
職歴　85年4月東京電力入社、00年2月品川火力建設所発電準備業務グループ（課長）、同年7月品川火力建設所保修準備機械グループマネージャー（以下、GM）、01年7月中央火力事業所品川火力発電所機械GM、02年7月火力部火力保修GM、同年11月火力部火力保修GM兼火力発電GM、06年7月福島第一原子力発電所技術総括部長、08年7月千葉支店千葉支社副支社長兼千葉支社（安全品質担当）、10年7月東火力事業所副所長兼東火力事業所（安全品質担当）、12年6月火力部部長代理兼火力部（運用担当）、13年6月フュエル＆パワー・カンパニー火力部長、15年7月原子力・立地本部副本部長、16年4月東京電力ホールディングス原子力・立地本部副本部長、同年7月執行役員・福島第一廃炉推進カンパニー・バイスプレジデント兼福島第一原子力発電所長兼福島本部、18年4月執行役員・統括CKO

執行役員
永澤　昌
（ながさわ・まさし）

出身地　熊本県
66年7月21日生
（昭和41年）

学歴　90（平成2）年3月一橋大学経済学部卒
職歴　90年4月東京電力入社、97年10月企画部調査グループ（主任）、00年7月企画部海外電力調査会派遣、09年3月企画部経営分析グループマネージャー（以下、GM）、11年9月企画部経営分析GM兼投資評価・管理GM、12年7月企画部経営分析GM、14年4月企画部経営分析GM兼HDカンパニー制検討グループ、同年6月経営企画本部事務局経営分析GM兼財務戦略GM、同年7月経営企画本部事務局総括調整GM、15年7月経営企画ユニット企画室次長兼グループ事業管理室兼系統広域連系推進室、16年4月東京電力ホールディングス（以下、東電HD）経営企画ユニット企画室次長兼グループ事業管理室兼系統広域連系推進室、同年5月東京電力エナジーパートナー常務取締役・ガス事業プロジェクト推進室長、17年6月東電HD執行役員・経営企画ユニット企画室長

執行役員
大久保　浩幸
（おおくぼ・ひろゆき）

出身地　東京都
60年5月19日生
（昭和35年）

学歴　84（昭和59）年3月慶応義塾大学工学部電気工学科卒、86年3月慶応義塾大学大学院工学研究科電気工学専攻修了
職歴　86年4月東京電力入社、01年7月電力技術研究所研究総括グループ（以下、G）、02年4月開発計画部研究企画G、04年7月営業部生活エネルギーG、06年7月千葉支店東葛支社副支社長、09年7月開発計画部新技術活用推進グループマネージャー、11年7月埼玉支店熊谷支社長、13年11月企画部、14年2月企画部技術・業務革新推進室副室長、同年6月経営企画本部事務局技術・業務革新推進室長、15年7月経営企画ユニットグループ事業管理室技術・業務革新推進室長、16年4月東京電力ホールディングス経営企画ユニットグループ事業管理室技術・業務革新推進室長、17年3月経営企画ユニットグループ事業管理室カイゼン推進室長、同年6月執行役員・ビジネスソリューション・カンパニー・プレジデント

執行役員
近藤　通隆
（こんどう・みちたか）

出身地　徳島県
61年4月12日生
（昭和36年）

学歴　85（昭和60）年3月東京大学法学部公法コース卒
職歴　85年4月東京電力入社、94年7月東京南支店大田支社お客さまセンター副長、96年7月総務部文書課副長、00年7月企画部新エネルギー・産業技術総合開発機構出向、02年7月総務部文書グループマネージャー、05年7月企画部経営管理グループマネージャー、07年7月埼玉支店さいたま支社副支社長、09年7月中央火力事業所総務部長、10年4月企画部電気事業連合会派遣、同年10月企画部総括調整グループ、11年4月総務部法務室長、13年1月総務部法務室長兼福島本部福島原子力補償相談室、14年6月福島本部福島原子力補償相談室長、16年4月東京電力ホールディングス福島本部福島原子力補償相談室長、17年6月執行役員・福島本部福島原子力補償相談室長、18年4月執行役員・福島復興本社副代表兼福島本部副本部長

東京電力ホールディングス

執行役員
増井　秀企
（ますい・ひでき）

出身地 兵庫県
67年1月5日生
（昭和42年）

学歴　89（平成元）年3月京都大学工学部衛生工学科卒
職歴　89年4月東京電力入社、96年9月原子力管理部主任、97年7月原子力管理部保安グループ（以下、G）（主任）、99年5月原子力技術部サイクル技術センターバックエンドG（主任）、00年7月原子力技術部サイクル技術センター処分技術G、04年6月原子燃料サイクル部処分技術G、05年7月柏崎刈羽原子力発電所技術総括技術グループマネージャー（以下、GM）、09年7月原子力設備管理部（規格基準担当）、10年7月原子力設備管理部新潟県中越沖地震対策センター地震対策総括GM、11年2月原子力設備管理部原子力耐震技術センター耐震調査GM、13年1月原子力設備管理部原子力耐震技術センター安全調査GM、16年4月東京電力ホールディングス原子力設備管理部原子力耐震技術センター安全調査GM、17年6月執行役員・原子力・立地本部副本部長

執行役員
師尾　直登
（もろお・なおと）

出身地 東京都
61年1月31日生
（昭和36年）

学歴　83（昭和58）年3月横浜国立大学工学部機械工学科卒
職歴　83年4月日本原子力発電入社、01年6月東海発電所機械保修課長兼東海第二発電所機械保修課長、04年6月東海発電所保修室サブマネージャー兼東海第二発電所保修室サブマネージャー（課長）、05年10月発電管理室、06年7月発電管理室設備・化学管理グループマネージャー、08年7月発電管理室設備管理グループマネージャー、09年6月敦賀発電所保修室長、11年7月敦賀発電所副所長兼保修室長、12年6月敦賀発電所長代理、14年4月発電管理室長代理、15年6月執行役員・敦賀発電所長、16年6月執行役員・敦賀事業本部敦賀発電所長、17年6月常務執行役員・敦賀事業本部敦賀発電所長、同年10月東京電力ホールディングス執行役員・福島第一廃炉推進カンパニー・シニアバイスプレジデント

執行役員
山本　竜太郎
（やまもと・りゅうたろう）

出身地 神奈川県
64年1月19日生
（昭和39年）

学歴　88（昭和63）年3月東京工業大学（修士課程）総合理工学研究科物理情報工学専攻修了
職歴　88年4月東京電力入社、02年7月工務部業務推進プロジェクトグループマネージャー、03年10月工務部工事企画グループマネージャー、04年6月工務部施設業務グループマネージャー、06年7月福島第二原子力発電所技術総括部長、08年7月工務部部長代理兼工務部（安全品質担当）、10年6月神奈川支店藤沢支社長、13年4月執行役員・パワーグリッド・カンパニー・バイスプレジデント、15年6月執行役員・東京支店長兼東京総支社移行室長、同年7月執行役員・パワーグリッド・カンパニー東京総支社長、16年4月東京電力パワーグリッド東京総支社長（常務取締役待遇）、18年4月東京電力ホールディングス執行役員・技監

執行役員
大槻　陸夫
（おおつき・りくお）

出身地　神奈川県
64年11月19日生
（昭和39年）

学歴　88（昭和63）年3月東京大学法学部公法コース卒

職歴　88年4月東京電力入社、01年9月総務部文書グループ、05年7月工務部設備環境グループマネージャー、08年7月総務部株式グループマネージャー、12年10月経営改革本部事務局兼企画部兼総務部、14年6月経営企画本部事務局次長兼総務部、15年6月経営企画本部事務局事務局長、同年7月経営企画ユニット企画室長、16年4月東京電力ホールディングス経営企画ユニット企画室長、同年6月東京電力ホールディングス経営企画ユニット経理室長兼ビジネスソリューション・カンパニー、17年6月東京電力パワーグリッド常務取締役、18年4月東京電力ホールディングス執行役員・稼ぐ力創造ユニット組織・労務人事室長

執行役員
西村　冬彦
（にしむら・ふゆひこ）

出身地　広島県
61年1月8日生
（昭和36年）

学歴　85（昭和60）年3月早稲田大学大学院理工学研究科修了、92（平成4）年5月マサチューセッツ工科大学大学院修了

職歴　85年4月東京電力入社、04年10月国際部豪州事業グループマネージャー（以下、GM）、07年7月国際部海外事業開発第一GM、10年7月国際部、同年9月国際部海外事業開発部長、11年6月国際部海外事業部長、15年7月渉外・広報ユニット国際室副室長兼新成長タスクフォース（以下、TF）事務局、16年4月東京電力ホールディングス渉外・広報ユニット国際室副室長兼新成長TF事務局、同年7月渉外・広報ユニット国際室長、18年4月執行役員・渉外・広報ユニット国際室長

執行役員
磯貝　智彦
（いそがい・ともひこ）

出身地　埼玉県
60年12月16日生
（昭和35年）

学歴　86（昭和61）年3月東京工業大学（修士課程）総合理工学研究科エネルギー科学専攻修了

職歴　86年4月東京電力入社、00年6月柏崎刈羽原子力発電所保修部原子炉グループマネージャー（以下、GM）、04年7月原子力運営管理部高経年化対策GM、07年7月柏崎刈羽原子力発電所技術総括部長、09年7月柏崎刈羽原子力発電所第一保全部長、11年6月福島第一安定化センター水処理プロジェクト部長兼福島第一原子力発電所、13年6月福島第一原子力発電所ユニット所長（5・6号）、16年4月東京電力ホールディングス（以下、東電HD）福島第一廃炉推進カンパニー福島第一原子力発電所プロジェクト統括管理センター所長兼福島第一原子力発電所ユニット所長（5・6号）、同年6月東電HD福島第一廃炉推進カンパニープロジェクト計画部長、18年4月執行役員・福島第一廃炉推進カンパニー・バイスプレジデント兼福島第一原子力発電所長兼福島本部

執行役員
一ノ瀬 貴士
（いちのせ・たかし）

出身地 東京都
62年9月27日生
（昭和37年）

学歴　85（昭和60）年3月東京大学工学部電気工学科卒
職歴　85年4月東京電力入社、00年7月沼津支店営業部配電管理グループマネージャー（以下、GM）、02年7月企画部東京通信ネットワーク㈱出向、03年4月企画部㈱パワードコム出向、06年1月情報通信事業部 KDDI ㈱出向、同年7月労務人事部人材開発 GM、08年7月東京支店設備部（配電担当部長）、10年7月東京支店設備部長、11年9月東京支店渋谷支社長、14年6月グループ事業部東電タウンプランニング㈱出向（代表取締役社長）、15年7月パワーグリッド・カンパニー東電タウンプランニング㈱出向（代表取締役社長）兼経営企画ユニットグループ事業管理室、17年6月東京電力ホールディングス内部監査室長、18年4月執行役員・内部監査室長

執行役員
梶山 直希
（かじやま・なおき）

出身地 茨城県
61年3月7日生
（昭和36年）

学歴　84（昭和59）年3月東京理科大学理学部応用物理学科卒
職歴　84年4月㈱日立製作所入社、98年8月原子力事業部軽水炉第二技術部主任技師、07年7月日立 GE ニュークリア・エナジー㈱原子力技術本部原子力技術部主任技師、10年10月原子力技術本部チーフプロジェクトマネージャ、13年4月原子力技術本部原子力技術部長、15年1月原子力技術本部長、16年4月福島プロジェクト本部長兼原子力技術本部長、17年4月原子力技術本部長、18年6月東京電力ホールディングス執行役員・福島第一廃炉推進カンパニー・バイスプレジデント

執行役員
大貫 繁樹
（おおぬき・しげき）

出身地 静岡県
76年3月25日
（昭和51年）

学歴　98（平成10）年3月慶応義塾大学総合政策学部卒
職歴　98年4月通商産業省（現経済産業省）入省、11年6月資源エネルギー庁長官官房総合政策課課長補佐、12年6月経済産業政策局政策企画委員、14年6月大臣官房秘書課政策企画委員、15年7月大臣官房秘書課人事企画官、16年6月原子力損害賠償・廃炉等支援機構執行役員、18年6月東京電力ホールディングス執行役員・経営企画ユニット企画室

執行役員
多田　克行
（ただ・かつゆき）

出身地　福井県
76年8月30日
（昭和51年）

学歴　01（平成13）年3月東京大学大学院農業生命科学研究科修了
職歴　01年4月経済産業省入省、06年6月経済産業政策局競争環境整備室課長補佐、09年6月資源エネルギー庁電力・ガス事業部原子力政策課課長補佐、12年6月製造産業局自動車課総括補佐、13年7月資源エネルギー庁省エネルギー・新エネルギー部政策課総括補佐、15年6月産業技術環境局環境政策課政策企画委員、16年6月大臣官房秘書課政策企画委員、18年6月原子力損害賠償・廃炉等支援機構執行役員、同年6月東京電力ホールディングス執行役員・原子力・立地本部兼経営企画ユニット企画室兼原子力改革ユニット原子力改革特別タスクフォース事務局、同年6月執行役員・原子力・立地本部副本部長兼経営企画ユニット企画室兼原子力改革ユニット原子力改革特別タスクフォース事務局

東京電力フュエル＆パワー

東京

〒100-0011　東京都千代田区内幸町1丁目5番3号
☎　0 3 － 6 3 7 3 － 1 1 1 1（代表）

役員の担当　◇　東京電力フュエル＆パワー

代表取締役会長	佐野　敏弘	☆
代表取締役社長	守谷　誠二	☆
取締役副社長	石田　昌幸	最高カイゼン執行責任者（CKO）
常務取締役	久米　俊郎	最高情報責任者（CIO） （東京電力ホールディングス海外事業連携担当兼経営企画ユニット経理室を兼任）
常務取締役	眞島　俊昭	☆
常務取締役	鵜澤新太郎	O&M本部長兼火力運営部長
取締役（非常勤）	可児　行夫	☆
取締役（非常勤）	文挾　誠一	☆
取締役（非常勤）	森下　義人	☆
監査役	白井　真	☆
監査役	鈴木　祐輔	☆

代表取締役会長
佐野　敏弘
（さの・としひろ）

出身地　山梨県
52年9月10日生
（昭和27年）
趣味　スポーツ観戦、
　　　ウオーキング
信条

学歴
77（昭和52）年3月早稲田大学理工学部機械工学科卒
職歴
77年4月東京電力入社、92年7月横浜火力発電所（グループリーダー待遇）、同年7月横浜火力建設所機械課長、95年7月資材部機械購買課長、97年7月資材部機械購買グループマネージャー（以下、GM）（課長）、98年4月資材部機械購買GM（副部長）、99年6月中央火力事業所設立準備担当（副部長）、00年2月中央火力事業所計画部長、01年7月中央火力事業所副所長兼中央火力事業所（安全担当）、02年2月中央火力事業所所長兼中央火力事業所（安全担当）兼計画部長、03年7月火力部部長代理兼火力部（運用担当）、05年6月火力エンジニアリングセンター所長、08年6月火力部長、09年6月執行役員・火力部長、11年6月常務取締役・技術開発本部長、12年6月常務執行役、13年4月常務執行役・フュエル＆パワー・カンパニー・プレジデント、14年6月取締役、代表執行役副社長・フュエル＆パワー・カンパニー・プレジデント、16年4月東京電力ホールディングス取締役及び東京電力フュエル＆パワー（以下、東電FP）代表取締役社長、17年6月東電FP代表取締役会長

代表取締役社長
守谷　誠二
（もりや・せいじ）

出身地　東京都
63年4月21日生
（昭和38年）
趣味　美術鑑賞、水泳
信条

学歴
86（昭和61）年3月早稲田大学政治経済学部経済学科卒
職歴
86年4月東京電力入社、06年7月東京支店総務部人事グループマネージャー、08年7月関連事業部事業構築グループマネージャー、10年7月関連事業部事業構築グループマネージャー兼燃料関係会社再編準備室、11年7月グループ事業部グループ事業構築グループマネージャー、12年4月グループ事業部部長代理兼グループ事業構築グループマネージャー、同年6月グループ事業部部長代理兼グループ事業部（環境担当）兼グループ事業構築グループマネージャー、13年6月監査委員会業務室長、16年4月東京電力フュエル＆パワー常務取締役兼東京電力ホールディングス経営企画ユニット経理室、17年6月東京電力ホールディングス取締役及び東京電力フュエル＆パワー代表取締役社長

取締役副社長
石田　昌幸
（いしだ・まさゆき）

出身地　東京都
55年7月22日生
（昭和30年）
趣味　ウオーキング
信条

学歴
79（昭和54）年3月東京工業大学工学部機械工学科卒

職歴
79年4月東京電力入社、95年7月立地環境本部課長（立地担当）、97年7月火力エンジニアリングセンターLNG設備グループマネージャー（課長）、01年7月火力部（環境担当）兼火力総括調整グループマネージャー、03年10月東火力事業所富津火力発電所副所長、06年6月東火力事業所富津火力発電所長兼富津火力建設所長、09年6月原子力品質監査部長、13年4月執行役員・フュエル＆パワー・カンパニー・バイスプレジデント兼原子力品質監査部長、同年9月執行役員・フュエル＆パワー・カンパニー・バイスプレジデント、16年4月東京電力フュエル＆パワー取締役副社長、17年6月東京電力フュエル＆パワー取締役副社長・最高カイゼン執行責任者（CKO）

東京

常務取締役
久米　俊郎
（くめ・としろう）

出身地　神奈川県
61年3月27日生
（昭和36年）
趣味　音楽鑑賞
信条

学歴
83（昭和58）年3月慶応義塾大学経済学部卒

職歴
83年4月東京電力入社、04年10月企画部経営調査グループマネージャー、07年7月茨城支店支店長付、10年7月企画部投資評価・管理グループマネージャー、11年9月国際部TeaMエナジーコーポレーション派遣、15年5月国際部TeaMエナジーコーポレーション派遣兼フュエル＆パワー・カンパニー海外IPP室、同年7月フュエル＆パワー・カンパニーTeaMエナジーコーポレーション派遣、16年4月東京電力フュエル＆パワー常務取締役、17年6月東京電力フュエル＆パワー常務取締役・最高情報責任者（CIO）兼東京電力ホールディングス経営企画ユニット経理室、18年6月常務取締役・最高情報責任者（CIO）兼東京電力ホールディングス海外事業連携担当兼経営企画ユニット経理室

常務取締役
眞島　俊昭
（まじま・としあき）

出身地　愛知県
63年10月20日生
（昭和38年）
趣味　ジョギング
信条　Smile

学歴
86（昭和61）年3月慶応義塾大学理工学部機械工学科卒、88年3月慶応義塾大学大学院理工学研究科修了

職歴
88年4月東京電力入社、01年2月火力エンジニアリングセンターエネルギーソリューショングループマネージャー（以下、GM）、02年7月エネルギー営業部ソリューション第一GM、04年6月法人営業部ソリューション営業センターソリューション第一GM、06年7月法人営業部営業第一GM、07年7月法人営業部産業エネルギーソリューション部営業第一GM、09年7月千葉支店営業部長、11年7月千葉支店成田支社長、14年7月技術統括部（技術イノベーション担当（カスタマーサービス）兼カスタマーサービス・カンパニー、15年4月経営技術戦略研究所技術統括部（技術イノベーション担当（カスタマーサービス）兼カスタマーサービス・カンパニー、同年7月経営企画ユニット企画室次長兼グループ事業管理室兼系統広域連系推進室、16年4月東京電力ホールディングス経営企画ユニット企画室次長兼グループ事業管理室兼系統広域連系推進室、同年7月経営企画ユニットグループ事業管理室（技術・業務革新推進担当）、17年6月東京電力フュエル＆パワー常務取締役

常務取締役
鵜澤　新太郎
（うざわ・しんたろう）

出身地　千葉県
61年9月25日生
（昭和36年）
趣味
信条

学歴
88（昭和63）年3月千葉大学大学院工学研究科修了

職歴
88年4月東京電力入社、02年7月東火力事業所姉崎火力発電所発電グループマネージャー（以下、GM）、06年7月ガス・カンパニー技術・第一営業GM、09年7月火力部（環境担当）兼火力総括調整GM兼ガス託送サービスGM、11年4月火力部（環境担当）兼火力総括調整GM兼ガス託送サービスGM兼火力エンジニアリングセンター火力技能訓練センター所長、同年7月中央火力事業所鹿島火力発電所副所長、12年4月鹿島火力建設所副所長、13年7月火力エンジニアリングセンター所長兼火力エンジニアリングセンター（海外事業担当）、同年12月火力エンジニアリングセンター所長兼火力エンジニアリングセンター（海外事業担当）兼火力技能訓練センター所長、14年4月火力エンジニアリングセンター所長兼火力エンジニアリングセンター（海外事業担当）、同年7月東火力事業所富津火力発電所長、15年7月フュエル＆パワー・カンパニー富津火力発電所長、16年4月東京電力フュエル＆パワー富津火力発電所長、同年7月技術サービス部長、17年6月火力運営部長、18年4月常務取締役・火力運営部長、同年7月常務取締役・O&M本部長兼火力運営部長

取締役(非常勤)
可児　行夫
（かに・ゆきお）

出身地　東京都
64年2月13日生
（昭和39年）
趣味
信条

学歴
86(昭和61)年3月青山学院大学経済学部経済学科卒、94(平成6)年5月コロンビア大学経営学修士課程修了

職歴
86年4月東京電力入社、89年9月燃料部LNG室、96年7月燃料部燃料計画課日本輸出入銀行派遣、05年7月燃料部燃料計画グループマネージャー兼燃料部(環境担当)、09年7月燃料部LNG事業開発第一グループマネージャー兼LNG事業開発第二グループマネージャー、12年12月燃料部PEウィートストーン社取締役社長、13年4月執行役員・フュエル&パワー・カンパニー・バイスプレジデント兼PEウィートストーン社取締役社長、15年4月常務執行役・フュエル&パワー・カンパニー・バイスプレジデント兼包括的アライアンス推進室長、同年6月常務執行役・フュエル&パワー・カンパニー・バイスプレジデント(包括的アライアンス担当)、16年4月東京電力フュエル&パワー取締役(非常勤)及び㈱JERA常務取締役

東京

取締役(非常勤)　## 文挾　誠一
経歴は東京電力ホールディングス代表執行役副社長に記載

同　(非常勤)　## 森下　義人
経歴は東京電力ホールディングス常務執行役に記載

監査役
白井　真
（しらい・まこと）

出身地　群馬県
60年2月20日生
（昭和35年）
趣味
信条

学歴
83（昭和58）年3月京都大学工学部衛生工学科卒、85年3月京都大学大学院工学研究科修了

職歴
85年4月東京電力入社、00年6月環境部大気環境調査グループ、同年7月環境部環境調査グループ、02年4月環境部環境交流グループ、同年7月環境部環境管理グループマネージャー、05年7月東京支店新宿支社副支社長、08年11月千葉支店支店長付、11年7月福島原子力被災者支援対策本部支援総括部、13年1月福島本部企画総務部部長代理、同年6月環境部長、15年6月監査特命役員、16年4月東京電力ホールディングス監査特命役員、17年6月東京電力フュエル＆パワー監査役

監査役
鈴木　祐輔
（すずき・ゆうすけ）

出身地　埼玉県
64年1月21日生
（昭和39年）
趣味
信条

学歴
82（昭和57）年3月東電学園高等部卒

職歴
82年4月東京電力入社、08年7月埼玉支店設備部配電業務グループマネージャー、12年10月総合研修センター技術研修グループマネージャー、13年4月総合研修センター技術研修グループマネージャー兼技術マネジメントグループマネージャー、同年6月労務人事部総合研修センター技術研修グループマネージャー、15年4月ビジネスソリューション・カンパニー総合研修センター技術研修グループマネージャー、16年4月東京電力ホールディングスビジネスソリューション・カンパニー人財・組織開発センター技術育成グループマネージャー、同年7月東京電力パワーグリッド伊豆支社長、18年4月東京電力フュエル＆パワー監査役

東京電力パワーグリッド

東京

〒100-8560　東京都千代田区内幸町1丁目1番3号
☎　03　−　6373　−　1111（代表）

東京都立大学ペンギン

役員の担当　◇　東京電力パワーグリッド

代表取締役社長	金子　禎則	☆
取締役副社長	三野　治紀	最高情報責任者(CIO)兼IoT担当
取締役副社長	岡本　浩	経営改革担当
常務取締役	新宅　正	（東京電力ホールディングス経営企画ユニット経理室を兼任）
常務取締役	江連正一郎	☆
常務取締役	今井　伸一	海外事業担当
取締役(非常勤)	文挾　誠一	☆
取締役(非常勤)	森下　義人	☆
監査役	松下　洋二	☆
監査役	村上　達彦	☆

代表取締役社長
金子　禎則
（かねこ・よしのり）

出身地　新潟県
63年5月17日生
（昭和38年）
趣味　サイクリング
信条

学歴
86（昭和61）年3月横浜国立大学工学部電気工学科卒、88年3月横浜国立大学大学院工学研究科電子情報工学専攻修了

職歴
88年4月東京電力入社、01年2月工務部変電グループマネージャー、03年10月工務部施設業務グループマネージャー、04年6月情報通信事業部㈱キャスティ出向、08年4月情報通信事業部、同年7月労務人事部人材開発グループマネージャー、11年6月労務人事部人材開発グループマネージャー兼キャリアサポートグループマネージャー、同年10月埼玉支店設備部長、13年7月多摩支店武蔵野支社長、14年2月多摩支店武蔵野支社長兼組織改革準備担当、同年7月多摩支店武蔵野支社長、15年7月パワーグリッド・カンパニー経営企画室長兼経営企画ユニット企画室、16年3月パワーグリッド・カンパニー経営企画室長、同年4月東京電力パワーグリッド取締役副社長・経営改革担当兼経営企画室長、同年6月取締役副社長・経営改革担当、17年6月東京電力ホールディングス取締役及び東京電力パワーグリッド代表取締役社長

取締役副社長
三野　治紀
（みの・はるき）

出身地　香川県
64年1月16日生
（昭和39年）
趣味　園芸（バラの栽培）
信条　常にチャレンジし、自らを変革しつづける

学歴
87年3月早稲田大学理工学部電子通信学科卒、89年3月早稲田大学大学院理工学研究科電気工学専攻修了

職歴
89年4月東京電力入社、02年7月東京支店新宿支社配電建設グループマネージャー、04年4月営業部生活エネルギーグループ、06年6月事業開発部日本自然エネルギー㈱出向、10年7月茨城支店竜ヶ崎支社長、13年6月パワーグリッド・カンパニー電子通信部長、16年4月東京電力パワーグリッド常務取締役・最高情報責任者（CIO）兼IoT担当兼電子通信部長、同年6月常務取締役・最高情報責任者（CIO）兼IoT担当、同年8月常務取締役・最高情報責任者（CIO）兼IoT担当兼技術・業務革新推進室長、17年6月取締役副社長・最高情報責任者（CIO）兼IoT担当兼技術・業務革新推進室長、18年7月取締役副社長・最高情報責任者（CIO）兼IoT担当

取締役副社長
岡本　浩
（おかもと・ひろし）

出身地 東京都
65年12月9日生
（昭和40年）

趣味 読書、音楽鑑賞
信条 徳不孤 必有隣

学歴
88（昭和63）年3月東京大学工学部電気工学科卒、93年3月東京大学大学院博士課程修了

職歴
93年4月東京電力入社、02年7月技術部系統技術グループマネージャー、10年1月技術部スマートグリッド戦略グループマネージャー、13年7月パワーグリッド・カンパニー系統エンジニアリングセンター所長兼技術統括部兼企画部、14年6月技術統括部長兼経営企画本部系統広域連系推進室長、15年4月常務執行役・経営技術戦略研究所長兼経営企画本部系統広域連系推進室長、同年6月常務執行役・経営技術戦略研究所長兼新成長タスクフォース事務局長兼次世代サービス担当、16年4月東京電力ホールディングス常務執行役・経営技術戦略研究所長、17年4月常務執行役・経営技術戦略研究所長兼リソースアグリケーション推進室長、同年6月東京電力パワーグリッド取締役副社長・経営改革担当

常務取締役
新宅　正
（しんたく・ただし）

出身地 宮城県
59年11月18日生
（昭和34年）

趣味
信条

学歴
84（昭和59）年3月東京大学法学部私法コース卒

職歴
84年4月東京電力入社、01年7月電力契約部料金グループマネージャー、02年7月電力契約部長代理兼料金グループマネージャー兼営業部兼エネルギー営業部、03年7月電力契約部長代理兼営業部兼エネルギー営業部、同年10月電力契約部長代理兼購入グループマネージャー兼営業部兼エネルギー営業部、同年11月電力契約部購入グループマネージャー、06年7月法人営業部営業第四グループマネージャー、07年7月法人営業部都市エネルギーソリューション部営業第四グループマネージャー、08年7月千葉支店成田支社長、11年7月企画部、同年10月企画部総括調整グループマネージャー、12年6月企画部総括調整グループマネージャー兼経営改革本部事務局、13年6月経営改革本部事務局次長兼企画部総括調整グループマネージャー、同年7月経営改革本部事務局次長兼企画部、14年6月カスタマーサービス・カンパニー電力契約部長、15年6月執行役員・パワーグリッド・カンパニー・バイスプレジデント、16年4月東京電力パワーグリッド常務取締役兼東京電力ホールディングス経営企画ユニット経理室

常務取締役
江連　正一郎
（えづれ・しょういちろう）

出身地　栃木県
62年12月20日生
（昭和37年）
趣味
信条

学歴
85（昭和60）年3月京都大学工学部電気工学科卒、87年3月京都大学大学院工学研究科電気工学専攻修了

職歴
87年4月東京電力入社、00年7月群馬支店営業部配電企画グループマネージャー、02年7月群馬支店設備部配電グループマネージャー、同年9月事業開発部㈱インスパイア・テクノロジー・リソース・マネジメント派遣、04年7月配電部電気事業連合会事務局派遣、07年7月配電部配電企画グループマネージャー、09年7月配電部部長代理、11年7月神奈川支店川崎支社長、13年6月グループ事業部東電物流㈱出向、15年6月執行役員・パワーグリッド・カンパニー・バイスプレジデント、16年4月東京電力パワーグリッド常務取締役

常務取締役
今井　伸一
（いまい・しんいち）

出身地　大阪府
64年1月11日生
（昭和39年）
趣味　卓球、旅行
信条　謙虚かつ強い意思で目標を達成

学歴
89（平成元）年3月大阪大学大学院工学研究科修了

職歴
89年4月東京電力入社、02年7月系統運用部系統保護グループマネージャー、03年5月総合研修センター技術研修部技術マネジメント研修グループ、04年12月総合研修センター技術研修部技術マネジメントグループ兼技術部規格総括グループ、05年7月電力流通本部技術改革プロジェクトグループマネージャー兼技術部規格総括グループ、10年7月千葉支店設備部、11年12月千葉支店設備部兼技術部技術企画グループ、12年6月千葉支店設備部長、13年4月国際部THEパワーグリッドソリューション㈱出向、14年6月パワーグリッド・カンパニー系統運用部長、16年4月東京電力パワーグリッド系統運用部長、18年4月常務取締役・海外事業担当

取締役(非常勤) **文挾　誠一**
経歴は東京電力ホールディングス代表執行役副社長に記載

同　　(非常勤) **森下　義人**
経歴は東京電力ホールディングス常務執行役に記載

監査役
松下　洋二
(まつした・ようじ)

出身地　東京都
58年7月6日生
(昭和33年)
趣味　山歩き、スキー
信条

学歴
82(昭和57)年3月早稲田大学政治経済学部経済学科卒
職歴
82年4月東京電力入社、97年7月東京西支店総務部資材グループマネージャー、99年7月資材部資材計画グループ、02年7月資材部工事契約グループマネージャー、05年7月資材部発電設備調達センター水力設備・土木建築調達グループマネージャー、06年7月資材部発電設備調達センター所長、07年7月群馬支店太田支社長、10年7月資材部部長代理、12年5月資材部部長代理兼調達改革推進グループマネージャー、同年6月資材部長、14年6月福島本部、同年7月福島本部企画総務部、15年6月監査特命役員、16年4月東京電力パワーグリッド監査役

監査役
村上　達彦
（むらかみ・たつひこ）

出身地　広島県
63年2月24日生
（昭和38年）
趣味
信条

学歴
85（昭和60）年3月横浜国立大学工学部情報工学科卒、87年3月横浜国立大学大学院工学研究科修了

職歴
87年4月東京電力入社、99年9月多摩支店設備計画部総合計画グループマネージャー、02年7月多摩支店設備部設備計画グループマネージャー、03年10月企画部企画グループ兼技術部、06年7月山梨支店設備部長、10年7月電力流通本部流通品質グループマネージャー、11年10月電力流通本部流通企画グループマネージャー、12年10月技術部設備原価・保全革新グループマネージャー、13年6月山梨支店甲府支社長、14年2月山梨支店甲府支社長兼組織改革準備担当、同年7月山梨支店甲府支社長兼山梨総支社移行室、15年7月経営企画ユニットグループ事業管理室長、16年4月東京電力ホールディングス経営企画ユニットグループ事業管理室長、17年6月東京電力パワーグリッド監査役

東京電力エナジーパートナー

東京

〒105-0022 東京都港区海岸1丁目11番1号
　　　　　　ニューピア竹芝ノースタワー
☎ 03 － 6373 － 1 1 1 1 (代表)

役員の担当　◇　東京電力エナジーパートナー

代表取締役社長	川崎　敏寛	☆
取締役副社長	大亀　薫	経営管理担当 (東京電力ホールディングス経営企画ユニット経理室を兼任)
常務取締役	佐藤美智夫	☆
常務取締役	佐藤　育子	E&G事業本部長
常務取締役	秋本　展秀	サービスソリューション事業本部長
常務取締役	田村　正	リビング事業本部長兼商品開発室長
常務取締役	冨倉　敏司	最高情報責任者(CIO)
常務取締役	堤　昭彦	法人事業本部長
常務取締役	茨木　久美	CS推進室長
取締役(非常勤)	文挾　誠一	☆
取締役(非常勤)	森下　義人	☆
監査役	大橋　知雄	☆
監査役	佐藤梨江子	☆

代表取締役社長
川崎　敏寛
（かわさき・としひろ）

出身地　広島県
65年8月21日生
（昭和40年）
趣味
信条

学歴
88（昭和63）年3月横浜国立大学経済学部国際経済学科卒
職歴
88年4月東京電力入社、05年7月東京支店銀座支社法人営業第一グループマネージャー、07年7月法人営業部都市エネルギーソリューション部電化厨房推進グループマネージャー兼産業エネルギーソリューション部、09年7月法人営業部都市エネルギーソリューション部都市ソリューション第一グループマネージャー、11年6月法人営業部都市エネルギー部都市第三営業グループマネージャー、12年10月東京支店営業部（エネルギー営業担当）、14年6月グループ事業部テプコカスタマーサービス㈱出向、15年7月カスタマーサービス・カンパニーテプコカスタマーサービス㈱出向、16年4月東京電力エナジーパートナー暮らし＆ビジネスサービス事業本部（現リビング事業本部）テプコカスタマーサービス㈱出向、17年6月東京電力ホールディングス取締役及び東京電力エナジーパートナー代表取締役社長

取締役副社長
大亀　薫
（おおかめ・かおる）

出身地　山口県
62年10月25日生
（昭和37年）
趣味　読書、町歩き
信条

学歴
86（昭和61）年3月一橋大学経済学部卒
職歴
86年4月東京電力入社、05年7月法人営業部営業第三グループマネージャー、06年7月電力契約部購入グループマネージャー、12年10月多摩支店八王子支社長、14年2月多摩支店八王子支社長兼組織改革準備担当、同年7月多摩支店八王子支社長兼多摩総支社移行室、15年6月執行役員・カスタマーサービス・カンパニー・バイスプレジデント兼電力契約部長、同年7月執行役員・カスタマーサービス・カンパニー・バイスプレジデント、同年11月執行役員・カスタマーサービス・カンパニー・バイスプレジデント兼経営企画室長、16年4月東京電力エナジーパートナー取締役副社長・経営管理担当兼経営企画室長兼東京電力ホールディングス経営企画ユニット経理室、同年6月東京電力エナジーパートナー取締役副社長・経営管理担当兼東京電力ホールディングス経営企画ユニット経理室

常務取締役
佐藤　美智夫
（さとう・みちお）

出身地　茨城県
61年1月27日生
（昭和36年）
趣味　料理、ゴルフ
信条

学歴
84（昭和59）年3月明治大学工学部精密工学科卒

職歴
84年4月東京電力入社、99年10月中央火力事業所設立準備担当付（課長）（火力部駐在）、00年2月中央火力事業所計画部保修計画グループマネージャー（以下、GM）、01年7月新事業推進本部ガス事業グループ、02年3月ガス・カンパニー技術・第二営業GM、03年10月ガス・カンパニー技術・第一営業GM、06年7月法人営業部ソリューション営業センター産業エネルギーソリューション第一GM、07年7月法人営業部産業エネルギーソリューション部産業ソリューション第一GM、08年7月ガス・カンパニー総括GM兼法人営業部、10年7月ガス・カンパニー・バイスプレジデント（以下、VP）兼法人営業部、13年4月ガス・カンパニー副カンパニー長兼法人営業部、同年6月ガス営業部部長代理兼法人営業部、14年6月カスタマーサービス・カンパニーガス営業部長、15年6月執行役員・カスタマーサービス・カンパニー・VP兼ガス営業部長、同年7月執行役員・カスタマーサービス・カンパニー・VP（ガス担当）、16年4月東京電力エナジーパートナー常務取締役

常務取締役
佐藤　育子
（さとう・いくこ）

出身地　東京都
66年10月26日生
（昭和41年）
趣味　音楽鑑賞
信条

学歴
89（平成元）年3月東京大学工学部精密機械工学科卒

職歴
89年4月東京電力入社、03年10月多摩支店設備部設備計画グループマネージャー、05年7月配電部配電企画グループマネージャー、07年7月電力流通本部流通企画グループマネージャー、10年7月多摩支店八王子支社副支社長兼八王子支社（安全品質担当）、13年6月神奈川支店川崎支社長、14年2月神奈川支店川崎支社長兼組織改革準備担当、同年7月神奈川支店川崎支社長、15年6月パワーグリッド・カンパニー配電部長、16年4月東京電力パワーグリッド配電部長、17年6月東京電力エナジーパートナー常務取締役・E&G事業本部長

常務取締役
秋本　展秀
（あきもと・のぶひで）

出身地　広島県
68年10月22日生
（昭和43年）
趣味　音楽鑑賞、料理、街歩き
信条

学歴
91（平成3）年3月東京大学経済学部経済学科卒

職歴
91年4月東京電力入社、06年7月東京支店品川支社総務グループマネージャー（以下、GM）、08年7月神奈川支店総務部労務人事GM、10年7月国際部海外業務推進GM、11年6月福島原子力被災者支援対策本部福島原子力補償相談室運用企画GM兼国際部、13年1月福島本部福島原子力補償相談室運用企画GM兼運用管理GM兼国際部、同年4月福島本部福島原子力補償相談室企画総括GM兼運用企画GM兼国際部、同年7月福島本部福島原子力補償相談室副室長兼企画総括GM兼国際部、同年8月福島本部福島原子力補償相談室副室長兼企画総括GM兼業務総括GM兼国際部、14年7月福島本部復興調整部部長代理兼復興企画GM兼福島原子力補償相談室副室長、16年4月東京電力ホールディングス福島本部復興調整部部長代理兼復興企画GM兼福島原子力補償相談室副室長、同年7月福島本部復興調整部部長代理兼福島原子力補償相談室副室長、17年6月東京電力エナジーパートナー常務取締役、同年7月常務取締役・サービスソリューション事業本部長

常務取締役
田村　正
（たむら・ただし）

出身地　北海道
74年4月21日生
（昭和49年）
趣味　音楽鑑賞、DIY
信条

学歴
95（平成7）年3月国立苫小牧工業高等専門学校電気工学科卒、00年9月産業能率大学経営情報学部卒、10年3月グロービス経営大学院大学経営研究科修了（MBA）

職歴
95年4月㈱NTTファシリティーズ入社、11年7月メガソーラープロジェクト本部課長、同年10月原子力損害賠償支援機構（現原子力損害賠償・廃炉等支援機構。以下同じ）審議役、13年4月㈱エネット経営企画部部長兼営業本部部長、14年7月原子力損害賠償支援機構参与（17年3月まで）、16年5月東京電力エナジーパートナー商品開発室室長代行、17年6月常務取締役・リビング事業本部長兼商品開発室長

常務取締役
冨倉　敏司
（とみくら・さとし）

出身地　神奈川県
64年6月28日生
（昭和39年）
趣味
信条

学歴
87（昭和62）年3月慶応義塾大学経済学部卒
職歴
87年4月東京電力入社、06年7月労務人事部生活福祉グループマネージャー、08年7月システム企画部システム計画グループマネージャー兼労務人事部、11年4月福島原子力被災者支援対策本部本部長付、同年6月福島原子力被災者支援対策本部支援総括部支援・調整グループマネージャー、13年1月福島本部企画総務部企画グループマネージャー、同年6月労務人事部長、15年6月執行役員・ビジネスソリューション・カンパニー・バイスプレジデント、同年7月執行役員・ビジネスソリューション・カンパニー・バイスプレジデント兼経営企画ユニット（IT経営戦略担当）、16年4月東京電力ホールディングス執行役員・ビジネスソリューション・カンパニー・バイスプレジデント兼ソリューション推進室長、同年6月執行役員・ビジネスソリューション・カンパニー・バイスプレジデント、17年10月東京電力エナジーパートナー常務取締役・最高情報責任者（CIO）

常務取締役
堤　昭彦
（つつみ・あきひこ）

出身地　大分県
62年2月6日生
（昭和37年）
趣味
信条

学歴
86（昭和61）年3月東京大学経済学部経済学科卒
職歴
86年4月東京電力入社、03年7月新事業推進本部ホームネットワーク事業グループマネージャー（以下、GM）、07年7月販売営業本部マーケティングGM、10年7月営業部お客さまサービス再構築プロジェクトGM、12年7月営業部お客さまサービス再構築プロジェクトGM兼営業システムグループ兼eサービス推進グループ兼グループ事業部グループ事業第三グループ、同年10月営業部兼お客さまサービス再構築プロジェクトGM兼営業システムグループ兼eサービス推進グループ兼グループ事業部グループ事業第三グループ、13年4月カスタマーサービス・カンパニー、同年5月カスタマーサービス・カンパニー兼新成長タスクフォース事務局、同年6月グループ事業部㈱ファミリーネット・ジャパン出向、15年7月カスタマーサービス・カンパニー㈱ファミリーネット・ジャパン出向兼経営企画ユニットグループ事業管理室、16年4月東京電力エナジーパートナー暮らし＆ビジネスサービス事業本部㈱ファミリーネット・ジャパン出向、同年6月経営企画室長、18年4月常務取締役・法人事業本部長

常務取締役
茨木　久美
（いばらき・くみ）

出身地　石川県
64年2月12日生
（昭和39年）
趣味
信条

学歴
86（昭和61）年3月お茶の水女子大学理学部数学科卒
職歴
86年4月東京電力入社、98年7月システム企画部システム開発センターインフラグループ、01年7月システム企画部オフィスワーク企画グループ、07年7月情報通信事業部事業企画グループ、同年8月情報通信事業部事業連携推進グループ、08年7月情報通信事業部事業連携推進グループマネージャー、09年7月情報通信事業部事業管理グループマネージャー、10年12月グループ事業推進部グループ経営企画第ニグループ、11年6月グループ事業部グループ経営総括グループ、同年10月神奈川支店総務部情報システムグループマネージャー、14年7月福島本部福島原子力補償相談室副室長、15年7月福島本部福島原子力補償相談室補償相談ユニット郡山補償相談センター所長、16年4月東京電力ホールディングス福島本部福島原子力補償相談室補償相談ユニット郡山補償相談センター所長、同年7月東京電力パワーグリッド川越支社長、18年4月東京電力エナジーパートナー常務取締役・CS推進室長

取締役（非常勤）	**文挾　誠一**	
	経歴は東京電力ホールディングス代表執行役副社長に記載	
同　（非常勤）	**森下　義人**	
	経歴は東京電力ホールディングス常務執行役に記載	

監査役
大橋　知雄
（おおはし・ともお）

出身地　福岡県
57年8月12日生
（昭和32年）
趣味
信条

学歴
81（昭和56）年3月東京大学経済学部経済学科卒

職歴
81年4月東京電力入社、97年7月多摩支店多摩営業所副所長、98年10月多摩支店多摩営業所副所長兼多摩営業所（安全担当兼環境担当）、00年3月企画部マイエナジー㈱出向、01年6月事業開発部マイエナジー㈱出向、04年7月法人営業部エネルギー事業管理グループマネージャー、07年7月関連事業部、08年7月関連事業部事業管理グループ、09年7月経理部部長代理、11年7月経理部部長代理兼資金管理グループマネージャー、同年10月経理部部長代理、12年6月監査特命役員、16年4月東京電力ホールディングス監査特命役員、17年6月東京電力エナジーパートナー監査役

東京

監査役
佐藤　梨江子
（さとう・りえこ）

出身地　長崎県
64年12月6日生
（昭和39年）
趣味　ガーデニング、フィットネス
信条

学歴
88（昭和63）年3月お茶の水女子大学文教育学部外国文学科卒、90（平成2）年3月筑波大学大学院環境科学専攻科修了

職歴
90年4月東京電力入社、04年11月東京支店業務革新グループマネージャー（以下、GM）、05年7月営業部営業マネジメント推進グループ、06年7月総合研修センター総合研修部イノベーション研修GM、09年7月販売営業本部業務品質・人材育成サポートGM、11年8月福島原子力被災者支援対策本部福島原子力補償相談室運用企画グループ、同年9月福島原子力被災者支援対策本部福島原子力補償相談室補償運営センター一般補償協議第一GM、12年4月福島原子力被災者支援対策本部福島原子力補償相談室補償運営センター公共補償管理GM、13年1月福島本部福島原子力補償相談室補償推進ユニット補償運営第三部公共補償管理GM、同年2月福島本部福島原子力補償相談室補償推進ユニット補償運営第三部公共補償管理GM兼公共補償受付GM、同年4月執行役員・カスタマーサービス・カンパニー・バイスプレジデント、16年4月東京電力エナジーパートナー常務取締役、17年6月監査役

中 部 電 力

〒461-8680 名古屋市東区東新町1番地
☎ 052 － 951 － 8211 (代表)

中部電力は2018年6月27日の株主総会を経て「水野明久会長―勝野哲社長」体制が4年目に入った。株主総会では代表取締役に小野田聡副社長、取締役には市川弥生次、林欣吾の2専務執行役員を選任した。松浦昌則、伴鋼造、清水成信の3取締役は退任した。松浦氏は電力中央研究所理事長、伴氏は中部プラントサービス社長、清水氏は中部電力参与として電気事業連合会専務理事を務めている。

　4月1日付の役付執行役員人事では、常務執行役員に片山明彦、水谷仁の2氏が昇格した。片山氏は原子力本部副本部長、水谷氏は名古屋支店長兼電力ネットワークカンパニー名古屋支社長を担っている。

　執行役員には新たに荒木重洋司、大谷真哉、小森憲昭、塩沢孝則、平松岳人、細野秀一、吉田和弘、渡部哲也の8氏を起用。荒木氏は発電カンパニー火力発電事業部長、大谷氏は販売カンパニー事業戦略室長、小森氏は電力ネットワークカンパニー送変電部長、塩沢氏は電力ネットワークカンパニーネットワーク企画室長、平松氏はビジネスソリューション・広報センター長、細野氏は法務室長、吉田氏は人事室長兼人事センター長、渡部氏は発電カンパニー発電企画室長を務める。

　7月1日時点の執行体制は勝野社長以下、執行役員が合計41人で前年から1人減となった。内訳は社長執行役員ほか副社長執行役員4人、専務執行役員6人、常務執行役員4人、執行役員26人。

役員の担当 ◇ 中部電力

役職	氏名	担当
代表取締役会長	水野　明久	☆
代表取締役社長 社長執行役員	勝野　　哲	☆
代表取締役 副社長執行役員	増田　義則	コーポレート本部長、グループ経営推進室統括
代表取締役 副社長執行役員	片岡　明典	法務室、総務室、経理室、資材室、ビジネスソリューション・広報センター、経理センター統括
代表取締役 副社長執行役員	倉田千代治	土木建築室、環境・地域共生室統括 原子力本部長
代表取締役 副社長執行役員	小野田　聡	発電カンパニー社長
取締役 専務執行役員	増田　博武	浜岡原子力総合事務所長
取締役 専務執行役員	三澤　太輔	秘書室、広報室、人事室、人事センター統括
取締役 専務執行役員	市川弥生次	電力ネットワークカンパニー社長
取締役 専務執行役員	林　　欣吾	販売カンパニー社長
取締役	根本　直子	☆
取締役	橋本　孝之	☆
常任監査役	松原　和弘	☆
監査役	鈴木　健一	☆
監査役	濱口　道成	☆
監査役	加藤　宣明	☆
監査役	永冨　史子	☆
専務執行役員	渡邊　広志	技術開発本部長
専務執行役員	平岩　芳朗	コーポレート本部副本部長 ICT戦略室、ITシステムセンター統括

代表取締役会長
水野　明久
（みずの・あきひさ）

出身地　愛知県
53年6月13日生
（昭和28年）
趣味　アイスホッケー、ゴルフ
信条

学歴
78（昭和53）年3月東京大学大学院工学系研究科土木工学専攻修了
職歴
78年4月中部電力入社、94年3月ワシントン事務所世界銀行出向、96年7月土木建築部技術グループ主幹、97年7月企画部国際グループ課長、99年7月企画部国際グループ部長、01年7月経営戦略本部国際部長、03年7月関連事業推進本部国際事業部長、05年7月執行役員・関連事業推進本部国際事業部長、06年7月執行役員・経営戦略本部部長、07年7月常務執行役員・経営戦略本部長、08年6月取締役専務執行役員・経営戦略本部長、09年6月代表取締役副社長執行役員・経営戦略本部長 関連事業推進部統括、10年6月代表取締役社長 社長執行役員、15年6月代表取締役会長

代表取締役社長
勝野　哲
（かつの・さとる）

出身地　愛知県
54年6月13日生
（昭和29年）
趣味　山歩き、山野草作り
信条

学歴
77（昭和52）年3月慶応義塾大学工学部電気工学科卒
職歴
77年4月中部電力入社、95年7月工務部計画グループ担当課長、97年7月工務部発変電グループ課長、00年7月工務部発変電グループ部長、01年7月静岡支店工務部長、02年7月名古屋支店工務部長、03年7月経営戦略本部設備・投資計画グループ部長、05年7月執行役員・岡崎支店長、07年7月常務執行役員・東京支社長、10年6月取締役専務執行役員・経営戦略本部長、13年6月代表取締役副社長執行役員・経営戦略本部長、15年6月代表取締役社長 社長執行役員

代表取締役
増田　義則
(ますだ・よしのり)

出身地　愛知県
56年1月15日生
(昭和31年)
趣味　民俗、仏像鑑賞、ロードバイク
信条

学歴
79(昭和54)年3月早稲田大学法学部卒
職歴
79年4月中部電力入社、97年7月人事部付中部テレコミュニケーション㈱出向、02年5月経営戦略本部事業開発部FTTH事業化グループ課長、同年7月経営戦略本部事業開発部FTTH事業化グループ部長、同年10月ひかりネット・カンパニー計画・管理グループ部長、同年10月兼務ひかりネット・カンパニーカスタマーサービスグループ部長、05年6月ひかりネット・カンパニーカンパニープレジデント、06年1月人事部付中部テレコミュニケーション㈱出向、同年7月関連事業推進本部情報通信事業グループ部長、08年7月執行役員・経営戦略本部部長、11年6月取締役専務執行役員・エネルギー事業部統括 経営戦略本部副本部長、13年6月専務執行役員・エネルギー事業部統括 経営戦略本部副本部長、14年7月専務執行役員・経営戦略本部副本部長、15年6月代表取締役副社長執行役員・経営戦略本部長、16年4月代表取締役副社長執行役員・グループ経営戦略本部長、18年4月代表取締役副社長執行役員・コーポレート本部長、グループ経営推進室統括

代表取締役
片岡　明典
(かたおか・あきのり)

出身地　岐阜県
58年7月30日生
(昭和33年)
趣味　旅行
信条

学歴
81(昭和56)年3月名古屋大学法学部卒
職歴
81年4月中部電力入社、98年7月東京支社付日本原燃㈱出向、01年7月経理部IRグループ課長、04年7月経理部財務グループ部長、07年7月経理部予算グループ部長、09年7月経理部長、11年7月執行役員・経理部長、13年7月執行役員・三重支店長兼環境・立地本部付、16年4月専務執行役員・経理部、資材部統括、同年6月取締役専務執行役員・経理部、資材部統括、17年4月代表取締役副社長執行役員・法務部、総務部、経理部、資材部統括、18年4月代表取締役副社長執行役員・法務室、総務室、経理室、資材室、ビジネスソリューション・広報センター、経理センター統括

代表取締役
倉田　千代治
（くらた・ちよじ）

出身地　三重県
55年5月29日生
（昭和30年）
趣味　旅行、ウオーキング
信条

学歴
80（昭和55）年3月東京大学大学院工学系研究科舶用機械工学専門課程修了

職歴
80年4月中部電力入社、94年8月浜岡原子力総合事務所浜岡原子力発電所課長、96年7月浜岡原子力総合事務所浜岡原子力発電所保修管理課長、98年4月浜岡原子力総合事務所浜岡原子力発電所担当副部長兼浜岡原子力発電所技術課長、99年7月三重支店松阪営業所長、02年7月浜岡原子力総合事務所浜岡原子力発電所広報グループ担当部長兼浜岡原子力建設所広報グループ担当部長、03年7月浜岡原子力総合事務所浜岡原子力発電所広報グループ主幹兼浜岡原子力建設所広報グループ主幹、04年7月浜岡原子力総合事務所浜岡原子力発電所保修部長、07年7月浜岡原子力総合事務所浜岡地域事務所総括・広報グループ部長、08年7月執行役員・浜岡原子力総合事務所浜岡地域事務所長、14年6月取締役専務執行役員・浜岡原子力総合事務所長兼環境・立地本部付、16年4月取締役専務執行役員・浜岡原子力総合事務所長、17年4月代表取締役副社長執行役員・土木建築部、環境・立地部統括、原子力本部長、18年4月代表取締役副社長執行役員・土木建築室、環境・地域共生室統括、原子力本部長

代表取締役
小野田　聡
（おのだ・さとし）

出身地　愛知県
55年4月12日生
（昭和30年）
趣味　弓道、映画鑑賞
信条

学歴
80（昭和55）年3月慶応義塾大学大学院工学研究科機械工学専攻修了

職歴
80年4月中部電力入社、96年7月火力部環境設備グループ担当課長、97年7月火力部建設グループ課長、98年7月企画部設備総合計画グループ課長、00年6月企画部付㈱エル・エヌ・ジー中部出向、01年7月経営戦略本部付㈱エル・エヌ・ジー中部出向、03年7月発電本部火力部計画グループ部長、05年7月東京支社付電気事業連合会出向、07年7月執行役員・発電本部火力部長、09年7月常務執行役員・発電本部火力部長、10年7月常務執行役員・静岡支店長兼流通本部付兼環境・立地本部付、13年6月取締役専務執行役員・発電本部長、14年6月参与・電気事業連合会出向（専務理事）、18年4月副社長執行役員・発電カンパニー社長、同年6月代表取締役副社長執行役員・発電カンパニー社長

取締役
増田　博武
（ますだ・ひろむ）

出身地　静岡県
59年12月14日生
（昭和34年）
趣味　剣道
信条

学歴
82（昭和57）年3月三重大学工学部工業化学科卒
職歴
82年4月中部電力入社、01年7月原子力管理部企画グループ課長、03年7月東京支社付電気事業連合会出向、05年7月発電本部原子力部業務グループ課長兼サイクル企画グループ課長、06年1月発電本部原子力部業務グループ課長、同年7月発電本部原子力部業務グループ部長、09年7月浜岡原子力総合事務所浜岡原子力発電所技術部長、11年7月原子力本部原子力部長、12年7月執行役員・原子力本部原子力部長、17年4月専務執行役員・浜岡原子力総合事務所長、同年6月取締役専務執行役員・浜岡原子力総合事務所長

取締役
三澤　太輔
（みさわ・たいすけ）

出身地　長野県
57年10月24日生
（昭和32年）
趣味　園芸、映画鑑賞
信条

学歴
81（昭和56）年3月明治大学法学部卒
職歴
81年4月中部電力入社、98年7月岐阜支店総務部人事課長、01年7月秘書部秘書グループ課長、04年7月秘書部秘書グループ部長、06年7月秘書部部長、09年7月名古屋支店副支店長、11年7月執行役員・人事部長、14年7月執行役員・岐阜支店長、16年4月専務執行役員・法務部、総務部統括兼グループ経営戦略本部付、17年4月専務執行役員・秘書部、広報部、人事部統括、同年6月取締役専務執行役員・秘書部、広報部、人事部統括、18年4月取締役専務執行役員・秘書室、広報室、人事室、人事センター統括

取締役
市川　弥生次
（いちかわ・やおじ）

出身地　三重県
58年8月23日生
（昭和33年）
趣味　ウオーキング、ゴルフ
信条

学歴
84（昭和59）年3月慶応義塾大学大学院工学研究科電気工学専攻修了

職歴
84年4月中部電力入社、99年7月静岡支店工務部発変電課長、02年7月工務部発変電グループ課長、03年7月流通本部工務部発変電グループ課長、05年7月長野支店塩尻電力センター所長、07年7月流通本部工務部発変電グループ部長、09年7月三重支店技術部長、12年7月電子通信部長、14年7月執行役員・岡崎支店長兼流通本部付、16年4月執行役員・岡崎支店長、17年4月執行役員・電力ネットワークカンパニー副社長、18年4月専務執行役員・電力ネットワークカンパニー社長、同年6月取締役専務執行役員・電力ネットワークカンパニー社長

取締役
林　欣吾
（はやし・きんご）

出身地　三重県
61年1月9日生
（昭和36年）
趣味　山登り、スキー、落語鑑賞
信条

学歴
84（昭和59）年3月京都大学法学部卒

職歴
84年4月中部電力入社、03年7月販売本部市場調査グループ課長、07年4月販売本部市場調査グループ課長兼販売企画グループ課長、同年7月販売本部市場調査グループ部長兼販売企画グループ部長、08年7月長野支店営業部長、11年5月経営戦略本部事業戦略グループ部長、13年5月お客さま本部部長、15年7月執行役員・お客さま本部部長、16年4月執行役員・東京支社長、18年4月専務執行役員・販売カンパニー社長、同年6月取締役専務執行役員・販売カンパニー社長

取締役
根本　直子
（ねもと・なおこ）

出身地　東京都
60年1月15日生
（昭和35年）
趣味　読書、音楽鑑賞、テニス
信条

学歴
17（平成29）年3月一橋大学大学院商学研究科博士課程修了博士（商学）取得
職歴
83年4月日本銀行入行、91年4月同行退行、94年9月スタンダード＆プアーズ・レーティング・ジャパン㈱入社、05年4月マネジングディレクター、16年3月同社退社、同年4月アジア開発銀行研究所入所　同所エコノミスト、同年6月中部電力取締役

取締役
橋本　孝之
（はしもと・たかゆき）

出身地　愛知県
54年7月9日生
（昭和29年）
趣味　カメラ、ゴルフ、ワイン
信条

学歴
78（昭和53）年3月名古屋大学工学部応用物理学科卒
職歴
78年4月日本アイ・ビー・エム㈱入社、00年4月取締役、03年4月常務執行役員、07年1月専務執行役員、08年4月取締役専務執行役員、09年1月代表取締役社長執行役員、12年5月取締役会長、14年4月会長、15年1月副会長、16年6月中部電力取締役、17年5月日本アイ・ビー・エム㈱名誉相談役

常任監査役
松原　和弘
（まつばら・かずひろ）

出身地　岐阜県
53年11月15日生
（昭和28年）
趣味　音楽鑑賞
信条

学歴
76（昭和51）年3月名古屋大学経済学部卒
職歴
76年4月中部電力入社、92年7月東京支社付日本原燃㈱出向、95年7月経理部固定資産課長、97年7月経理部予算グループ課長、99年7月人事部付㈱トーエネック出向、01年7月関連事業部部長、03年7月関連事業推進本部関連事業部長、05年7月執行役員・関連事業推進本部関連事業部長、06年7月執行役員・経理部長、07年7月常務執行役員・経理部長、09年6月取締役専務執行役員・経理部、資材部統括、10年6月代表取締役副社長執行役員・経理部、資材部統括、11年6月代表取締役副社長執行役員・法務部、総務部、経理部、資材部統括、13年6月代表取締役副社長執行役員・法務部、総務部、経理部、資材部、情報システム部統括、16年4月取締役、同年6月常任監査役

監査役
鈴木　健一
（すずき・けんいち）

出身地　愛知県
56年8月2日生
（昭和31年）
趣味　ランニング、山歩き
信条

学歴
79（昭和54）年3月名古屋大学工学部電気学科卒
職歴
79年4月中部電力入社、96年7月岐阜支店工務部送電課長、98年7月岡崎支店総務部人事課長、00年7月岐阜支店加茂電力センター所長、03年7月流通本部工務部送電グループ部長、05年7月流通本部工務部業務グループ部長、07年7月東京支社副支社長、09年7月工務技術センター所長、10年7月執行役員・工務技術センター所長、13年7月専務執行役員・技術開発本部長、16年4月顧問、同年6月監査役

監査役
濵口　道成
（はまぐち・みちなり）

出身地　三重県
51年2月19日生
（昭和26年）
趣味　絵、音楽、読書、旅行
信条

学歴
80（昭和55）年3月名古屋大学大学院医学研究科博士課程修了
職歴
80年4月名古屋大学医学部助手、93年12月医学部教授、97年7月アイソトープ総合センター分館長、04年4月名古屋大学大学院医学系研究科副研究科長、05年4月医学系研究科長、09年4月名古屋大学総長、15年4月名古屋大学大学院医学系研究科教授、同年6月中部電力監査役、同年9月名古屋大学退職、同年10月国立研究開発法人科学技術振興機構理事長、16年4月名古屋大学名誉教授

監査役
加藤　宣明
（かとう・のぶあき）

出身地　愛知県
48年11月3日生
（昭和23年）
趣味　園芸、ゴルフ
信条

学歴
71（昭和46）年3月慶応義塾大学商学部卒
職歴
71年4月日本電装㈱（現㈱デンソー）入社、00年6月取締役、04年6月常務役員、07年6月専務取締役、08年6月代表取締役社長、15年6月代表取締役会長、16年6月中部電力監査役、18年6月㈱デンソー相談役

監査役
永冨　史子
（ながとみ・ふみこ）

学歴
76（昭和51）年3月名古屋大学法学部卒
職歴
81年4月弁護士登録、蜂須賀法律事務所入所、89年3月同所退所、同年4月永冨法律事務所開設、16年6月中部電力監査役

出身地　愛知県
52年11月28日生
（昭和27年）
趣味　旅行、ゴルフ
信条

専務執行役員
渡邊　広志
（わたなべ・ひろし）

学歴
83（昭和58）年3月慶応義塾大学大学院工学研究科機械工学専攻修了
職歴
83年4月中部電力入社、00年7月火力センター知多火力発電所発電課長、03年7月発電本部火力部計画グループ課長、04年7月環境・立地本部環境部環境計画グループ部長、05年7月環境・立地本部環境部環境経営グループ部長、07年7月東京支社付電気事業連合会出向、10年7月経営戦略本部部長、11年7月執行役員・環境・立地本部環境部長、13年7月執行役員・東京支社長、16年4月専務執行役員・グループ経営戦略本部副本部長 情報システム部統括、18年4月専務執行役員・技術開発本部長

出身地　岐阜県
59年2月7日生
（昭和34年）
趣味　映画鑑賞、天体観測
信条

116　中部電力

専務執行役員
平岩　芳朗
（ひらいわ・よしろう）

出身地　愛知県
59年12月28日生
（昭和34年）
趣味　読書、美術鑑賞
信条

学歴
84（昭和59）年3月東京大学大学院工学系研究科電気工学専攻修了

職歴
84年4月中部電力入社、01年7月秘書部課長、03年7月岡崎支店刈谷営業所長、05年7月流通本部系統運用部給電調査グループ部長、08年7月経営戦略本部設備総合計画グループ部長、11年7月経営戦略本部部長、12年7月執行役員・経営戦略本部部長、14年7月執行役員・流通本部系統運用部長、16年4月執行役員・電力ネットワークカンパニー系統運用部長、18年4月専務執行役員・コーポレート本部副本部長　ICT戦略室、ITシステムセンター統括

執行役員の担当 ◇ 中部電力

常務執行役員	服部 邦男	土木建築室長兼原子力本部副本部長
常務執行役員	伊出俊一郎	静岡支店長兼電力ネットワークカンパニー静岡支社長
常務執行役員	片山 明彦	原子力本部副本部長
常務執行役員	水谷 仁	名古屋支店長兼電力ネットワークカンパニー名古屋支社長
執 行 役 員	前田 英範	電力ネットワークカンパニー副社長
執 行 役 員	松下 寿昭	秘書室長
執 行 役 員	仰木 一郎	岐阜支店長兼電力ネットワークカンパニー岐阜支社長
執 行 役 員	松井 誠	浜岡原子力総合事務所浜岡地域事務所長
執 行 役 員	伊原 一郎	原子力本部原子力部長
執 行 役 員	岡本 祥一	岡崎支店長兼電力ネットワークカンパニー岡崎支社長
執 行 役 員	鍋田 和宏	コーポレート本部部長
執 行 役 員	古田 真二	三重支店長兼電力ネットワークカンパニー三重支社長
執 行 役 員	浅野 哲夫	販売カンパニーエネルギー事業部長
執 行 役 員	伊藤 久徳	東京支社長
執 行 役 員	小道 浩也	電力ネットワークカンパニー副社長
執 行 役 員	佐々木敏春	広報室長
執 行 役 員	鈴木 英也	発電カンパニー再生可能エネルギー事業部長
執 行 役 員	大橋 英之	電力ネットワークカンパニー資材部長
執 行 役 員	坂上 泰久	電力ネットワークカンパニー送変電技術センター所長
執 行 役 員	澤柳 友之	長野支店長兼電力ネットワークカンパニー長野支社長
執 行 役 員	清水 隆一	電力ネットワークカンパニーネットワーク営業部長
執 行 役 員	橋本 当矢	環境・地域共生室長
執 行 役 員	荒木重洋司	発電カンパニー火力発電事業部長
執 行 役 員	大谷 真哉	販売カンパニー事業戦略室長
執 行 役 員	小森 憲昭	電力ネットワークカンパニー送変電部長
執 行 役 員	塩沢 孝則	電力ネットワークカンパニーネットワーク企画室長
執 行 役 員	平松 岳人	ビジネスソリューション・広報センター長
執 行 役 員	細野 秀一	法務室長
執 行 役 員	吉田 和弘	人事室長兼人事センター長
執 行 役 員	渡部 哲也	発電カンパニー発電企画室長

常務執行役員
服部　邦男
（はっとり・くにお）

出身地　三重県
57年11月11日生
（昭和32年）

学歴　80（昭和55）年3月東京大学工学部土木工学科卒
職歴　80年4月中部電力入社、96年9月ワシントン事務所付世界銀行出向、98年7月中央送変電建設所土木建築課担当課長、同年11月中央送変電建設所土木建築課長、01年7月経営戦略本部国際部投資グループ課長、同年10月経営戦略本部付ユニオン・パワー・デベロップメント社出向、03年12月関連事業推進本部付ラチャブリ・パワー社出向、04年7月関連事業推進本部国際事業部事業開発グループ部長、06年7月関連事業推進本部国際事業部長、09年7月執行役員・発電本部土木建築部長、15年7月常務執行役員・発電本部副本部長、16年4月常務執行役員・土木建築部長兼原子力本部副本部長、18年4月常務執行役員・土木建築室長兼原子力本部副本部長

常務執行役員
伊出　俊一郎
（いで・しゅんいちろう）

出身地　愛媛県
59年9月20日生
（昭和34年）

学歴　83（昭和58）年3月京都大学工学部精密工学科卒
職歴　83年4月中部電力入社、01年7月火力センター川越火力発電所保修課長、03年7月浜岡原子力総合事務所浜岡原子力発電所保修部タービン課長、07年7月発電本部火力部計画グループ部長、10年7月関連事業推進部付㈱テクノ中部出向、12年7月火力センター碧南火力発電所長、14年7月執行役員・火力センター所長、16年4月常務執行役員・静岡支店長、18年4月常務執行役員・静岡支店長兼電力ネットワークカンパニー静岡支社長

常務執行役員
片山　明彦
（かたやま・あきひこ）

出身地　静岡県
60年7月30日生
（昭和35年）

学歴　84（昭和59）年3月慶応義塾大学法学部卒
職歴　84年4月中部電力入社、01年7月浜岡原子力総合事務所浜岡原子力発電所人事保健課長兼浜岡原子力建設所人事保健課長、03年7月浜岡原子力総合事務所浜岡原子力発電所総務部人事保健課長兼浜岡原子力建設所人事保健課長、04年7月広報部付電気事業連合会出向、05年10月東京支社付（独）日本原子力研究開発機構出向、07年4月人事部人事・要員グループ課長、同年7月広報部報道グループ部長、13年7月東京支社付電気事業連合会出向、15年7月総務部長、16年4月執行役員・総務部長、18年4月常務執行役員・原子力本部副本部長

中部

常務執行役員
水谷　仁
（みずたに・ひとし）

出身地　愛知県
62年3月22日生
（昭和37年）

学歴　84（昭和59）年3月京都大学法学部卒
職歴　84年4月中部電力入社、03年7月経営戦略本部企画グループ課長、07年7月長野支店長野営業所長、09年7月経営戦略本部CSR推進グループ部長、10年7月経営戦略本部経営企画グループ部長、14年7月経営戦略本部長、15年7月執行役員・経営戦略本部部長、16年4月執行役員・グループ経営戦略本部部長、18年4月常務執行役員・名古屋支店長兼電力ネットワークカンパニー名古屋支社長

執行役員
前田　英範
（まえだ・ひでのり）

出身地　愛知県
59年7月9日生
（昭和34年）

学歴　82（昭和57）年3月早稲田大学法学部卒
職歴　82年4月中部電力入社、01年7月販売本部営業部大口営業グループ課長、03年7月販売本部市場調査グループ課長、05年7月岐阜支店営業部長、08年4月販売本部営業部長、11年7月販売本部営業部長、12年7月お客さま本部営業部長、13年7月執行役員・お客さま本部営業部長、16年4月執行役員・電力ネットワークカンパニーネットワーク営業部長、17年4月執行役員・電力ネットワークカンパニー副社長

執行役員
松下　寿昭
（まつした・としあき）

出身地　愛知県
59年4月7日生
（昭和34年）

学歴　82（昭和57）年3月名古屋大学経済学部卒
職歴　82年4月中部電力入社、01年7月名古屋支店総務部人事課長、05年7月人事部人事・要員グループ課長、06年7月人事部人事・要員グループ部長、08年6月関連事業推進本部付東邦産業㈱出向、11年7月グループ事業推進部長、13年7月執行役員・秘書部長、18年4月執行役員・秘書室長

執行役員
仰木　一郎
（おおぎ・いちろう）

出身地　愛知県
59年4月16日生
（昭和34年）

学歴　83（昭和58）年3月東北大学工学部電気工学科卒
職歴　83年4月中部電力入社、00年7月名古屋支店工務部送電課長、02年7月工務部送電グループ課長、03年7月流通本部工務部送電グループ課長、05年7月静岡支店静岡電力センター所長、07年7月流通本部工務部送電グループ部長、11年7月工務技術センター副所長、13年7月流通本部工務部長、14年7月執行役員・流通本部工務部長、16年4月執行役員・岐阜支店長、18年4月執行役員・岐阜支店長兼電力ネットワークカンパニー岐阜支社長

執行役員
松井　誠
（まつい・まこと）

出身地　愛知県
58年12月26日生
（昭和33年）

学歴　81（昭和56）年3月広島大学理学部化学科卒
職歴　81年4月中部電力入社、99年11月東京支社付電気事業連合会出向、02年7月浜岡原子力総合事務所浜岡原子力発電所環境保安課長兼浜岡原子力建設所環境保安課長、03年7月浜岡原子力総合事務所浜岡原子力発電所技術部環境保安課長兼浜岡原子力建設所環境保安課長、05年1月浜岡原子力総合事務所浜岡原子力発電所技術部環境保安課長、同年7月浜岡原子力総合事務所浜岡地域事務所地域グループ課長、07年7月浜岡原子力総合事務所浜岡地域事務所地域グループ部長、14年7月執行役員・浜岡原子力総合事務所浜岡地域事務所長

執行役員
伊原　一郎
（いはら・いちろう）

出身地　長野県
61年1月29日生
（昭和36年）

学歴　84（昭和59）年3月名古屋大学工学部原子核工学科卒
職歴　84年4月中部電力入社、03年7月浜岡原子力総合事務所浜岡原子力発電所（以下、浜岡原子力発電所）技術部原子燃料課長兼浜岡原子力建設所原子燃料課長、04年7月浜岡原子力発電所技術部技術課長兼浜岡原子力建設所技術課長、05年1月浜岡原子力発電所技術部技術課長、06年7月浜岡原子力発電所保修部保修計画課長、07年7月浜岡原子力発電所原子力研修センター所長、09年1月浜岡原子力発電所原子力研修センター所長兼保修研修グループ主幹、同年7月発電本部原子力部業務グループ部長、11年7月浜岡原子力発電所技術部長、14年7月浜岡原子力発電所長、15年7月執行役員・浜岡原子力発電所長、17年4月執行役員・原子力本部原子力部長

中部

執行役員
岡本　祥一
（おかもと・しょういち）

出身地　愛知県
62年3月31日生
（昭和37年）

学歴　84（昭和59）年3月横浜国立大学経済学部卒
職歴　84年4月中部電力入社、03年7月経理部総括グループ課長、07年7月関連事業推進本部関連事業部付㈱トーエネック出向、09年7月資材部管理グループ部長、13年7月経理部長、15年7月執行役員・経理部長、17年4月執行役員・岡崎支店長、18年4月執行役員・岡崎支店長兼電力ネットワークカンパニー岡崎支社長

執行役員
鍋田　和宏
（なべた・かずひろ）

出身地　静岡県
61年4月10日生
（昭和36年）

学歴　86（昭和61）年3月慶応義塾大学大学院工学研究科電気工学専攻修了
職歴　86年4月中部電力入社、00年7月中央送変電建設所調査グループ担当課長、01年7月名古屋支店工務部発変電課長、05年7月流通本部工務部発変電グループ課長、07年7月静岡支店静岡電力センター所長、09年7月流通本部工務部発変電グループ部長、11年7月流通本部工務部業務グループ部長、13年7月三重支店技術部長、14年7月電子通信部長、15年7月執行役員・電子通信部長、16年4月執行役員・グループ経営戦略本部部長、18年4月執行役員・コーポレート本部部長

執行役員
古田　真二
（ふるた・しんじ）

出身地　岐阜県
59年8月25日生
（昭和34年）

学歴　83（昭和58）年3月慶応義塾大学法学部卒
職歴　83年4月中部電力入社、02年7月人事部給与・厚生グループ課長、04年4月人事部人事企画グループ課長、06年7月関連事業推進本部関連事業部部長、09年7月経営戦略本部企画グループ部長、10年7月経営戦略本部CSR・業務改革推進グループ部長、14年7月資材部長、15年7月執行役員・資材部長、16年4月執行役員・三重支店長、18年4月執行役員・三重支店長兼電力ネットワークカンパニー三重支社長

執行役員
浅野　哲夫
（あさの・てつお）

出身地　愛知県
60年10月5日生
（昭和35年）

学歴　83（昭和58）年3月早稲田大学理工学部機械工学科卒
職歴　83年4月中部電力入社、01年7月経営戦略本部付㈱シーエナジー出向、07年7月エネルギー事業部エネルギー販売グループ部長、11年7月エネルギー事業部エネルギー営業グループ部長、15年7月エネルギー事業部長、16年4月執行役員・販売カンパニーエネルギー事業部長

執行役員
伊藤　久徳
（いとう・ひさのり）

出身地　三重県
62年4月27日生
（昭和37年）

学歴　85（昭和60）年3月東京工業大学工学部電気・電子工学科卒
職歴　85年4月中部電力入社、03年7月流通本部系統運用部系統技術グループ課長、04年7月流通本部工務部発変電グループ課長、08年7月流通本部系統運用部系統技術グループ部長、11年7月経営戦略本部設備総合計画グループ部長、13年7月経営戦略本部需給・広域グループ部長、14年7月経営戦略本部部長、16年4月執行役員・電力ネットワークカンパニー工務部長、18年4月執行役員・東京支社長

執行役員
小道　浩也
（こみち・ひろや）

出身地　三重県
61年8月27日生
（昭和36年）

学歴　84（昭和59）年3月三重大学工学部電気工学科卒
職歴　84年4月中部電力入社、00年7月名古屋支店中村電力センター変電二課長、01年7月名古屋支店中村電力センター変電課長、02年7月名古屋支店営業部配電課長、03年7月名古屋支店営業部配電建設課長、05年7月販売本部配電部システムグループ課長、07年7月販売本部配電部計画グループ課長、08年7月販売本部配電部計画グループ部長、10年7月人事部安全・服務管理グループ部長、12年7月エネルギー応用研究所長、15年7月お客さま本部配電部長、16年4月執行役員・電力ネットワークカンパニー配電部長、18年4月執行役員・電力ネットワークカンパニー副社長

執行役員
佐々木　敏春
（ささき・としはる）

出身地　愛知県
62年2月4日生
（昭和37年）

学歴　85（昭和60）年3月慶応義塾大学商学部卒
職歴　85年4月中部電力入社、01年7月長野支店営業部営業課長、03年7月長野支店営業部大口営業グループ課長、04年7月長野支店営業部大口営業グループ部長、05年7月販売本部法人営業部エネルギー営業グループ販売課長、06年7月販売本部法人営業部法人営業グループ販売課長、07年4月販売本部営業部営業グループ課長、08年7月販売本部営業部営業グループ部長、09年1月販売本部販売企画グループ部長、10年7月静岡支店総務部長、13年7月静岡支店副支店長、15年7月広報部長、16年4月執行役員・広報部長、18年4月執行役員・広報室長

執行役員
鈴木　英也
（すずき・ひでや）

出身地　愛知県
60年4月26日生
（昭和35年）

学歴　85（昭和60）年3月東京大学大学院工学系研究科土木工学専攻修了
職歴　85年4月中部電力入社、02年7月経営戦略本部設備総合計画グループ課長、03年7月経営戦略本部設備・投資計画グループ課長、06年7月静岡支店大井川電力センター所長、08年7月発電本部土木建築部水力グループ部長、11年7月発電本部土木建築部業務グループ部長、12年4月発電本部土木建築部業務グループ部長兼技術・企画グループ部長、同年7月発電本部土木建築部業務グループ部長、15年7月発電本部土木建築部長、16年4月執行役員・発電カンパニー再生可能エネルギー事業部長

執行役員
大橋　英之
（おおはし・ひでゆき）

出身地　愛知県
59年年6月21日生
（昭和34年）

学歴　83（昭和58）年3月中央大学経済学部卒
職歴　83年4月中部電力入社、03年7月資材部資材購買グループ課長、06年7月静岡支店掛川営業所長、09年7月資材部工事契約グループ課長、10年7月資材部工事契約グループ部長、14年7月長野支店総務部長、16年4月資材部長、17年4月執行役員・資材部長、18年4月執行役員・電力ネットワークカンパニー資材部長

執行役員
坂上　泰久
（さかがみ・やすひさ）

出身地　愛知県
63年1月22日生
（昭和38年）

学歴　85（昭和60）年3月東京理科大学工学第一部電気工学科卒
職歴　85年4月中部電力入社、02年7月静岡支店工務部発変電課長、04年7月基幹系統建設センター変電工事課長、05年7月工務技術センター変電施設課長、08年7月静岡支店浜松電力センター所長、同年9月静岡支店浜松電力センター所長兼浜松電力センター業務グループ課長、09年1月静岡支店浜松電力センター所長、10年7月関連事業推進部付㈱シーテック出向、11年7月グループ事業推進部付㈱シーテック出向、12年7月岐阜支店技術部長、15年7月名古屋支店技術部長、17年4月執行役員・電力ネットワークカンパニー工務技術センター所長、18年4月執行役員・電力ネットワークカンパニー送変電技術センター所長

執行役員
澤柳　友之
（さわやなぎ・ともゆき）

出身地　静岡県
61年7月30日生
（昭和36年）

学歴　87（昭和62）年3月電気通信大学大学院電気通信研究科経営工学専攻修了
職歴　87年4月中部電力入社、03年7月静岡支店営業部配電課長、06年7月販売本部配電部架空配電グループ課長、09年7月販売本部配電部架空配電グループ部長、12年7月お客さま本部配電部業務グループ部長、14年7月お客さま本部配電部付㈱トーエネック出向、16年4月電力ネットワークカンパニー配電部付㈱トーエネック出向、17年4月執行役員・長野支店長、18年4月執行役員・長野支店長兼電力ネットワークカンパニー長野支社長

執行役員
清水　隆一
（しみず・りゅういち）

出身地　愛知県
62年8月26日生
（昭和37年）

学歴　86（昭和61）年3月東北大学経済学部卒
職歴　86年4月中部電力入社、03年7月秘書部課長、06年7月名古屋支店法人営業部法人営業グループ部長、08年7月販売本部営業部住宅電化グループ課長、10年7月販売本部販売企画グループ部長、12年7月お客さま本部法人営業部法人営業グループ部長、15年7月お客さま本部営業部部長兼営業グループ部長、16年4月電力ネットワークカンパニーネットワーク営業部部長兼営業グループ部長、17年4月執行役員・電力ネットワークカンパニーネットワーク営業部長

執行役員
橋本　当矢
（はしもと・まさや）

出身地　京都府
62年3月9日生
（昭和37年）

学歴　84（昭和59）年3月慶応義塾大学法学部卒
職歴　84年4月中部電力入社、01年7月岐阜支店用地部用地管理課長、03年7月岐阜支店用地部不動産管理課長、04年7月火力センター総務部総務課長、06年7月長野支店総務部人事課長、09年7月環境・立地本部立地部立地グループ部長、15年7月環境・立地本部立地部長、16年4月環境・立地部長、17年4月執行役員・環境・立地部長、18年4月執行役員・環境・地域共生室長

執行役員
荒木　重洋司
（あらき・しげよし）

出身地　三重県
62年10月21日生
（昭和37年）

学歴　85（昭和60）年3月名古屋大学工学部電気学科卒
職歴　85年4月中部電力入社、03年7月経営戦略本部付㈳中部経済連合会出向、05年7月火力センター碧南火力発電所発電課長、07年7月エネルギー事業部付㈱エル・エヌ・ジー中部出向、12年4月エネルギー事業部付㈱シーエナジー出向、13年7月火力センター発電部長、14年7月火力センター知多火力発電所長、16年4月発電カンパニー火力センター知多火力発電所長、17年4月発電カンパニー火力センター所長、18年4月執行役員・発電カンパニー火力発電事業部長

執行役員
大谷　真哉
（おおたに・しんや）

出身地　岐阜県
64年7月30日生
（昭和39年）

学歴　87（昭和62）年3月慶応義塾大学法学部卒
職歴　87年4月中部電力入社、03年7月販売本部大口営業部エネルギー営業グループ販売課長、05年7月販売本部法人営業部エネルギー営業グループ販売課長、06年7月販売本部法人営業部法人営業グループ販売課長、08年7月名古屋支店法人営業部法人営業グループ部長、11年7月販売本部営業部営業グループ部長、12年7月お客さま本部営業部営業グループ部長、14年7月お客さま本部販売戦略グループ部長、16年4月販売カンパニー事業戦略室長兼計画グループ部長、同年7月販売カンパニー事業戦略室長、18年4月執行役員・販売カンパニー事業戦略室長

執行役員
小森　憲昭
（こもり・のりあき）

出身地　愛知県
62年1月3日生
（昭和37年）

学歴	86（昭和61）年3月京都大学大学院工学研究科電子工学専攻修了
職歴	86年4月中部電力入社、01年7月岡崎支店工務部計画グループ担当課長、02年7月静岡支店工務部計画グループ主幹、05年7月流通本部工務部送電グループ課長、08年7月長野支店長野電力センター所長、11年7月流通本部工務部送電グループ部長、13年7月長野支店技術部長、15年7月技術開発本部部長、18年4月執行役員・電力ネットワークカンパニー送変電部長

執行役員
塩沢　孝則
（しおざわ・たかのり）

出身地　愛知県
63年3月13日生
（昭和38年）

学歴	88（昭和63）年3月東京大学大学院工学系研究科電気工学専攻修了
職歴	88年4月中部電力入社、03年7月流通本部工務部計画グループ課長、04年7月東京支社課長、06年7月経営戦略本部設備・投資計画グループ課長、07年7月経営戦略本部設備総合計画グループ課長、08年7月流通本部工務部計画グループ課長、10年7月流通本部工務部計画グループ部長、12年7月グループ事業推進部付㈱シーテック出向、14年7月三重支店技術部長、15年7月流通本部流通企画グループ部長、16年4月電力ネットワークカンパニーネットワーク企画室長、18年4月執行役員・電力ネットワークカンパニーネットワーク企画室長

執行役員
平松　岳人
（ひらまつ・たけひと）

出身地　愛知県
64年2月21日生
（昭和39年）

学歴	87（昭和62）年3月慶応義塾大学法学部卒
職歴	87年4月中部電力入社、03年7月長野支店総務部人事課長、06年6月秘書部課長、09年7月岡崎支店営業部法人営業グループ販売統括部長岡崎営業所駐在、11年7月広報部ブランド推進グループ部長、12年7月広報部計画グループ部長、13年7月広報部報道グループ部長、18年4月執行役員・ビジネスソリューション・広報センター長

執行役員
細野　秀一
（ほその・しゅういち）

出身地　岐阜県
62年4月20日生
（昭和37年）

学歴　86（昭和61）年3月京都大学法学部卒
職歴　86年4月中部電力入社、02年7月東京支社付電気事業連合会出向、05年7月秘書部課長、06年7月秘書部秘書グループ課長、09年7月関連事業推進部付㈱トーエネック出向、11年7月資材部委託契約グループ部長、15年7月東京支社副支社長、17年4月法務部長、18年4月執行役員・法務室長

執行役員
吉田　和弘
（よしだ・かずひろ）

出身地　岐阜県
62年9月7日生
（昭和37年）

学歴　86（昭和61）年3月慶応義塾大学経済学部卒
職歴　86年4月中部電力入社、03年7月人事部給与・厚生グループ課長、04年4月人事部人事企画グループ課長、同年7月人事部付中部テレコミュニケーション㈱出向、08年7月関連事業推進本部関連事業部課長、09年7月関連事業推進部課長、11年7月グループ事業推進部部長、13年7月グループ事業推進部付㈱コミュニティネットワークセンター出向、16年4月グループ経営戦略本部付㈱コミュニティネットワークセンター出向、同年7月人事部労務・業務グループ部長、17年4月人事部長、18年4月執行役員・人事室長兼人事センター長

執行役員
渡部　哲也
（わたべ・てつや）

出身地　愛知県
64年6月2日生
（昭和39年）

学歴　87（昭和62）年3月京都大学工学部物理工学科卒
職歴　87年4月中部電力入社、03年7月発電本部火力部ガス事業グループ販売課長、05年7月新名古屋火力建設所機械課長、07年7月新名古屋火力建設所専門部長兼機械課長、08年10月発電本部火力部計画グループ課長、11年7月発電本部火力部運営グループ部長、13年7月発電本部火力部運営グループ部長兼企画グループ部長、14年7月火力センター碧南火力発電所長、16年4月発電カンパニー発電企画室長、18年4月執行役員・発電カンパニー発電企画室長

北 陸 電 力

北陸

〒930-8686 富山市牛島町15番1号
☎ 076－441－2511(代表)

北陸電力は、2018年6月27日に開催した株主総会後の取締役会で、取締役および執行役員人事を正式に決めた。「久和進会長─金井豊社長」体制は4年目に入った。役員人事では、副社長に尾島志朗氏と水野弘一氏の2氏が昇格した。尾島氏は営業本部長を続投し、水野氏は送配電部門の法的分離に向けて、同年7月1日付で設置した移行準備組織「送配電事業本部」の本部長に就任した。

　取締役には、水谷和久、塩谷誓勝の2氏が新任され、それぞれ常務執行役員に昇格した。また新任の常勤監査役に水上靖仁氏を起用した。副社長の矢野茂氏、園博昭氏は退任し、矢野氏は北陸電気工事社長に、園氏は北電テクノサービス社長にそれぞれ就任した。取締役数は社外3人を含む12人、監査役数は社外3人を含む5人で変更はない。

　執行役員人事では、常務執行役員に大西賢治執行役員が昇格。新任の執行役員として多賀淳二、平田亙、小川一彦、棚田一也、江田明孝、上野等、小田満広の7氏が就いた。取締役を兼務しない常務執行役員は1人、執行役員は15人で、前年と変わりはない。

　退任した執行役員は3氏。佐々木輝明氏は北電パートナーサービス常務取締役に、前川功氏は北陸電力嘱託・専門部長・土木部担任に、山下義順氏は、北陸経済連合会専務理事に、それぞれ就任した。

役員の担当 ◇ 北陸電力

役職	氏名	担当
代表取締役会長	久和 進	☆
代表取締役社長 社長執行役員	金井 豊	☆
代表取締役副社長 副社長執行役員	石黒 伸彦	経営全般について社長補佐 地域共生本部長（総務部、業務部）、原子力本部長（原子力部、地域社会部、志賀原子力発電所）、土木部
代表取締役副社長 副社長執行役員	尾島 志朗	経営全般について社長補佐 営業本部長（営業本部室、電力取引部、エネルギー営業部、リビング営業部）
代表取締役副社長 副社長執行役員	水野 弘一	経営全般について社長補佐 送配電事業本部長（送配電企画部、送配電総務部、用地部、送配電サービス部、配電部、電力流通部）
取締役 常務執行役員	高林 幸裕	経営企画部、事業開発部、経理部
取締役 常務執行役員	須河 元信	送配電事業本部副本部長 （送配電企画部、送配電総務部、用地部、送配電サービス部、配電部、電力流通部）
取締役 常務執行役員	水谷 和久	地域広報部、人事労務部、総務部、立地部、資材部
取締役 常務執行役員	塩谷 誓勝	火力部長 環境部、燃料部、富山新港火力発電所建設所
取締役	川田 達男	☆
取締役	髙木 繁雄	☆
取締役	安宅 建樹	☆
常勤監査役	高松 正	☆
常勤監査役	水上 靖仁	☆
監査役	細川 俊彦	☆
監査役	秋庭 悦子	☆
監査役	伊東 忠昭	☆

代表取締役会長
久和　進
（きゅうわ・すすむ）

出身地　富山県
49年6月22日生
（昭和24年）
趣味　映画鑑賞、ウオーキング
信条

学歴
72（昭和47）年3月京都大学工学部電気工学第二学科卒
職歴
72年4月北陸電力入社、89年7月中央制御通信所長、91年7月工務部通信課長、92年7月系統運用部通信課長、94年7月工務部工務建設担当課長、95年7月工務部副部長（工務建設担当）、96年7月工務部副部長兼工務部工務計画課長、同年12月工務部副部長、97年6月副支配人・工務部部長、99年6月支配人・中央送変電建設所長、01年6月同・電力流通部長（工務運営担当）兼中央送変電建設所長、02年6月同・電力流通部長、03年6月取締役・電力流通部長、04年6月常務取締役、07年6月代表取締役副社長、10年4月代表取締役社長、15年6月代表取締役会長
主な公職
15年5月北陸経済連合会会長

代表取締役社長
社長執行役員
金井　豊
（かない・ゆたか）

出身地　富山県
54年10月19日生
（昭和29年）
趣味　ゴルフ、水泳
信条

学歴
77（昭和52）年3月東京大学工学部産業機械工学科卒
職歴
77年4月北陸電力入社、94年8月志賀原子力発電所技術課長、95年7月原子力部原子力計画課長、97年7月原子力部原子力建設担当課長、98年7月原子力部副部長（原子力建設担当）、00年7月原子力部原子力建設総括チーム統括（副部長）、01年7月東京支社副支社長、03年4月原子力部（副部長）（原子力技術担当）、04年6月原子力部長、05年6月支配人・原子力部長、07年6月執行役員・原子力部長、同年6月同・原子力本部 原子力部長、10年6月常務取締役、12年6月同・原子力本部副本部長、13年6月代表取締役副社長・地域共生本部長 原子力本部長、15年6月代表取締役社長 社長執行役員

代表取締役副社長
副社長執行役員

石黒　伸彦
（いしぐろ・のぶひこ）

出身地　石川県
57年7月23日生
（昭和32年）
趣味　ゴルフ
信条

学歴
83（昭和58）年3月東京理科大学大学院理工学研究科修士課程機械工学専攻修了

職歴
83年4月北陸電力入社、02年4月志賀原子力発電所建設所機械課長兼志賀原子力発電所機械保修課課長（工事担当）、06年3月志賀原子力発電所機械保修課課長（機械保修担当）、同年4月原子力推進本部原子力安全推進室課長（原子力安全推進担当）、07年6月志賀原子力発電所保修部長、同年7月志賀原子力発電所保修部長兼志賀原子力発電所ボイラー・タービン主任技術者、09年6月東京支社副支社長、11年6月支配人・原子力本部 志賀原子力発電所所長代理、12年6月執行役員・石川支店長、15年6月取締役常務執行役員・原子力本部副本部長、17年6月代表取締役副社長副社長執行役員・地域共生本部長 原子力本部長

代表取締役副社長
副社長執行役員

尾島　志朗
（おじま・しろう）

出身地　富山県
57年6月15日生
（昭和32年）
趣味　読書、ウオーキング
信条

学歴
81（昭和56）年3月東北大学経済学部経済学科卒

職歴
81年4月北陸電力入社、99年7月企画室企画担当課長兼広報室原子力PA担当課長、00年7月経営企画部経営分析チーム（課長）兼地域広報部原子力広報チーム（課長）、01年6月経営企画部経営分析チーム（課長）、02年7月経営企画部経営計画チーム統括（課長）、05年7月営業部（副部長）（営業担当）、07年7月経営企画部（副部長）（経営企画担当）、09年6月支配人・営業本部 営業部長、12年6月執行役員・営業本部 営業部長、14年6月常務取締役・営業本部長、15年6月取締役 常務執行役員・営業本部長、18年6月代表取締役副社長 副社長執行役員・営業本部長

代表取締役副社長
副社長執行役員
水野　弘一
（みずの・こういち）

出身地　富山県
58年11月20日生
（昭和33年）
趣味　城趾・旧跡巡り、歴史
信条

学歴
83（昭和58）年3月東北大学大学院工学研究科博士課程前期2年の課程電気及通信工学専攻修了

職歴
83年4月北陸電力入社、00年7月福井支店支店長室技術担当課長（流通計画担当）、01年7月福井支店技術部流通計画チーム統括（課長）、02年7月電力流通部系統制御システム開発チーム統括（課長）兼技術開発研究所技術開発チーム（課長）、03年6月電力流通部系統制御システム開発チーム統括（課長）、05年4月電力流通部品質管理チーム統括（課長）兼電力流通部技術開発チーム統括（課長）、06年4月経営企画部設備・需給チーム（課長）、07年6月高岡支社電力部長兼高岡支社電力部工務課長、同年7月高岡支社電力部長、09年7月福井支店技術部長兼福井支店電気主任技術者、11年6月支配人・電力流通部部長（送変電計画担当）、13年6月同・電力流通部長、14年6月執行役員・電力流通部長、16年6月取締役　常務執行役員、18年6月代表取締役副社長　副社長執行役員、同年7月同・送配電事業本部長

取締役
常務執行役員
高林　幸裕
（たかばやし・ゆきひろ）

出身地　富山県
58年7月2日生
（昭和33年）
趣味　スポーツ
信条　日々是好日

学歴
81（昭和56）年3月京都大学経済学部経済学科卒

職歴
81年4月北陸電力入社、98年7月企画室企画担当課長、00年7月経営企画部経営戦略チーム（課長）、03年4月経理部財務チーム統括（課長）、05年7月経営管理部組織チーム統括（副部長）、同年11月経営管理部組織・人材育成チーム統括（副部長）、07年7月品質管理部品質管理推進室長、09年6月丹南支社長、10年6月支配人・丹南支社長、11年6月同・経営企画部部長、12年6月執行役員・経営企画部長、15年6月取締役　常務執行役員

取締役
常務執行役員
須河　元信
（すがわ・もとのぶ）

出身地 富山県
60年1月1日生
（昭和35年）
趣味 水泳、映画鑑賞
信条

学歴
82（昭和57）年3月筑波大学第三学群社会工学類卒
職歴
82年4月北陸電力入社、99年7月経理部決算課長、00年7月経理部決算チーム統括（課長）、01年7月経理部決算総括チーム統括（課長）兼経理部決算運用管理チーム統括（課長）、02年4月経理部予決算総括チーム統括（課長）、03年4月経営企画部経営戦略チーム（課長）、05年6月経営企画部経営戦略チーム統括（課長）、同年7月経営企画部経営分析チーム統括（課長）兼経営企画部経営戦略チーム統括（課長）、同年10月経営企画部経営分析チーム統括（課長）、06年4月経営企画部経営分析チーム統括（副部長）、07年6月経営企画部経営分析チーム統括（副部長）、08年7月経理部（副部長）（経理担当）、09年6月経営企画部部長（経営企画担当）、11年6月支配人・魚津支社長、12年6月同・経理部長、14年6月執行役員・人事労務部長、16年6月常務執行役員、17年6月取締役 常務執行役員、18年7月同・送配電事業本部副本部長

取締役
常務執行役員
水谷　和久
（みずたに・かずひさ）

出身地 石川県
61年6月12日生
（昭和36年）
趣味 読書
信条

学歴
84（昭和59）年3月京都大学法学部卒
職歴
84年4月北陸電力入社、03年4月総務部法務チーム統括（課長代理）、04年7月総務部法務チーム統括（課長）、06年4月原子力推進本部原子力安全推進室課長（原子力訟務担当）、07年6月地域共生本部業務部訟務チーム統括（課長）、09年7月総務部法務室長兼総務部法務室訟務チーム統括（副部長）、11年7月総務部法務室長兼総務部法務室訟務チーム統括（副部長）および総務部（副部長）（総務担当）、12年6月総務部法務室長、13年6月総務部長、15年6月執行役員・石川支店長、18年6月取締役 常務執行役員

**取締役
常務執行役員
塩谷　誓勝**
(しおたに・せいしょう)

出身地　福井県
60年4月13日生
(昭和35年)
趣味　旅行、映画鑑賞
信条

学歴
83(昭和58)年3月福井大学工学部機械工学科卒
職歴
83年4月北陸電力入社、00年7月敦賀火力発電所技術課長、02年7月火力部火力保守チーム(課長)、04年4月火力部火力調査研究チーム統括(課長)兼火力部火力保守チーム統括(課長)、同年8月火力部火力保守チーム統括(課長)、05年6月火力部火力保守チーム統括(課長)兼火力部火力業務チーム統括(課長)、同年7月火力部火力保守チーム統括(課長)兼火力部火力調査研究チーム統括(課長)、06年3月火力部火力保守チーム統括(課長)、07年7月火力部(副部長)(技術担当)、同年12月火力部(副部長)(技術担当)兼火力部火力調査研究チーム統括(副部長)、08年6月火力部(副部長)(技術担当)、09年6月火力部(副部長)(技術・品質担当)兼火力部火力品質管理チーム統括(副部長)、10年6月火力部(副部長)(技術・品質担当)、14年6月火力部長、16年6月執行役員・火力部長、18年6月取締役 常務執行役員・火力部長

**取締役
川田　達男**
(かわだ・たつお)

出身地　福井県
40年1月27日生
(昭和15年)
趣味
信条

学歴
62(昭和37)年3月明治大学経営学部卒
職歴
62年3月福井精練加工㈱(現セーレン㈱)入社、81年8月取締役、85年8月常務取締役、87年8月代表取締役社長、03年6月代表取締役社長兼最高執行責任者、05年10月代表取締役社長兼最高執行責任者兼最高経営責任者、08年6月北陸電力監査役、11年6月セーレン㈱代表取締役会長兼社長兼最高執行責任者兼最高経営責任者、14年6月代表取締役会長兼最高経営責任者、15年6月北陸電力取締役
主な公職
09年3月福井商工会議所会頭

取締役
髙木　繁雄
（たかぎ・しげお）

出身地　富山県
48年4月2日生
（昭和23年）
趣味
信条

学歴
71（昭和46）年3月早稲田大学商学部卒
職歴
71年4月㈱北陸銀行入行、98年6月取締役、02年6月代表取締役頭取、03年9月㈱ほくぎんフィナンシャルグループ（現㈱ほくほくフィナンシャルグループ）代表取締役社長、09年4月富山経済同友会代表幹事、13年6月特別顧問、14年6月北陸電力監査役、15年6月北陸電力取締役、16年7月㈱北陸銀行特別参与
主な公職
13年11月富山商工会議所会頭

取締役
安宅　建樹
（あたか・たてき）

出身地　石川県
50年7月13日生
（昭和25年）
趣味
信条

学歴
73（昭和48）年3月金沢大学法文学部卒
職歴
73年4月㈱北國銀行入行、98年6月取締役、02年6月常務取締役、04年6月専務取締役、06年6月取締役頭取、17年6月北陸電力取締役
主な公職
16年11月金沢商工会議所会頭

常勤監査役
高松　正
（たかまつ・ただし）

出身地　富山県
58年7月12日生
（昭和33年）
趣味　弓道
信条

学歴
83（昭和58）年3月名古屋大学大学院工学研究科博士課程前期課程電気工学・電気工学第2および電子工学専攻修了

職歴
83年4月北陸電力入社、02年7月電力流通部工務技術チーム統括（課長）、05年4月情報通信部ITソリューションチーム統括（課長）、07年7月品質管理部品質管理推進室副室長（品質管理推進担当）、09年6月品質管理部品質管理推進室長、11年6月支配人・経営企画部部長、15年6月執行役員・品質管理部長、16年6月常勤監査役

常勤監査役
水上　靖仁
（みずかみ・やすひと）

出身地　富山県
58年11月30日生
（昭和33年）
趣味
信条

学歴
81（昭和56）年3月新潟大学法文学部法学科卒

職歴
81年4月北陸電力入社、98年7月企画室課長（調査担当）、99年7月社長室活性化推進担当課長、00年7月経営管理部組織チーム統括（課長）兼経営管理部考査担当考査チーム統括（課長）、01年2月経営管理部組織・人財活性化チーム統括（課長）兼経営管理部考査担当考査チーム統括（課長）、03年4月経営管理部原子力監査室課長（監査担当）、05年4月経営企画部経済調査チーム統括（課長）、同年7月経営企画部付・本店副部長待遇北陸経済連合会出向、09年6月支配人・経理部長、12年6月執行役員・東京支社長、15年6月同・経営企画部長、18年6月常勤監査役

監査役
細川　俊彦
（ほそかわ・としひこ）

出身地　東京都
46年1月20日生
（昭和21年）
趣味
信条

学歴
68（昭和43）年3月東京大学法学部卒、77年6月米国ワシントン大学ロー・スクール大学院修士課程修了

職歴
70年4月検事任官、81年4月大阪弁護士会登録、85年4月富山県弁護士会登録、00年4月金沢大学法学部教授、04年4月金沢大学法科大学院教授、同年4月富山県弁護士会再登録、15年6月北陸電力監査役

監査役
秋庭　悦子
（あきば・えつこ）

出身地　石川県
48年7月10日生
（昭和23年）
趣味
信条

学歴
71（昭和46）年3月早稲田大学商学部卒

職歴
71年4月日本航空㈱入社、89年7月電気事業連合会広報部、96年4月日本電信電話㈱関東支社広報部、99年6月㈳日本消費生活アドバイザー・コンサルタント協会理事、03年5月特定非営利活動法人あすかエネルギーフォーラム理事長、10年1月内閣府原子力委員会委員、14年5月特定非営利活動法人あすかエネルギーフォーラム理事長再就任、15年6月北陸電力監査役

監査役
伊東　忠昭
（いとう・ただあき）

出身地　福井県
49年2月16日生
（昭和24年）
趣味
信条

学歴
71（昭和46）年3月法政大学経済学部卒
職歴
71年4月㈱福井銀行入行、99年6月取締役経営管理グループマネージャー、04年3月取締役経営企画グループマネージャー、06年2月取締役、同年6月常務取締役、07年6月常務執行役、08年6月取締役兼代表執行役専務、10年3月取締役兼代表執行役頭取、15年6月取締役会長、同年6月北陸電力監査役

相談役
永原　功
（ながはら・いさお）

出身地　富山県
48年6月1日生
（昭和23年）
趣味　ゴルフ、囲碁
信条

学歴
71（昭和46）年3月京都大学経済学部経済学科卒
職歴
71年4月北陸電力入社、88年12月燃料部燃料課長、91年7月燃料部燃料計画課長、94年7月東京支社次長、97年6月副支配人・燃料部長、99年6月支配人・営業部長、00年7月同・営業推進部長、01年6月取締役・経営企画部長、03年6月常務取締役、04年6月代表取締役副社長、05年6月代表取締役社長、10年4月代表取締役会長、15年6月相談役
主な公職
15年5月北陸経済連合会名誉会長

執行役員の担当　◇　北　陸　電　力

常務執行役員	大西　賢治	品質管理部長 原子力安全推進部、情報システム部、技術開発研究所、水力部	
執　行　役　員	竹内　正美	福井支店長	
執　行　役　員	水上　裕康	資材部長	
執　行　役　員	德光　吉成	情報システム部長	
執　行　役　員	古谷　俊直	原子力本部志賀原子力発電所長	
執　行　役　員	松田　光司	石川支店長	
執　行　役　員	越村　繁	東京支社長	
執　行　役　員	米原　禎	原子力本部副本部長	
執　行　役　員	山田　彰弘	富山支店長	
執　行　役　員	多賀　淳二	送配電事業本部送配電企画部長	
執　行　役　員	平田　亙	経営企画部長	
執　行　役　員	小川　一彦	富山新港火力発電所建設所長 兼富山新港火力発電所長	
執　行　役　員	棚田　一也	送配電事業本部電力流通部長	
執　行　役　員	江田　明孝	環境部長	
執　行　役　員	上野　等	事業開発部長	
執　行　役　員	小田　満弘	土木部長	

常務執行役員
大西　賢治
（おおにし・けんじ）

出身地　福井県
61年3月27日生
（昭和36年）

学歴	83（昭和58）年3月福井大学工学部電気工学科卒
職歴	83年4月北陸電力入社、01年7月福井支店営業部配電計画課長、03年4月営業技術部業務改革チーム統括（課長）、05年7月配電部業務計画チーム統括（課長）、07年7月配電部業務運営チーム統括（副部長）、08年7月配電部（副部長）（運営担当）兼配電部業務運営チーム統括（副部長）、09年6月配電部（副部長）（運営担当）、10年3月配電部（副部長）（運営担当）兼配電部業務計画チーム統括（副部長）、同年6月配電部（副部長）（運営担当）、11年6月小松支社長、13年6月配電部長、16年6月執行役員・品質管理部長、18年6月常務執行役員・品質管理部長

執行役員
竹内　正美
（たけうち・まさみ）

出身地　福井県
60年4月26日生
（昭和35年）

学歴	83（昭和58）年3月同志社大学経済学部卒
職歴	83年4月北陸電力入社、01年7月福井支店総務部総務チーム統括（課長）、04年4月敦賀営業所長、07年7月人事労務部秘書チーム統括（副部長）、09年7月人事労務部（副部長）（人事担当）、11年6月丹南支社長、13年6月人事労務部秘書部長、15年6月資材部長、16年6月執行役員・資材部長、18年6月同・福井支店長

執行役員
水上　裕康
（みずかみ・ひろやす）

出身地　富山県
60年5月10日生
（昭和35年）

学歴	83（昭和58）年3月一橋大学商学部経営学科卒、89（平成元）年5月ジョージタウン大学経営大学院修了（MBA）
職歴	83年4月北陸電力入社、02年7月購買部燃料購買チーム（課長）、05年7月購買部燃料購買チーム統括（課長）、07年7月人事労務部（副部長）（人材・給与担当）、11年6月燃料部長、16年6月執行役員・人事労務部長、18年6月同・資材部長

執行役員
德光　吉成
（とくみつ・よしなり）

出身地　富山県
60年8月30日生
（昭和35年）

学歴　83（昭和58）年3月関西大学工学部電気工学科卒
職歴　83年4月北陸電力入社、03年7月電力流通部業務運営チーム（課長）、04年4月電力流通部変電チーム統括（課長）、同年7月電力流通部付本店課長待遇北電情報システムサービス㈱出向、07年7月情報通信部付本店課長待遇北電情報システムサービス㈱出向、09年7月情報通信部（副部長）（システム開発担当）、13年6月情報通信部長、16年6月執行役員・情報通信部長、18年7月同・情報システム部長

執行役員
古谷　俊直
（ふるや・としなお）

出身地　石川県
59年12月12日生
（昭和34年）

学歴　84（昭和59）年3月京都大学大学院工学研究科工業化学専攻修了
職歴　84年4月北陸電力入社、03年7月志賀原子力発電所建設所技術課長、06年3月原子力部原燃サイクルチーム（課長）、同年4月原子力部原子燃料技術チーム統括（課長）兼購買部原子燃料チーム（課長）、同年7月原子力部原子力企画品質チーム統括（課長）兼購買部原子燃料チーム（課長）、07年6月経営企画部（課長）（経営企画担当）兼地域共生本部課長（原子力担当）および購買部原子燃料チーム（課長）、同年7月経営企画部（課長）（経営企画担当）兼地域共生本部課長（原子力担当）および燃料部原子燃料チーム（課長）、08年7月地域共生本部副部長（地域共生担当）、09年6月志賀原子力発電所技術部長、11年7月東京支社副支社長、13年6月志賀原子力発電所原子炉主任技術者（1号機担当）、16年6月執行役員・原子力本部 志賀原子力発電所長

執行役員
松田　光司
（まつだ・こうじ）

出身地　石川県
62年11月11日生
（昭和37年）

学歴　85（昭和60）年3月金沢大学経済学部経済学科卒
職歴　85年4月北陸電力入社、03年4月営業推進部営業企画チーム統括（課長代理）、04年4月営業推進部料金企画チーム統括（課長代理）、同年7月営業推進部料金企画チーム統括（課長）、05年7月営業部料金企画チーム統括（課長）兼営業推進部（課長）（料金制度担当）、09年7月経営企画部経営戦略チーム統括（課長）、10年7月福井支店営業部長、12年7月営業部（副部長）（営業担当）、14年6月営業推進部長、15年7月エネルギー営業部長、16年6月執行役員・営業本部 エネルギー営業部長、18年6月同・石川支店長

執行役員
越村　繁
（こしむら・しげる）

出身地　石川県
60年8月10日生
（昭和35年）

学歴　83（昭和58）年3月早稲田大学法学部卒
職歴　83年4月北陸電力入社、02年7月経営企画部グループ戦略チーム（課長）、03年3月経理部予決算総括チーム（課長）、同年4月経理部予決算総括チーム統括（課長）、07年7月経理部（副部長）（予決算担当）兼経理部予決算総括チーム統括（副部長）、09年7月経理部（副部長）（経理担当）、10年6月東京支社副支社長、12年6月経営企画部部長、14年6月経理部長、17年6月執行役員・経理部長、18年6月同・東京支社長

執行役員
米原　禎
（よねはら・ただし）

出身地　富山県
62年2月4日生
（昭和37年）

学歴　84（昭和59）年3月東京大学工学部産業機械工学科卒
職歴　84年4月北陸電力入社、04年7月原子力部原燃サイクルチーム（課長）兼石川支店総務部電源対策チーム（課長）、05年7月東京支社原子力・技術チーム統括（課長）、06年3月東京支社付本店課長待遇日本原子力技術協会出向、09年7月志賀原子力発電所発電部長、12年6月志賀原子力発電所原子炉主任技術者（1号機担当）、13年6月原子力部部長、16年6月志賀原子力発電所原子炉主任技術者（2号機担当）、17年6月執行役員・原子力本部　原子力部長、18年5月同・原子力本部　副本部長兼原子力本部　原子力部長、同年6月同・原子力本部　副本部長

執行役員
山田　彰弘
（やまだ・あきひろ）

出身地　富山県
60年5月8日生
（昭和35年）

学歴　84（昭和59）年3月東京大学経済学部経済学科卒
職歴　84年4月北陸電力入社、04年7月経営企画部グループ戦略チーム（課長）、05年7月経営企画部関連事業室事業計画チーム統括（課長）、07年7月経営企画部経営計画チーム統括（課長）兼品質管理部品質管理推進室課長（品質管理推進担当）、08年7月経営企画部経営計画チーム統括（課長）兼経営企画部CSR推進チーム統括（課長）および品質管理部品質管理推進室課長（品質管理推進担当）、09年7月富山支店営業部長、11年7月経営企画部関連事業室長、14年6月高岡支社長、17年6月執行役員・富山支店長

執行役員
多賀　淳二
（たが・じゅんじ）

出身地　富山県
61年6月13日生
（昭和36年）

学歴	84（昭和59）年3月東京大学法学部卒
職歴	84年4月北陸電力入社、03年7月東京支社付本店課長待遇電気事業連合会出向、04年4月経営企画部電力取引準備チーム統括（課長）兼経営企画部経営戦略チーム（課長）、05年4月経営企画部電力取引チーム統括（課長）、06年4月営業部電力取引チーム統括（課長）兼経営企画部（課長）（経営企画担当）、09年7月営業部（副部長）（営業担当）、12年6月高岡支社長、14年6月営業部長、18年6月執行役員・営業本部 営業部長、同年7月執行役員・送配電事業本部 送配電企画部長

執行役員
平田　亙
（ひらた・わたる）

出身地　福井県
62年6月22日生
（昭和37年）

学歴	86（昭和61）年3月早稲田大学政治経済学部政治学科卒、92（平成4）年6月クレアモント大学院経営学部修了（MBA）
職歴	86年4月北陸電力入社、05年7月東京支社付本店課長待遇電気事業連合会出向、07年7月経営企画部経営戦略チーム統括（課長）、09年7月燃料部原子燃料チーム統括（課長）、11年7月経営企画部（副部長）（経営企画担当）兼経営企画部経営分析チーム統括（副部長）、同年11月経営企画部付本店副部長待遇電気事業連合会出向、12年7月経営企画部（副部長）（経営企画担当）、14年6月経営企画部部長、17年4月経営企画部部長兼経営企画部関連事業室長、同年6月経営企画部部長、18年6月執行役員・経営企画部長

執行役員
小川　一彦
（おがわ・かずひこ）

出身地　富山県
62年11月27日生
（昭和37年）

学歴	85（昭和60）年3月東京農工大学工学部電気工学科卒
職歴	85年4月北陸電力入社、05年7月七尾大田火力発電所技術課長、07年7月七尾大田火力発電所次長、09年7月富山新港火力発電所次長、11年7月火力部火力調査研究チーム統括（副部長）、12年7月火力部火力調査研究チーム統括（副部長）兼火力部火力建設チーム統括（副部長）、13年7月火力部火力建設チーム統括（副部長）、15年3月富山新港火力発電所建設所長兼富山新港火力発電所長、18年6月執行役員・富山新港火力発電所建設所長兼富山新港火力発電所長

執行役員
棚田　一也
（たなだ・かずや）

出身地　石川県
61年4月21日生
（昭和36年）

- 学歴　85（昭和60）年3月慶應義塾大学理工学部電気工学科卒
- 職歴　85年4月北陸電力入社、04年7月東京支社付本店課長待遇電気事業連合会出向、05年7月電力流通部系統運用チーム統括（課長）、06年8月電力流通部系統計画チーム統括（課長）、07年6月経営企画部設備・需給チーム（課長）、09年7月経営企画部設備計画チーム統括（課長）、10年6月七尾支社電力部長、12年7月石川支店技術部長兼石川支店電気主任技術者、14年7月電力流通部（副部長）（計画担当）、15年6月電力流通部長、16年6月電力流通部長、18年6月執行役員・電力流通部長、同年7月同・送配電事業本部電力流通部長

執行役員
江田　明孝
（えだ・あきたか）

出身地　富山県
63年3月22日生
（昭和38年）

- 学歴　85（昭和60）年3月早稲田大学理工学部電気工学科卒
- 職歴　85年4月北陸電力入社、05年7月富山新港火力発電所技術課長、07年6月火力部火力発電環境チーム統括（課長）、同年7月火力部火力発電環境チーム統括（課長）兼火力部電気主任技術者、10年7月火力部火力発電環境チーム統括（副部長）兼火力部火力品質管理チーム統括（副部長）、13年7月富山火力発電所長兼火力保守技術研修センター所長、14年7月七尾大田火力発電所長、15年6月環境部長、18年6月執行役員・環境部長

執行役員
上野　等
（うえの・ひとし）

出身地　富山県
62年11月5日生
（昭和37年）

- 学歴　87（昭和62）年3月慶應義塾大学経済学部卒
- 職歴　87年4月北陸電力入社、06年4月経営企画部経営分析チーム（課長）、07年7月人事労務部人材育成チーム統括（課長）、09年7月人事労務部人事チーム統括（課長）、12年7月人事労務部（副部長）（人事担当）、14年7月経理部（副部長）（経理担当）、15年6月丹南支社長、18年6月執行役員・経営企画部部長、同年7月同・事業開発部長

執行役員
小田　満広
（おだ・みつひろ）

出身地　石川県
62年11月23日生
（昭和37年）

学歴　87（昭和62）年3月金沢大学大学院工学研究科建設工学専攻修了
職歴　87年4月北陸電力入社、11年7月土木部調査技術チーム統括（課長）、12年7月土木部調査技術チーム統括（課長）兼総務部法務室（課長）（訟務担当）、13年7月土木部調査技術チーム統括（副部長）兼総務部法務室（副室長）（訟務担当）、16年3月土木部（副部長）（原子力土木担当）、同年6月土木部部長、18年6月執行役員・土木部長

関 西 電 力

〒530-8270　大阪市北区中之島3丁目6番16号
☎　06 － 6441 － 8821(代表)

関西電力は2018年6月27日の株主総会を経て、「八木誠会長─岩根茂樹社長」体制が3年目に入った。取締役新任は彌園豊一、稲田浩二の2氏で、彌園氏は副社長に昇格した。常務執行役員には、中島宏、川崎幸男の2氏が昇格。執行役員には、浜野正幸、津田雅彦、北尾伸二、森望、安藤康志、白銀隆之の6氏が新任された。

　一方、副社長の香川次朗氏、取締役・常務執行役員の湯川英彦氏が退任。香川氏は関電不動産開発会長、湯川氏はきんでん取締役・専務執行役員に就いた。執行役員の井上正英、吉津洋一、小槻百典、山中亨の4氏も退任し、井上氏は原子力エンジニアリング常務取締役、吉津氏はニュージェック常務執行役員、小槻氏は関電不動産開発取締役・常務執行役員、山中氏は関電プラント取締役・常務執行役員に就任した。

　社外3人を含む取締役数は14人で変更はない。副社長執行役員数と常務執行役員数、執行役員数も、それぞれ5人と15人、23人で増減はない。

　6月27日付で発足した送配電カンパニーのカンパニー長には、土井義宏副社長が就き、カンパニー長代理には、常務執行役員の時政幸雄氏、福田隆氏を充てた。20年4月の送配電部門の法的分離に備え、同社は従来の電力流通事業本部を送配電カンパニーに変更。戦略立案から実行、内部監査までを行う独立した会社に近い体制を整備した。

役員の担当 ◇ 関西電力

取締役会長	八木　誠	☆
取締役社長	岩根　茂樹	☆
取締役副社長執行役員	豊松　秀己	原子力事業本部長
取締役副社長執行役員	土井　義宏	送配電カンパニー長、行為規制担当、業務全般
取締役副社長執行役員	森本　孝	経営企画室、エネルギー・環境企画室、中間貯蔵推進担当
取締役副社長執行役員	井上　富夫	人財・安全推進室担当、立地室担当、業務全般
取締役副社長執行役員	彌園　豊一	営業本部長
取締役常務執行役員	杉本　康	調達本部長、原子燃料サイクル室担当(サイクル事業)、経理室担当
取締役常務執行役員	大石　富彦	水力事業本部長、研究開発室担当、土木建築室担当
取締役常務執行役員	島本　恭次	火力事業本部長
取締役常務執行役員	稲田　浩二	エネルギー・環境企画室担当(エネルギー企画)、電力需給・取引推進室担当、IT戦略室担当
取締役	井上　礼之	☆
取締役	沖原　隆宗	☆
取締役	小林　哲也	☆
常務執行役員	森中　郁雄	原子力事業本部長代理、原子燃料サイクル室担当(原燃契約)
常務執行役員	松村　孝夫	地域エネルギー本部長、再生可能エネルギー事業戦略室担当
常務執行役員	片岡　正憲	エネルギー・環境企画室担当(環境企画)、燃料室担当
常務執行役員	山地　進	ガス事業本部長
常務執行役員	右城　望	原子力事業本部地域共生本部長
常務執行役員	時政　幸雄	送配電カンパニー長代理
常務執行役員	福田　隆	送配電カンパニー長代理
常務執行役員	月山　將	総務室担当、経営監査室担当
常務執行役員	廣田　禎秀	経営企画室担当、広報室担当
常務執行役員	中島　宏	国際事業本部長
常務執行役員	川崎　幸男	営業本部長代理
常任監査役	八嶋　康博	☆
常任監査役	田村　康生	☆
常任監査役	樋口　幸茂	☆
監査役	土肥　孝治	☆
監査役	槇村　久子	☆
監査役	十市　勉	☆
監査役	大坪　文雄	☆

取締役会長
八木　誠
（やぎ・まこと）

出身地
49年10月13日生
（昭和24年）
趣味
信条

学歴
72（昭和47）年3月京都大学工学部電気工学科卒
職歴
72年4月関西電力入社、90年12月工務部課長、91年6月工務部送変電計画課長、93年12月人材活性化室附大阪メディアポート㈱出向、96年12月電力システム室副部長、99年6月工務部長、00年6月電力システム事業本部工務グループチーフマネジャー、01年6月支配人・中央送変電建設事務所長、03年6月支配人・電力システム事業本部副事業本部長、05年6月取締役・電力システム事業本部副事業本部長、06年6月常務取締役、09年6月取締役副社長、10年6月取締役社長、16年6月取締役会長

取締役社長
岩根　茂樹
（いわね・しげき）

出身地
53年5月27日生
（昭和28年）
趣味
信条

学歴
76（昭和51）年3月京都大学法学部卒
職歴
76年4月関西電力入社、93年6月京都支店支店長室長、94年12月総務室文書課長、97年8月購買室副部長、00年6月購買室機器契約グループチーフマネジャー、01年12月燃料室燃料計画グループチーフマネジャー、05年4月支配人・原子力保全改革推進室長、07年6月執行役員・企画室長、10年6月常務取締役、12年4月取締役副社長、13年6月取締役副社長執行役員、16年6月取締役社長

取締役
副社長執行役員
豊松　秀己
（とよまつ・ひでき）

出身地
53年12月28日生
（昭和28年）
趣味
信条

学歴
78（昭和53）年3月京都大学大学院工学研究科修士課程原子核工学専攻修了
職歴
78年4月関西電力入社、94年6月秘書室秘書課課長、96年6月原子力・火力本部原子力安全課長、97年12月原子力・火力本部副調査役、00年6月原子力事業本部原子力企画グループマネジャー・企画室企画グループマネジャー、02年6月原子力事業本部原子力企画グループチーフマネジャー、03年6月支配人・原子力事業本部副事業本部長（原子力企画、原子燃料担当）、05年7月支配人・原子燃料サイクル室長・原子力事業本部副事業本部長、06年6月執行役員・原子燃料サイクル室長・原子力事業本部副事業本部長、09年6月常務取締役、11年6月取締役副社長、13年6月取締役副社長執行役員

取締役
副社長執行役員
土井　義宏
（どい・よしひろ）

出身地
54年10月25日生
（昭和29年）
趣味
信条

学歴
79（昭和54）年3月京都大学大学院工学研究科修士課程電気工学専攻修了
職歴
79年4月関西電力入社、94年12月関西電力ニューヨーク事務所購買アクセスセンター所長代理、97年6月お客さま本部ネットワーク技術グループ課長、98年6月情報通信室副部長、00年6月お客さま本部マルチサービスネットワークグループチーフマネジャー、03年6月お客さま本部ネットワーク技術グループチーフマネジャー・お客さま本部マルチサービスネットワークグループチーフマネジャー、04年6月お客さま本部ネットワーク技術グループチーフマネジャー、05年6月支配人・和歌山支店長、06年6月執行役員・和歌山支店長、07年6月執行役員・電力流通事業本部副事業本部長（ネットワーク技術部門統括）、09年6月常務取締役、13年6月取締役常務執行役員、16年6月取締役副社長執行役員

**取締役
副社長執行役員
森本　孝**
（もりもと・たかし）

出身地
55年9月5日生
（昭和30年）

趣味

信条

学歴
79（昭和54）年3月東京大学経済学部卒

職歴
79年4月関西電力入社、96年6月京都支店支店長室長、99年6月企画室調査グループ課長、00年6月お客さま本部住宅営業グループマネジャー、01年6月お客さま本部住宅営業グループチーフマネジャー、03年6月お客さま本部リビング営業グループチーフマネジャー、04年6月お客さま本部営業計画グループチーフマネジャー、05年6月お客さま本部営業計画グループチーフマネジャー・お客さま本部お客さまの声活用推進プロジェクトチームチーフマネジャー、06年6月企画部長、07年6月執行役員・大阪南支店長、09年6月執行役員・お客さま本部副本部長（リビング営業部門統括）、11年11月執行役員・企画室長、12年4月執行役員・総合企画本部副本部長（経営企画部門統括）、14年6月執行役員・総合企画本部本部事務局長・総合企画本部副本部長（経営企画部門統括）、15年6月常務執行役員、16年6月取締役副社長執行役員

**取締役
副社長執行役員
井上　富夫**
（いのうえ・とみお）

出身地
55年9月29日生
（昭和30年）

趣味

信条

学歴
80（昭和55）年3月東京大学法学部卒

職歴
80年4月関西電力入社、98年6月人材活性化室人事課長、01年6月人材活性化室人事グループチーフマネジャー・経営改革・IT本部人事労務管理システム構築プロジェクトチームチーフマネジャー、02年6月人材活性化室人事グループチーフマネジャー、03年6月人材活性化室人事グループチーフマネジャー・人材活性化室人材開発グループチーフマネジャー、06年6月人事部長、07年6月人材活性化室長、10年6月執行役員・原子力保全改革推進室長・企画室CSR、経営・品質管理担当室長、12年4月執行役員・総合企画本部副本部長（CSR・経営管理部門統括）（原子力・安全品質推進部門統括）、13年6月常務執行役員、16年6月取締役常務執行役員、17年6月取締役副社長執行役員

取締役
副社長執行役員
彌園　豊一
（みその・とよかず）

出身地
56年11月1日生
（昭和31年）
趣味
信条

学歴
81（昭和56）年3月京都大学法学部卒
職歴
81年4月関西電力入社、97年6月企画室調査グループ課長、03年6月企画室業務グループチーフマネジャー、04年6月企画室TQM推進・経営管理グループチーフマネジャー・企画室連結経営高度化プロジェクトチームチーフマネジャー、06年6月グループ経営推進本部附㈱かんでんCSフォーラム出向、09年6月お客さま本部副本部長（営業企画部門統括）、11年6月執行役員・お客さま本部副本部長（営業企画部門統括）、15年6月常務執行役員、18年6月取締役副社長執行役員

取締役
常務執行役員
杉本　康
（すぎもと・やすし）

出身地
55年4月23日生
（昭和30年）
趣味
信条

学歴
78（昭和53）年3月大阪大学法学部卒
職歴
78年4月関西電力入社、96年6月経理室予算課長、97年6月東京支社事務課長、99年6月総務室副部長、00年6月総務室文書・株式グループチーフマネジャー、01年6月経理室財務グループチーフマネジャー、04年6月経理室計画グループチーフマネジャー・企画室IR推進プロジェクトチームチーフマネジャー、06年6月経理部長・企画室IR推進プロジェクトチームチーフマネジャー、07年6月執行役員・東京支社長、10年6月執行役員・経理室長、14年6月取締役常務執行役員

**取締役
常務執行役員
大石　富彦**
（おおいし・とみひこ）

出身地
55年1月17日生
（昭和30年）

趣味

信条

学歴
80（昭和55）年3月大阪大学大学院工学研究科修士課程土木工学専攻修了

職歴
80年4月関西電力入社、94年6月奥多々良木発電所増設工事建設準備所課長、97年12月土木建築室土木課長、00年5月グループ経営推進室エネルギービジネス検討チーム副調査役、同年12月グループ経営推進室附堺エル・エヌ・ジー㈱出向、04年6月土木建築室土木建築エンジニアリングセンター所長、05年6月土木建築室計画グループチーフマネジャー、06年6月土木部長、07年6月執行役員・北陸支社長、09年6月執行役員・土木建築室長、15年6月常務執行役員、16年6月取締役常務執行役員

**取締役
常務執行役員
島本　恭次**
（しまもと・やすじ）

出身地
58年9月8日生
（昭和33年）

趣味

信条

学歴
83（昭和58）年3月大阪大学大学院工学研究科修士課程機械工学専攻修了

職歴
83年4月関西電力入社、97年6月原子力・火力本部原子力・火力企画グループ課長、00年6月火力事業本部計画グループマネジャー・企画室企画グループマネジャー、01年12月火力事業本部計画グループチーフマネジャー、03年6月火力事業本部管理グループチーフマネジャー、05年6月姫路第二発電所長、09年6月火力部長、10年6月火力センター所長、13年6月火力事業本部副事業本部長（火力運営部門統括）・原子力事業本部副事業本部長、14年6月執行役員・火力事業本部副事業本部長（火力運営部門統括）・原子力事業本部副事業本部長、16年6月常務執行役員、17年6月取締役常務執行役員

156　関西電力

取締役
常務執行役員
稲田　浩二
（いなだ・こうじ）

出身地
60年3月9日生
（昭和35年）
趣味
信条

学歴
84（昭和59）年3月大阪大学大学院工学研究科修士課程通信工学専攻修了

職歴
84年4月関西電力入社、00年6月グループ経営推進室ITソリューションサービスグループマネジャー、同年12月人材活性化室附㈱ケイ・オプティコム出向、03年6月グループ経営推進本部情報通信事業戦略グループチーフマネジャー、09年6月IT企画部長、10年6月経営改革・IT本部副本部長、13年6月執行役員・総合企画本部副本部長（CSR・経営管理部門統括）（原子力・安全品質推進部門統括）、15年6月執行役員・総合企画本部本部事務局長代理・総合企画本部副本部長（CSR・経営管理部門統括）（原子力・安全品質推進部門統括）、16年6月常務執行役員、18年6月取締役常務執行役員

取締役
井上　礼之
（いのうえ・のりゆき）

出身地
35年3月17日生
（昭和10年）
趣味
信条

学歴
57（昭和32）年3月同志社大学経済学部卒

職歴
57年3月ダイキン工業㈱入社、79年2月取締役、85年2月常務取締役、89年6月専務取締役、94年6月取締役社長、95年5月取締役会長兼社長、96年6月取締役社長、02年6月取締役会長兼CEO、03年6月関西電力取締役、14年6月ダイキン工業㈱取締役会長兼グローバルグループ代表執行役員

取締役
沖原　隆宗
（おきはら・たかむね）

出身地

51年7月11日生
（昭和26年）

趣味

信条

学歴
74（昭和49）年3月慶応義塾大学経済学部卒

職歴
74年4月㈱三和銀行入行、04年5月㈱UFJ銀行取締役頭取、同年6月㈱UFJホールディングス取締役、05年10月㈱三菱UFJフィナンシャル・グループ常務執行役員（08年4月退任）、06年1月㈱三菱東京UFJ銀行副頭取、08年4月取締役副会長、10年6月㈱三菱UFJフィナンシャル・グループ取締役会長（14年6月退任）、14年5月㈱三菱東京UFJ銀行特別顧問、同年6月関西電力取締役、18年4月㈱三菱UFJ銀行特別顧問

取締役
小林　哲也
（こばやし・てつや）

出身地

43年11月27日生
（昭和18年）

趣味

信条

学歴
68（昭和43）年3月早稲田大学第一政治経済学部卒

職歴
68年4月近畿日本鉄道㈱入社、05年6月専務取締役、07年6月取締役社長、15年4月近鉄グループホールディングス㈱取締役会長、同年4月近畿日本鉄道㈱取締役会長、同年6月関西電力取締役

常務執行役員
森中　郁雄
（もりなか・いくお）

出身地
56年12月16日生
（昭和31年）
趣味
信条

学歴
79（昭和54）年3月名古屋工業大学工学部機械工学科卒
職歴
79年4月関西電力入社、96年12月原子力・火力本部原子力・火力企画グループ附電気事業連合会出向、00年6月原子力事業本部保全計画グループチーフマネジャー、03年6月原子力事業本部発電グループチーフマネジャー、05年4月原子力事業本部発電グループチーフマネジャー・原子力事業本部保全計画グループチーフマネジャー、同年7月原子力事業本部発電グループチーフマネジャー、06年6月高浜発電所長、09年6月原子力事業本部副事業本部長、10年6月執行役員・原子力事業本部副事業本部長（原子力発電部門統括）、12年6月執行役員・原子力事業本部副事業本部長（原子力技術部門統括）、13年6月常務執行役員

常務執行役員
松村　孝夫
（まつむら・たかお）

出身地
55年4月4日生
（昭和30年）
趣味
信条

学歴
81（昭和56）年3月京都大学大学院工学研究科修士課程建築学専攻修了
職歴
81年4月関西電力入社、97年12月土木建築室建築課長、00年10月グループ経営推進室附関西住宅品質保証㈱出向、03年6月土木建築室建築グループチーフマネジャー、06年6月建築部長、09年6月執行役員・大阪南支店長、12年4月執行役員・総合企画本部副本部長（地域エネルギー部門統括）、15年5月執行役員・(公社)関西経済連合会専務理事、17年5月常務執行役員

常務執行役員
片岡　正憲
（かたおか・まさのり）

学歴
80（昭和55）年3月京都大学経済学部卒
職歴
80年4月関西電力入社、98年6月購買室燃料計画課長、03年6月燃料室LNG調達グループチーフマネジャー、05年6月燃料室燃料計画グループチーフマネジャー、06年6月燃料部長、09年6月燃料室長、10年6月執行役員・東京支社長、15年6月常務執行役員

出身地
57年12月15日生
（昭和32年）
趣味
信条

常務執行役員
山地　進
（やまじ・すすむ）

学歴
80（昭和55）年3月京都大学法学部卒
職歴
80年4月関西電力入社、98年6月秘書室秘書、03年6月秘書室秘書グループチーフマネジャー、06年6月秘書部長、08年6月執行役員・滋賀支店長、10年6月執行役員・グループ経営推進本部副本部長（グループ経営企画部門統括）（生活アメニティ事業部門統括）、16年6月常務執行役員

出身地
56年2月27日生
（昭和31年）
趣味
信条

常務執行役員
右城　望
（うしろ・のぞむ）

出身地
56年12月12日生
（昭和31年）
趣味
信条

学歴
80（昭和55）年3月京都大学法学部卒
職歴
80年4月関西電力入社、98年6月購買室機器購買課長、00年6月購買室資材購買グループチーフマネジャー、01年12月購買室機器契約グループチーフマネジャー、03年6月人材活性化室附㈱関電製作所出向、04年10月人材活性化室附㈱関電L＆A出向、05年6月購買室計画・国際調達グループチーフマネジャー、06年6月購買部長、09年6月購買室長、10年6月執行役員・原子力事業本部副事業本部長（原子力企画部門統括）、16年6月常務執行役員

常務執行役員
時政　幸雄
（ときまさ・ゆきお）

出身地
57年8月20日生
（昭和32年）
趣味
信条

学歴
80（昭和55）年3月東京大学法学部卒
職歴
80年4月関西電力入社、98年6月人材活性化室人事労務企画課長、99年6月秘書室秘書課長、01年6月秘書室秘書グループチーフマネジャー、03年6月人材活性化室労務グループチーフマネジャー、06年6月神戸営業所長、09年6月人材活性化室附関電サービス㈱出向、11年6月秘書室長、13年6月執行役員・秘書室長、16年6月常務執行役員

常務執行役員
福田　隆
（ふくだ・たかし）

出身地
59年1月16日生
（昭和34年）
趣味
信条

学歴
84（昭和59）年3月京都大学大学院工学研究科修士課程電気工学専攻修了
職歴
84年4月関西電力入社、98年12月企画室総合計画グループ課長、03年6月電力システム事業本部工務グループマネジャー、05年6月電力システム事業本部附電力系統利用協議会出向、08年6月大阪北電力所長、10年6月工務部長、12年4月電力システム技術センター所長、15年6月執行役員・電力流通事業本部副事業本部長（工務・系統運用部門統括）、16年6月常務執行役員

常務執行役員
月山　將
（つきやま・すすむ）

出身地
56年10月20日生
（昭和31年）
趣味
信条

学歴
82（昭和57）年3月東京大学法学部卒
職歴
82年4月関西電力入社、98年10月企画室調査グループ附電気事業連合会出向、01年6月お客さま本部本部計画グループマネジャー、03年6月企画室企画グループマネジャー、04年6月秘書室秘書役、05年6月お客さま本部営業計画グループマネジャー、06年6月企画室附電気事業連合会出向、09年6月企画部長、10年6月企画室長、11年11月秘書室附電気事業連合会出向、12年6月執行役員・秘書室附電気事業連合会出向、14年6月執行役員・総合企画本部副本部長、15年6月執行役員・東京支社長、17年6月常務執行役員

常務執行役員
廣田　禎秀
（ひろた・よしひで）

出身地
60年8月18日生
（昭和35年）
趣味
信条

学歴
83（昭和58）年3月京都大学経済学部卒
職歴
83年4月関西電力入社、01年12月燃料室石油調達グループマネジャー、03年6月燃料室燃料計画グループマネジャー、05年6月燃料室LNG調達グループチーフマネジャー、09年6月燃料部長、11年6月燃料室長、15年6月執行役員・燃料室長、17年6月常務執行役員

常務執行役員
中島　宏
（なかじま・ひろし）

出身地
57年7月16日生
（昭和32年）
趣味
信条

学歴
82（昭和57）年3月大阪大学大学院工学研究科修士課程電気工学専攻修了
職歴
82年4月関西電力入社、94年10月企画室調査グループ附アジア開発銀行出向、99年6月グループ経営推進室エネルギービジネス検討チーム課長、00年12月グループ経営推進室附堺エル・エヌ・ジー㈱出向、02年6月グループ経営推進室新エネルギー発電事業推進グループチーフマネジャー、09年6月北陸支社長、12年4月執行役員・大阪南支店長、15年6月執行役員・大阪南支社長・地域エネルギー本部副本部長、16年6月執行役員・国際事業本部副事業本部長（国際開発部門統括）、18年6月常務執行役員

常務執行役員
川崎　幸男
（かわさき・ゆきお）

出身地
60年1月3日生
（昭和35年）

趣味

信条

学歴
82（昭和57）年3月京都大学工学部電気工学科卒

職歴
82年4月関西電力入社、00年12月お客さま本部企画提案グループマネジャー、03年6月お客さま本部営業計画グループマネジャー・お客さま本部営業コンプライアンスグループマネジャー、05年6月奈良営業所長、07年6月エネルギー営業部長、09年6月営業企画部長、11年6月秘書室附関電サービス㈱出向、同年11月お客さま本部副本部長（リビング営業部門統括）、15年6月執行役員・お客さま本部副本部長（ビジネス営業部門統括）、18年6月常務執行役員

常任監査役
八嶋　康博
（やしま・やすひろ）

出身地
53年9月21日生
（昭和28年）

趣味

信条

学歴
77（昭和52）年3月京都大学法学部卒

職歴
77年4月関西電力入社、95年6月企画室調査グループ課長、99年6月購買室副部長、00年6月燃料室燃料運用グループチーフマネジャー、01年6月燃料室燃料計画グループチーフマネジャー、同年10月企画室企画グループマネジャー、02年12月企画室企画グループチーフマネジャー、04年6月企画室企画グループチーフマネジャー・企画室取引管理グループチーフマネジャー、06年6月燃料室長、08年6月執行役員・燃料室長、09年6月執行役員・地域共生・広報室長、11年6月常務取締役、13年6月取締役常務執行役員、16年6月取締役副社長執行役員、17年6月常任監査役

常任監査役
田村　康生
（たむら・やすなり）

出身地
50年12月1日生
（昭和25年）
趣味

信条

学歴
75（昭和50）年3月大阪市立大学商学部卒
職歴
75年4月関西電力入社、93年6月経理室決算課長、97年6月経理室副部長、05年6月支配人・経理室長、06年6月執行役員・経理室長、10年6月常任監査役

常任監査役
樋口　幸茂
（ひぐち・ゆきしげ）

出身地
55年8月4日生
（昭和30年）
趣味

信条

学歴
81（昭和56）年3月東京大学大学院工学系研究科修士課程電気工学専攻修了
職歴
81年4月関西電力入社、97年6月原子力・火力本部火力運営課長、00年6月火力事業本部火力センター準備グループチーフマネジャー、01年6月火力センター計画グループチーフマネジャー、03年6月火力事業本部計画グループチーフマネジャー、04年6月経理室予算グループチーフマネジャー、07年6月火力センター所長、10年6月執行役員・火力事業本部副事業本部長・原子力事業本部副事業本部長、13年6月執行役員・火力事業本部副事業本部長（火力建設部門統括）、16年6月常任監査役

監査役
土肥　孝治
（どひ・たかはる）

出身地
33年7月12日生
（昭和8年）
趣味
信条

学歴
56（昭和31）年3月京都大学法学部卒
職歴
58年4月検事任官、96年1月検事総長（98年6月退官）、98年7月弁護士登録、03年6月関西電力監査役

監査役
槇村　久子
（まきむら・ひさこ）

出身地
47年8月27日生
（昭和22年）
趣味
信条

学歴
76（昭和51）年3月京都大学大学院農学研究科博士課程林学専攻修了
職歴
93年4月奈良文化女子短期大学教授、96年4月奈良県立商科大学商学部教授、98年4月奈良県立商科大学商学部教授・同大学附属図書館長、00年4月京都女子大学現代社会学部教授、04年4月京都女子大学現代社会学部教授・同大学院現代社会研究科教授、11年6月関西電力監査役、13年4月京都女子大学宗教・文化研究所客員研究員、17年4月関西大学社会安全学部客員教授

監査役
十市　勉
（といち・つとむ）

出身地
45年12月26日生
（昭和20年）
趣味
信条

学歴
73（昭和48）年3月東京大学理学系大学院地球物理コース博士課程修了
職歴
73年4月㈶日本エネルギー経済研究所入所、01年6月常務理事・主席研究員、06年6月専務理事・主席研究員、11年6月顧問、12年4月（一般財）日本エネルギー経済研究所顧問、13年6月研究顧問、15年6月関西電力監査役、17年6月（一般財）エネルギー経済研究所参与

監査役
大坪　文雄
（おおつぼ・ふみお）

出身地
45年9月5日生
（昭和20年）
趣味
信条

学歴
71（昭和46）年3月関西大学大学院工学研究科機械工学専攻修了
職歴
71年4月松下電器産業㈱入社、03年6月取締役専務、06年6月取締役社長、08年10月パナソニック㈱取締役社長、12年6月取締役会長、13年7月特別顧問、17年6月関西電力監査役

執行役員の担当 ◇ 関西電力

執 行 役 員	廣江　譲	秘書室附、電気事業連合会出向
執 行 役 員	松村　幹雄	秘書室附、㈱関電エネルギーソリューション出向
執 行 役 員	櫟　真夏	秘書室附、(公社)関西経済連合会出向
執 行 役 員	鈴木　聡	原子力事業本部副事業本部長、原子力安全部門統括
執 行 役 員	大塚　茂樹	原子力事業本部副事業本部長、原子力発電部門統括
執 行 役 員	北村仁一郎	送配電カンパニー担任（用地部、託送営業部、総務部、経営監査部）
執 行 役 員	保田　亨	滋賀支社長、地域エネルギー本部副本部長
執 行 役 員	石原　一志	秘書室附、㈱日本ネットワークサポート出向
執 行 役 員	浜野　正幸	国際事業本部副事業本部長、国際企画部門統括
執 行 役 員	大川　博巳	営業本部副本部長、営業企画部門統括、ガス営業部門統括
執 行 役 員	岡田　達志	総務室長
執 行 役 員	水田　仁	原子力事業本部副事業本部長、原子燃料部門統括
執 行 役 員	荒木　誠	秘書室附、㈱ケイ・オプティコム出向
執 行 役 員	西澤　伸浩	経理室長
執 行 役 員	善家　保雄	原子力事業本部副事業本部長、原子力企画部門統括
執 行 役 員	津田　雅彦	京都支社長、地域エネルギー本部副本部長
執 行 役 員	北尾　伸二	立地室長
執 行 役 員	森　望	電力需給・取引推進室長
執 行 役 員	内藤　直樹	エネルギー・環境企画室長
執 行 役 員	大久保昌利	送配電カンパニー担任（工務部、系統運用部）
執 行 役 員	渡辺　永久	東京支社長
執 行 役 員	安藤　康志	火力事業本部副事業本部長、火力企画部門統括
執 行 役 員	白銀　隆之	送配電カンパニー担任（企画部）

執行役員
廣江　譲
（ひろえ・ゆずる）

出身地
52年9月7日生
（昭和27年）

学歴　75（昭和50）年3月大阪大学経済学部卒
職歴　75年4月関西電力入社、92年12月人事部附関西文化学術研究都市推進機構出向、94年6月企画室調査グループ課長、95年6月経理室財務課長、96年12月企画室副部長、00年6月企画室原価グループチーフマネジャー、03年6月支配人・企画室長・品質・安全監査室長、04年6月支配人・企画室長、06年6月執行役員・企画室長、07年6月取締役・電気事業連合会出向、11年6月常務取締役、13年6月取締役副社長執行役員、14年6月執行役員・秘書室附電気事業連合会出向

執行役員
松村　幹雄
（まつむら・みきお）

出身地
58年7月9日生
（昭和33年）

学歴　83（昭和58）年3月早稲田大学大学院理工学研究科電気工学専攻修了
職歴　83年4月関西電力入社、96年8月企画室調査グループ附国際復興開発銀行出向、00年6月お客さま本部ネットワーク技術グループマネジャー、04年6月大阪北支店お客さま室長、06年6月営業部長、09年6月電力流通事業本部副事業本部長（ネットワーク技術部門統括）、11年6月執行役員・電力流通事業本部副事業本部長（ネットワーク技術部門統括）、13年6月執行役員・秘書室附㈱関電エネルギーソリューション出向

関西

執行役員
櫟　真夏
（いちのき・まなつ）

出身地
58年8月18日生
（昭和33年）

学歴　83（昭和58）年3月大阪大学大学院基礎工学研究科修士課程物理系専攻電気工学分野修了
職歴　83年4月関西電力入社、99年6月企画室調査グループ課長、04年6月企画室設備グループチーフマネジャー、07年6月企画部長、09年6月関西電力能力開発センター所長、11年6月地域共生・広報室長、13年6月執行役員・滋賀支店長、15年6月執行役員・滋賀支社長・地域エネルギー本部副本部長、17年5月執行役員・秘書室附（公社）関西経済連合会出向

執行役員
鈴木　聡
（すずき・さとし）

出身地
59年11月15日生
（昭和34年）

学歴	84（昭和59）年3月大阪大学大学院基礎工学研究科修士課程物理系専攻機械工学分野修了
職歴	84年4月関西電力入社、00年6月原子力事業本部附電気事業連合会出向、03年6月原子力事業本部保安管理グループチーフマネジャー、04年12月若狭支社運営室長、05年7月原子力事業本部保全計画グループチーフマネジャー、06年6月原子力発電部長、09年6月原子力企画部長、11年6月大飯発電所長、13年6月執行役員・原子力事業本部副事業本部長（原子力技術部門統括）、14年6月執行役員・原子力事業本部副事業本部長（原子力安全部門統括）（原子力技術部門統括）、15年10月執行役員・原子力事業本部副事業本部長（原子力安全部門統括）（原子力技術部門統括（原子力技術））、18年6月執行役員・原子力事業本部副事業本部長（原子力安全部門統括）

執行役員
大塚　茂樹
（おおつか・しげき）

出身地
61年10月12日生
（昭和36年）

学歴	84（昭和59）年3月東京大学工学部機械工学科卒
職歴	84年4月関西電力入社、00年8月原子力事業本部原燃品質・安全グループマネジャー、04年12月原子力事業本部保安管理グループチーフマネジャー、06年6月高浜発電所運営統括長、09年6月原子力事業本部原子力発電部門品質保証グループチーフマネジャー、11年6月原子力企画部長、12年6月原子力事業本部副事業本部長（原子燃料部門統括）、13年6月原子燃料サイクル室長・総合企画本部副本部長（中間貯蔵施設設置推進担当）・原子力事業本部副事業本部長、14年6月高浜発電所長、16年6月執行役員・原子力事業本部副事業本部長（原子力発電部門統括）

執行役員
北村　仁一郎
（きたむら・にいちろう）

出身地
59年4月28日生
（昭和34年）

学歴	83（昭和58）年3月京都大学法学部卒
職歴	83年4月関西電力入社、01年6月人材活性化室給与厚生グループマネジャー、06年6月人材活性化室給与厚生グループチーフマネジャー、07年6月人事部長、13年6月グループ経営推進本部副本部長（総合エネルギー事業部門統括）、15年6月火力事業本部副事業本部長（火力企画部門統括）、17年6月執行役員・火力事業本部副事業本部長（火力企画部門統括）、18年6月執行役員・送配電カンパニー担任

執行役員
保田　亨
（やすだ・すすむ）

出身地
60年7月30日生
（昭和35年）

学歴	83（昭和58）年3月同志社大学法学部卒
職歴	83年3月関西電力入社、01年6月人材活性化室附㈱かんでんエルハート出向、04年6月グループ経営推進本部附㈱関西どっとコム出向、06年12月北陸支社次長、08年6月地域共生・広報室報道グループチーフマネジャー、09年6月地域共生・広報部長、13年6月広報室長、17年5月執行役員・滋賀支社長・地域エネルギー本部副本部長

執行役員
石原　一志
（いしはら・ひとし）

出身地
61年2月19日生
（昭和36年）

学歴	84（昭和59）年3月京都大学工学部電気工学科卒
職歴	84年4月関西電力入社、02年12月お客さま本部ネットワーク技術運営グループチーフマネジャー、04年6月お客さま本部ネットワーク技術グループマネジャー、07年6月滋賀支店お客さま室長、09年6月ネットワーク技術部長、13年6月電力流通事業本部副事業本部長（ネットワーク技術部門統括）、16年6月執行役員・電力流通事業本部副事業本部長（ネットワーク技術部門統括）、17年6月執行役員・秘書室附㈱日本ネットワークサポート出向

執行役員
浜野　正幸
（はまの・まさゆき）

出身地
61年1月30日生
（昭和36年）

学歴	84（昭和59）年3月早稲田大学理工学部電気工学科卒
職歴	84年4月関西電力入社、03年6月電力システム事業本部計画グループチーフマネジャー、05年12月電力システム事業本部送電サービスセンター所長、08年6月電力流通事業本部附電力系統利用協議会出向、11年6月電力流通事業本部工務・系統運用部門系統運用部長兼電力流通事業本部工務・系統運用部門系統運用グループチーフマネジャー、13年6月東海支社長、15年6月国際事業本部副事業本部長、16年6月国際事業本部副事業本部長（国際企画部門統括）、18年6月執行役員・国際事業本部副事業本部長（国際企画部門統括）

執行役員
大川　博巳
（おおかわ・ひろみ）

出身地
61年4月4日生
（昭和36年）

学歴　85（昭和60）年3月京都大学法学部卒
職歴　85年4月関西電力入社、05年6月人材活性化室人事グループマネジャー、08年6月人材活性化室給与厚生グループチーフマネジャー、09年6月グループ経営推進部長、13年6月人材活性化室長、17年6月執行役員・人財・安全推進室長、18年6月執行役員・営業本部副本部長（営業企画部門統括）（ガス営業部門統括）

執行役員
岡田　達志
（おかだ・たつし）

出身地
61年7月7日生
（昭和36年）

学歴　84（昭和59）年3月京都大学法学部卒
職歴　84年4月関西電力入社、03年6月グループ経営推進本部グループ経営企画グループマネジャー、04年12月グループ経営推進本部附㈱クリアパス出向、08年6月大阪北支店支店長室長、09年6月法務部長・お客さま本部営業企画部門営業コンプライアンスグループチーフマネジャー、13年6月総務室長、17年6月執行役員・総務室長

執行役員
水田　仁
（みずた・ひとし）

出身地
61年7月13日生
（昭和36年）

学歴　87（昭和62）年3月東京大学大学院工学研究科修士課程原子力工学専攻修了
職歴　87年4月関西電力入社、02年11月原子力事業本部原子力企画グループマネジャー、05年7月大飯発電所運営統括長、08年2月企画室附、同年6月関西電力パリ事務所長、11年6月原子燃料部長、13年6月原子力事業本部副事業本部長（原子燃料部門統括）、17年6月執行役員・原子力事業本部副事業本部長（原子燃料部門統括）

執行役員
荒木　誠
（あらき・まこと）

出身地
63年2月15日生
（昭和38年）

学歴　87年3月京都大学大学院工学研究科修士課程情報工学専攻修了
職歴　87年4月関西電力入社、03年6月人材活性化室附㈱ケイ・オプティコム出向、07年12月経営改革・IT本部通信システムグループチーフマネジャー・経営改革・IT本部通信技術グループチーフマネジャー、08年6月経営改革・IT本部通信システムグループチーフマネジャー、09年6月グループ経営推進本部情報通信事業部門情報通信事業戦略グループチーフマネジャー、11年12月人材活性化室附関電システムソリューションズ㈱出向、13年6月経営改革・IT本部副本部長、15年6月経営改革・IT本部副本部長・グループ経営推進本部副本部長（情報通信事業部門統括）、16年6月執行役員・IT戦略室長、17年6月執行役員・秘書室附㈱ケイ・オプティコム出向

執行役員
西澤　伸浩
（にしざわ・のぶひろ）

出身地
59年8月2日生
（昭和34年）

学歴　82（昭和57）年3月神戸大学経営学部卒
職歴　82年4月関西電力入社、00年6月経理室計画グループマネジャー、02年6月東京支社事務課長、05年6月人材活性化室附㈱関電オフィスワーク出向、07年6月経理室財務グループチーフマネジャー、12年6月経理室専任部長（財務）、13年6月経理部長・総合企画本部経営企画部門IR推進プロジェクトチームチーフマネジャー、14年6月経理室長、16年6月執行役員・経理室長

執行役員
善家　保雄
（ぜんけ・やすお）

出身地
62年2月17日生
（昭和37年）

学歴　85（昭和60）年3月京都大学法学部卒
職歴　85年4月関西電力入社、03年6月秘書室秘書グループマネジャー、10年6月秘書部長、14年6月経営監査室長、16年6月執行役員・原子力事業本部副事業本部長（原子力企画部門統括）

執行役員
津田　雅彦
（つだ・まさひこ）

出身地
60年1月15日生
（昭和35年）

学歴	85（昭和60）年3月京都大学大学院工学研究科修士課程電気工学専攻修了
職歴	85年4月関西電力入社、00年6月企画室設備グループマネジャー、05年6月人材活性化室附㈱かんでんエンジニアリング出向、07年6月企画室設備グループチーフマネジャー、10年6月企画室企画部長兼企画室企画グループチーフマネジャー、12年4月総合企画本部経営企画部門企画部長兼総合企画本部経営企画部門企画グループチーフマネジャー、13年6月総合企画本部経営企画部門企画部長、14年6月総合企画本部本部事務局長代理、16年6月総合エネルギー企画室需給企画担当室長、18年6月執行役員・京都支社長・地域エネルギー本部副本部長

執行役員
北尾　伸二
（きたお・しんじ）

出身地
61年10月7日生
（昭和36年）

学歴	84（昭和59）年3月京都大学法学部卒
職歴	84年4月関西電力入社、03年6月人材活性化室人材開発グループマネジャー、06年6月人材活性化室人材開発グループチーフマネジャー、09年6月グループ経営推進本部附㈱かんでんCSフォーラム出向、11年6月立地室立地統括部長兼立地室立地統括グループチーフマネジャー、13年6月立地室立地統括部長兼立地室立地統括グループチーフマネジャー併総合企画本部リサイクル燃料資源中間貯蔵施設設置推進プロジェクトチームマネジャー、14年6月立地室長兼原子力事業本部長附、18年6月執行役員・立地室長

執行役員
森　望
（もり・のぞむ）

出身地
62年6月6日生
（昭和37年）

学歴	88（昭和63）年3月京都大学大学院工学研究科修士課程電気工学専攻修了
職歴	88年4月関西電力入社、05年6月電力システム事業本部工務グループマネジャー、09年6月京都電力所長、12年4月総合企画本部地域エネルギー部門地域エネルギー部長兼総合企画本部地域エネルギー部門地域エネルギー計画グループチーフマネジャー、13年6月総合企画本部地域エネルギー部門地域エネルギー部長兼総合企画本部地域エネルギー部門地域エネルギー計画グループチーフマネジャー併総合企画本部リサイクル燃料資源中間貯蔵施設設置推進プロジェクトチームマネジャー、15年6月地域エネルギー本部副本部長併再生可能エネルギー事業戦略室長、18年6月執行役員・電力需給・取引推進室長

執行役員
内藤　直樹
（ないとう・なおき）

出身地
62年7月18日生
（昭和37年）

学歴　87（昭和62）年3月京都大学大学院工学研究科修士課程物理工学専攻修了

職歴　87年6月関西電力入社、00年12月企画室企画グループマネジャー、06年6月お客さま本部営業計画グループマネジャー、09年6月お客さま本部エネルギー営業部門エネルギー営業グループチーフマネジャー、11年6月グループ経営推進本部附㈱かんでんCSフォーラム出向、12年6月総合企画本部マネジャー、同年6月総合企画本部附電気事業連合会出向、15年6月総合企画本部副本部長（経営企画部門統括）、16年6月総合エネルギー企画室長、17年6月執行役員・総合エネルギー企画室長、18年6月執行役員・エネルギー・環境企画室長

執行役員
大久保　昌利
（おおくぼ・まさとし）

出身地
62年12月1日生
（昭和37年）

学歴　87（昭和62）年3月京都大学大学院工学研究科修士課程電気工学専攻修了

職歴　87年4月関西電力入社、02年6月グループ経営推進室新エネルギー発電事業推進グループマネジャー、07年6月電力流通事業本部工務・系統運用部門系統制御グループチーフマネジャー、11年6月電力流通事業本部工務・系統運用部門中央給電指令所長、13年6月系統運用部長、15年6月北陸支社長・地域エネルギー本部副本部長、16年6月電力流通事業本部副事業本部長（工務・系統運用部門統括）、17年6月執行役員・電力流通事業本部副事業本部長（工務・系統運用部門統括）、18年6月執行役員・送配電カンパニー担任

執行役員
渡辺　永久
（わたなべ・ながひさ）

出身地
1960年10月8日
（昭和35年）

学歴　83（昭和58）年3月慶応義塾大学法学部卒

職歴　83年4月関西電力入社、01年6月地域共生・広報室報道グループマネジャー、05年6月東京支社次長、09年6月東京支社副支社長、17年6月執行役員・東京支社長

関西

執行役員
安藤　康志
（あんどう・やすし）

出身地
62年12月31日生
（昭和37年）

学歴　85（昭和60）年3月大阪大学経済学部卒
職歴　85年4月関西電力入社、05年6月人材活性化室労務グループマネジャー、09年6月人材活性化室人材開発グループチーフマネジャー、11年6月総務室庶務部長・総務室庶務グループチーフマネジャー、15年6月和歌山支社長（お客さま本部長附）（火力事業本部長附）（電力流通事業本部長附）（立地室附）・地域エネルギー本部副本部長、18年6月執行役員・火力事業本部副事業本部長（火力企画部門統括）

執行役員
白銀　隆之
（はくぎん・たかゆき）

出身地
63年1月7日
（昭和38年）

学歴　87（昭和62）年3月大阪大学大学院基礎工学研究科修士課程物理系専攻電気工学分野修了
職歴　87年4月関西電力入社、03年6月電力システム事業本部計画グループマネジャー、05年12月電力システム事業本部計画グループチーフマネジャー、08年6月電力流通事業本部工務・系統運用部門送電サービスセンター所長、12年6月電力流通事業本部工務・系統運用部門工務部長・電力流通事業本部工務・系統運用部門工務グループチーフマネジャー、15年6月電力システム技術センター所長、17年6月電力流通事業本部副事業本部長・電力流通企画部門統括、18年6月執行役員・送配電カンパニー担任

中　国　電　力

〒730-8701 広島市中区小町4番33号
☎ ０８２－２４１－０２１１(代表)

中国電力は2018年6月27日に開かれた株主総会および取締役会で取締役と役付執行役員の人事を決定した。「苅田知英会長―清水希茂社長」体制は3年目に入り、平野正樹氏が代表取締役・副社長執行役員に昇格、瀧本夏彦氏が取締役・常務執行役員に就任した。委嘱内容の変更については、平野氏は電源事業本部長に就き、芦谷茂取締役・常務執行役員・電源事業本部副本部長は国際事業部門長を兼務する。取締役は15人体制を継続する。

　迫谷章氏は代表取締役・副社長執行役員を退任し、中電工社長に就任した。

　新任の常務執行役員には田村典正、高場敏雄、福島透の3氏が就任した。常務執行役員は2人増の計7人。高場氏はコンプライアンス推進部門部長・コンプライアンス兼原子力強化プロジェクト担当部長から人材活性化部門長となった。

　新執行役員は棚田健司、藤井正人、山本直樹、村田雅春、大瀬戸聡、水津卓也、藤井準次の7氏。執行役員待遇だった石井浩一氏は執行役員に就任した。執行役員（執行役員待遇含む）は2人増の計32人となっている。

　退任した執行役員は丹治邦夫、田中雄二の2氏。丹治氏はエネルギア・コミュニケーションズ常務取締役、田中氏は中電環境テクノス常務取締役にそれぞれ就任した。

役員の担当　◇　中国電力

役職	氏名	担当
代表取締役会長	苅田　知英	☆
代表取締役社長執行役員	清水　希茂	☆
代表取締役副社長執行役員	渡部　伸夫	販売事業本部長
代表取締役副社長執行役員	小川　司徳	人材育成担当、調達本部長、原子力強化プロジェクト長
代表取締役副社長執行役員	平野　正樹	電源事業本部長
取締役常務執行役員	松村　秀雄	地域共創本部長
取締役常務執行役員	松岡　秀夫	送配電カンパニー長、情報通信部門長
取締役常務執行役員	岩崎　昭正	電源事業本部副本部長、電源事業本部島根原子力本部長
取締役常務執行役員	芦谷　茂	電源事業本部副本部長、国際事業部門長
取締役常務執行役員	重藤　隆文	コンプライアンス推進部門長、考査部門長、管財部門長
取締役常務執行役員	瀧本　夏彦	経営企画部門長
取締役監査等委員	畝川　寛	☆
取締役監査等委員	田村　浩章	☆
取締役監査等委員	内山田邦夫	☆
取締役監査等委員	野曽原悦子	☆

代表取締役会長
苅田　知英
（かりた・ともひで）

出身地　山口県
48年8月17日生
（昭和23年）
趣味　読書、ゴルフ
信条

学歴
72（昭和47）年3月九州大学法学部政治学科卒
職歴
72年4月中国電力入社、93年2月営業部課長、97年2月営業部次長、同年6月岡山支店倉敷営業所長、99年6月企画室部長、01年10月経営企画室部長、02年6月理事・経営企画室部長、04年6月理事・経営企画部門部長（経営企画室）、05年6月取締役・経営企画部門部長（経営計画）、06年6月常務取締役・経営企画部門長、07年2月常務取締役・経営企画部門長・企業再生プロジェクト長、08年2月常務取締役・経営企画部門長、同年6月常務取締役・グループ経営推進部門長、10年6月取締役副社長・人材育成担当・考査部門長・原子力強化プロジェクト長、11年6月取締役社長・上関原子力立地プロジェクト長、13年6月取締役社長、16年4月取締役会長、同年6月代表取締役会長
主な公職
16年6月（一般社）中国経済連合会会長
叙勲・褒賞
14年4月オフィツェルスキ十字型章

**代表取締役
社長執行役員**
清水　希茂
（しみず・まれしげ）

出身地　広島県
52年2月19日生
（昭和27年）
趣味　釣り、ゴルフ
信条

学歴
74（昭和49）年3月大阪大学基礎工学部機械学科卒
職歴
74年4月中国電力入社、98年2月火力部マネージャー、99年2月大崎発電所建設所次長、00年2月大崎発電所建設所次長兼・土木建築課長、01年2月火力部三隅発電所長、同年10月電源事業本部三隅発電所長、03年2月電源事業本部マネージャー、04年2月電源事業本部専任部長（火力）、同年6月電源事業本部部長（総括）、07年6月執行役員・電源事業本部副本部長兼．部長（総括）、09年6月常務取締役・電源事業本部副本部長・電源事業本部島根原子力本部長、11年6月取締役副社長・コンプライアンス推進部門長・エネルギア総合研究所長、12年6月取締役副社長・人材育成担当・考査部門長・原子力強化プロジェクト長、13年6月取締役副社長・電源事業本部長、16年4月取締役社長、同年6月代表取締役社長執行役員

**代表取締役
副社長執行役員
渡部　伸夫**
（わたなべ・のぶお）

出身地　島根県
54年10月31日生
（昭和29年）
趣味　将棋
信条

学歴
77（昭和52）年3月横浜市立大学商学部卒
職歴
77年4月中国電力入社、97年2月営業部課長、98年2月営業部マネージャー、99年12月営業部大口営業センター所長、01年10月販売事業本部大口営業センター所長、02年2月販売事業本部倉敷営業所長、04年2月販売事業本部部長（総括）、05年6月販売事業本部部長（営業）、06年6月経営企画部門部長（経営計画）、08年6月執行役員・経営企画部門部長（経営計画）、11年6月常務取締役・グループ経営推進部門長、13年6月常務取締役・電源事業本部副本部長・電源事業本部島根原子力本部副本部長・島根支社長、15年6月取締役副社長・人材育成担当・考査部門長・原子力強化プロジェクト長、16年6月代表取締役副社長執行役員・お客さまサービス本部長、17年10月代表取締役副社長執行役員・販売事業本部長

**代表取締役
副社長執行役員
小川　司徳**
（おがわ・もりよし）

出身地　山口県
54年8月25日生
（昭和29年）
趣味　ラグビー観戦、読書
信条

学歴
78（昭和53）年3月京都大学法学部卒
職歴
78年4月中国電力入社、98年2月人事労務部マネージャー、01年10月労務部マネージャー、02年2月販売事業部山口営業所長、04年2月経営企画室専任部長、同年6月エネルギア事業部門専任部長（エネルギア事業推進室）、05年6月CSR推進部門部長（秘書）、08年6月執行役員・人材活性化部門部長（人事）、10年6月上席執行役員・人材活性化部門長、12年6月常務取締役・人材活性化部門長、16年6月代表取締役副社長執行役員・人材育成担当・考査部門長・人材活性化部門長・原子力強化プロジェクト長、17年10月代表取締役副社長執行役員・人材育成担当・調達本部長・人材活性化部門長・原子力強化プロジェクト長、18年6月代表取締役副社長執行役員・人材育成担当・調達本部長・原子力強化プロジェクト長

**代表取締役
副社長執行役員
平野　正樹**
（ひらの・まさき）

出身地　愛知県
53年4月23日生
（昭和28年）
趣味　ピアノ、旅行
信条

学歴
79（昭和54）年3月東京大学大学院工学研究科修士課程修了
職歴
79年4月通商産業省入省、06年1月経済産業省通商政策局通商交渉官、同年7月電気保安協会全国連絡会議専務理事、09年6月中国電力執行役員・経営企画部門部長（電源調達）、10年6月執行役員・経営企画部門部長（電源調達）兼．原子力強化プロジェクト専任部長、11年6月上席執行役員・経営企画部門部長（設備・技術）兼．原子力強化プロジェクト専任部長、12年6月上席執行役員・環境部門長兼．エネルギア総合研究所長、13年6月常務取締役・環境部門長・情報通信部門長・エネルギア総合研究所長、15年6月常務取締役・国際事業部門長・環境部門長・エネルギア総合研究所長、16年6月取締役常務執行役員・国際事業部門長・環境部門長・エネルギア総合研究所長、17年10月取締役常務執行役員・国際事業部門長・エネルギア総合研究所長、18年6月代表取締役副社長執行役員・電源事業本部長

**取締役
常務執行役員
松村　秀雄**
（まつむら・ひでお）

出身地　山口県
55年9月9日生
（昭和30年）
趣味　読書
信条

学歴
78（昭和53）年3月九州大学法学部卒
職歴
78年4月中国電力入社、00年2月総務部マネージャー、03年2月販売事業本部出雲営業所長、05年6月エネルギア事業部門専任部長（事業開発）、06年2月エネルギア事業部門部長（事業開発）、07年6月CSR推進部門部長（広報）兼．電源事業本部上関原子力立地プロジェクト部長（広報）、08年6月執行役員・コンプライアンス推進部門部長（総務）、12年6月常務取締役・コンプライアンス推進部門長、14年6月常務取締役・コンプライアンス推進部門長・管財部門長、16年6月取締役常務執行役員・グループ経営推進部門長、17年6月取締役常務執行役員・グループ経営推進部門長・広報部門長、同年10月取締役常務執行役員・地域共創本部長

取締役
常務執行役員
松岡　秀夫
（まつおか・ひでお）

出身地　広島県
55年9月30日生
（昭和30年）
趣味　旅行
信条

学歴
79（昭和54）年3月九州大学工学部卒
職歴
79年4月中国電力入社、01年2月企画室マネージャー、同年10月経営企画室マネージャー、04年6月経営企画部門マネージャー、05年2月販売事業本部呉営業所長、07年2月企業再生プロジェクト部長、08年2月経営企画部門部長（総括・地域協力）、10年6月執行役員・流通事業本部副本部長兼．部長（総括）兼．原子力強化プロジェクト専任部長、12年6月執行役員・流通事業本部副本部長、14年6月常務取締役・流通事業本部長、15年6月常務取締役・流通事業本部長・情報通信部門長、16年6月取締役常務執行役員・流通事業本部長・情報通信部門長、17年10月取締役常務執行役員・送配電カンパニー長・情報通信部門長

取締役
常務執行役員
岩崎　昭正
（いわさき・あきまさ）

出身地　鳥取県
56年3月21日生
（昭和31年）
趣味　海水魚飼育、ゴルフ
信条

学歴
79（昭和54）年3月北海道大学工学部卒
職歴
79年4月中国電力入社、04年6月電源事業本部マネージャー、06年2月電源事業本部島根原子力発電所次長、07年2月電源事業本部島根原子力建設所副所長、10年4月電源事業本部島根原子力本部島根原子力発電所長、11年6月執行役員・電源事業本部島根原子力本部島根原子力発電所長、12年6月執行役員・電源事業本部島根原子力本部島根原子力発電所長兼．電源事業本部島根原子力本部島根原子力建設所長、14年6月執行役員・電源事業本部部長（原子力管理）、15年6月常務取締役・電源事業本部部長（原子力管理）、16年6月取締役常務執行役員・電源事業本部部長（原子力管理）、17年6月取締役常務執行役員・電源事業本部副本部長・電源事業本部島根原子力本部長

**取締役
常務執行役員
芦谷　茂**
（あしたに・しげる）

出身地　鳥取県
56年4月7日生
（昭和31年）
趣味　ゴルフ
信条

学歴
79（昭和54）年3月青山学院大学理工学部卒
職歴
79年4月中国電力入社、04年2月電源事業本部マネージャー、06年2月電源事業本部三隅発電所長、09年6月電源事業本部部長（火力）、11年6月執行役員・電源事業本部副本部長兼．部長（総括）兼．原子力強化プロジェクト専任部長、13年6月執行役員・鳥取支社長兼．電源事業本部島根原子力本部副本部長、16年6月常務執行役員・電源事業本部副本部長、17年6月取締役常務執行役員・電源事業本部副本部長、18年6月取締役常務執行役員・電源事業本部副本部長・国際事業部門長

**取締役
常務執行役員
重藤　隆文**
（しげとう・たかふみ）

出身地　岡山県
57年3月23日生
（昭和32年）
趣味　読書、映画鑑賞
信条

学歴
79（昭和54）年3月慶応義塾大学法学部卒
職歴
79年4月中国電力入社、99年2月立地環境部マネージャー、01年10月環境用地部マネージャー、04年2月販売事業本部山口営業所長、06年2月事業支援部門専任部長（用地・管財）、07年2月事業支援部門部長（用地・管財）、08年2月管財部門部長（用地・管財）、11年6月執行役員・岡山支社長、13年6月上席執行役員・管財部門長、14年6月執行役員・東京支社長、16年6月常務執行役員・コンプライアンス推進部門長・管財部門長、17年6月取締役常務執行役員・コンプライアンス推進部門長・管財部門長、同年10月取締役常務執行役員・コンプライアンス推進部門長・考査部門長・管財部門長

取締役
常務執行役員
瀧本　夏彦
（たきもと・なつひこ）

出身地　山口県
57年6月6日生
（昭和32年）
趣味　旅行
信条

学歴
81（昭和56）年3月東京大学経済学部卒
職歴
81年4月中国電力入社、00年2月営業部マネージャー、01年10月販売事業本部マネージャー、05年2月販売事業本部周南営業所長、07年2月販売事業本部専任部長（エネルギー営業）、同年6月販売事業本部エネルギー営業センター所長、08年2月販売事業本部法人営業センター所長、11年6月経営企画部門部長（経営計画）、12年6月執行役員・経営企画部門部長（経営計画）、17年6月常務執行役員・経営企画部門部長、18年6月取締役常務執行役員・経営企画部門部長

取締役
監査等委員
畝川　寛
（せがわ・ひろし）

出身地　広島県
55年3月6日生
（昭和30年）
趣味　旅行
信条

学歴
78（昭和53）年3月京都大学経済学部卒
職歴
78年4月中国電力入社、98年2月企画室マネージャー、01年10月経営企画室マネージャー、02年2月販売事業本部福山営業所長、04年2月エネルギア事業推進室付㈱エネルギア・コミュニケーションズへ出向、同年6月エネルギア事業部門付㈱エネルギア・コミュニケーションズへ出向、05年6月エネルギア事業部門部長（事業改革）、07年2月エネルギア事業部門部長（グループ企業）、同年6月エネルギア事業部門付㈱中電工へ出向、08年2月グループ経営推進部門付㈱中電工へ出向、09年6月執行役員・情報通信部門部長（事業企画）、12年1月退職、同年1月中国企業㈱取締役社長、14年6月退職、同年6月中国電力常務取締役・グループ経営推進部門長、16年6月取締役監査等委員

取締役
監査等委員
田村　浩章
（たむら・ひろあき）

出身地　熊本県
43年8月24日生
（昭和18年）
趣味　音楽鑑賞
信条　有言実行

学歴
66（昭和41）年3月京都大学工学部卒
職歴
66年4月宇部興産㈱入社、97年4月建設資材事業本部セメント生産統括部長、同年6月取締役、99年4月建設資材事業本部セメント事業部長・セメント生産統括部長、同年6月常務取締役、01年6月常務取締役退任・専務執行役員、02年10月建設資材カンパニープレジデント、03年6月取締役（専務待遇）、05年4月社長補佐、同年6月代表取締役社長・社長執行役員グループCEO、10年4月取締役会長、13年5月山口県経営者協会会長、同年6月中国電力取締役、同年6月㈱山口フィナンシャルグループ取締役、14年6月宇部興産㈱相談役、16年6月中国電力取締役監査等委員、17年6月宇部興産㈱顧問

取締役
監査等委員
内山田　邦夫
（うちやまだ・くにお）

出身地　愛知県
51年1月8日生
（昭和26年）
趣味　森林ボランティア、
　　　バイク、フルート
信条　知らざるを知る

学歴
75（昭和50）年3月東京大学法学部卒
職歴
75年4月警察庁入庁、87年3月在ソ連邦日本国大使館一等書記官、02年8月警察庁首席監察官、03年6月広島県警察本部長、06年1月関東管区警察局長、07年2月警察大学校長、08年3月警察庁退職、同年4月㈱神戸製鋼所常任顧問、同年4月神鋼電機㈱顧問、15年6月栄研化学㈱取締役（現）、16年4月㈱神戸製鋼所顧問、同年6月中国電力取締役監査等委員、18年4月㈱神戸製鋼所常務執行役員（現）

取締役
監査等委員
野曽原　悦子
（のそはら・えつこ）

出身地　長野県
58年10月24日生
（昭和33年）
趣味　映画鑑賞
信条

学歴
81（昭和56）年3月明治大学法学部卒
職歴
87年4月広島弁護士会登録、12年6月中国電力監査役、16年6月取締役監査等委員

相談役
福田　督
（ふくだ・ただし）

出身地　広島県
42年8月11日生
（昭和17年）
趣味　釣り、絵画
信条

学歴
66（昭和41）年3月慶応義塾大学商学部卒
職歴
66年4月中国電力入社、85年2月燃料対策室課長、88年2月経理部財務担当課長、90年2月経理部特別資金担当課長、91年2月経理部次長、93年6月岡山支店岡山営業所長、95年6月企画室部長、97年6月理事・企画室部長、99年6月取締役・広島支店長、01年10月常務取締役・販売事業本部副本部長、03年6月取締役副社長・販売事業本部長、05年6月取締役副社長・エネルギア事業部門長・事業支援部門長、06年6月取締役会長、11年6月相談役
主な公職
15年6月（一般社）日本電気協会会長

相談役
山下　隆
（やました・たかし）

出身地　鹿児島県
43年11月20日生
（昭和18年）
趣味　ゴルフ、将棋
信条

学歴
66（昭和41）年3月九州大学工学部動力機械工学科卒

職歴
66年4月中国電力入社、91年2月火力部次長、93年2月企画室次長兼．原子力安全管理チーム次長、94年2月企画室次長、95年6月企画室部長、97年6月理事・鳥取支店長、99年6月取締役・広報部長、01年6月常務取締役・企画室長、同年7月常務取締役・企画室長・経営管理システム開発室長、同年10月常務取締役・経営企画室長・経営管理システム開発室長、03年6月取締役副社長、04年6月取締役副社長・経営企画部門長・エネルギア事業部門長・エネルギア事業部門エネルギア事業推進室長・情報通信部門長、05年6月取締役副社長・電源事業本部長・情報通信部門長、06年6月取締役社長、11年2月取締役社長・上関原子力立地プロジェクト長、同年6月取締役会長、16年4月取締役相談役、16年6月相談役

主な公職
17年5月ポーランド共和国名誉総領事

叙勲・褒賞
14年4月オフィツェルスキ十字型章

執行役員の担当 ◇ 中国電力

常務執行役員	伊藤 豪朗	販売事業本部副本部長	
常務執行役員	山下 正洋	電源事業本部副本部長兼．部長（立地） 上関原子力立地プロジェクト長	
常務執行役員	神田 尚	送配電カンパニー副カンパニー長	
常務執行役員	北野 立夫	電源事業本部副本部長兼．部長（原子力管理）	
常務執行役員	田村 典正	東京支社長	
常務執行役員	高場 敏雄	人材活性化部門長	
常務執行役員	福島 透	送配電カンパニー副カンパニー長	
執行役員	味能 弘之	エネルギア総合研究所部長（知財）	
執行役員	林 司	電源事業本部部長（原子力安全技術） 兼．上関原子力立地プロジェクト部長（原子力安全技術）	
執行役員	佐藤 幸次	岡山支社長	
執行役員	岡田 誠之	電源事業本部部長（燃料）	
執行役員	船木 徹	調達本部部長（経理）	
執行役員	石原 隆	送配電カンパニー副カンパニー長	
執行役員	坪井 俊郎	エネルギア総合研究所長	
執行役員	岡部 恵二	調達本部部長（資材）	
執行役員	長谷川 千晃	電源事業本部島根原子力本部副本部長	
執行役員	妹尾 雅雄	島根支社長兼．電源事業本部島根原子力本部副本部長	
執行役員	天野 浩一	鳥取支社長兼．電源事業本部島根原子力本部副本部長	
執行役員	佐伯 正浩	山口支社長	
執行役員	山田 恭平	電源事業本部部長（電源土木） 兼．上関原子力立地プロジェクト部長（土木）	
執行役員	吉岡 一郎	電源事業本部部長（水力）	
執行役員	皆本 恭介	地域共創本部部長（広報） 兼．上関原子力立地プロジェクト部長（広報）	
執行役員	前田 耕一	国際事業部門部長（企画・総括）	
執行役員	河村 寛	中電病院長	
執行役員	原 伸二	人材活性化部門部長（労務）	
執行役員	籔根 剛	送配電カンパニー部長（業務）	
執行役員	長谷川 宏之	送配電カンパニー部長（ネットワーク設備）	
執行役員	石井 浩一	コンプライアンス推進部門部長（コンプライアンス） 兼．原子力強化プロジェクト担当部長	
執行役員	中川 賢剛	販売事業本部副本部長	
執行役員	小寺 洋一	経営企画部門部長（経営企画）	
執行役員	大元 宏朗	電源事業本部部長（総括） 兼．原子力強化プロジェクト担当部長	
執行役員	棚田 健司	販売事業本部部長（電力調達）	
執行役員	藤井 正人	情報通信部門部長兼．原子力強化プロジェクト担当部長	
執行役員	山本 直樹	電源事業本部島根原子力本部島根原子力発電所長 兼．電源事業本部島根原子力本部島根原子力建設所長	
執行役員	村田 雅春	電源事業本部部長（火力）	
執行役員	大瀬戸 聡	上関原子力立地プロジェクト上関原子力発電所準備事務所長	
執行役員	水津 卓也	エネルギア総合研究所部長（企画・総括）	
執行役員	藤井 準次	地域共創本部部長（環境）兼．電源事業本部部長（環境） 兼．上関原子力立地プロジェクト部長（環境）	
執行役員待遇	中村 公俊	監査等委員会室長	

常務執行役員
伊藤　豪朗
（いとう・こうろう）

出身地　広島県
55年10月1日生
（昭和30年）

学歴　79（昭和54）年3月広島大学政経学部卒
職歴　79年4月中国電力入社、00年2月営業部大口営業センターチーフマネージャー（以下、CM）、02年2月販売事業本部大口営業センター所長、03年2月販売事業本部エネルギー営業センターCM、同年6月販売事業本部エネルギー営業センター所長兼．販売事業本部エネルギー営業センターCM、04年2月免．販売事業本部エネルギー営業センターCM兼務、07年6月販売事業本部広島営業所長、09年6月販売事業本部部長（エネルギー営業）、11年6月執行役員・販売事業本部部長（エネルギー営業）、12年6月執行役員・お客さまサービス本部本部長（エネルギー営業）、13年6月執行役員・お客さまサービス本部副本部長、15年6月上席執行役員・お客さまサービス本部副本部長、同年10月上席執行役員・販売推進部門長、16年6月常務執行役員・販売推進部門長、17年10月常務執行役員・販売事業本部副本部長

常務執行役員
山下　正洋
（やました・まさひろ）

出身地　山口県
56年3月17日生
（昭和31年）

学歴　80（昭和55）年3月九州大学法学部卒
職歴　80年4月中国電力入社、08年6月山口支社副支社長兼．電源事業本部上関原子力立地プロジェクト上関調査事務所副所長、09年4月免．電源事業本部上関原子力立地プロジェクト上関調査事務所副所長兼務兼．電源事業本部上関原子力立地プロジェクト上関原子力発電所準備事務所副所長、11年6月管財部門部長（保全・工事）、12年6月執行役員・電源事業本部部長（立地）、15年6月上席執行役員・電源事業本部部長（立地）、16年6月常務執行役員・電源事業本部副本部長兼．部長（立地）・上関原子力立地プロジェクト長

常務執行役員
神田　尚
（かんだ・ひさし）

出身地　広島県
57年12月14日生
（昭和32年）

学歴　80（昭和55）年3月早稲田大学法学部卒
職歴　80年4月中国電力入社、99年2月営業部マネージャー、同年9月兼．分散型電源検討特別プロジェクト専任課長、00年2月分散型電源検討特別プロジェクトマネージャー、01年10月分散型電源事業化準備室マネージャー、02年2月販売事業本部マネージャー、06年6月販売事業本部専任部長（エネルギー営業）、08年2月販売事業本部ソリューション営業センター所長、09年6月販売事業本部広島営業所長、11年6月執行役員・エネルギア総合研究所部長（経済）、13年6月執行役員・お客さまサービス本部部長（営業）、15年10月執行役員・お客さまサービス本部副本部長兼．部長（ネットワーク営業）、17年6月常務執行役員・お客さまサービス本部副本部長兼．部長（ネットワーク営業）、同年10月常務執行役員・送配電カンパニー副カンパニー長兼．部長（ネットワークサービス）、18年6月常務執行役員・送配電カンパニー副カンパニー長

常務執行役員
北野　立夫
（きたの・たつお）

出身地　山口県
58年2月5日生
（昭和33年）

学歴　83（昭和58）年3月神戸大学大学院工学研究科修士課程修了
職歴　83年4月中国電力入社、04年2月電源事業本部マネージャー、07年2月電源事業本部島根原子力発電所次長、10年2月電源事業本部マネージャー、11年6月電源事業本部専任部長（原子力）兼.原子力強化プロジェクト専任部長、14年6月執行役員・電源事業本部島根原子力本部島根原子力発電所長兼.電源事業本部島根原子力本部島根原子力建設所長、17年6月常務執行役員・電源事業本部副本部長兼.部長（原子力管理）

常務執行役員
田村　典正
（たむら・のりまさ）

出身地　岡山県
57年6月18日生
（昭和32年）

学歴　80（昭和55）年3月岡山大学法文学部卒
職歴　80年4月中国電力入社、01年2月経理部マネージャー、04年6月エネルギア事業部門マネージャー、05年6月販売事業本部下関営業所長、07年6月エネルギア事業部門専任部長（総括）、08年2月グループ経営推進部門専任部長（総括）、同年6月グループ経営推進部門部長（総括）、11年6月執行役員・グループ経営推進部門部長（経理）、16年6月執行役員・東京支社長、18年6月常務執行役員・東京支社長

常務執行役員
高場　敏雄
（たかば・としお）

出身地　広島県
57年5月6日生
（昭和32年）

学歴　81（昭和56）年3月早稲田大学政治経済学部卒
職歴　81年4月中国電力入社、01年10月秘書部マネージャー、04年2月販売事業本部マネージャー、08年2月販売事業本部東広島営業所長、10年2月人材活性化部門付㈱エネルギア・コミュニケーションズへ出向、11年6月コンプライアンス推進部門部長（秘書）、13年6月執行役員・コンプライアンス推進部門部長（秘書）、15年6月執行役員・コンプライアンス推進部門部長（コンプライアンス）兼.原子力強化プロジェクト担当部長、18年6月常務執行役員・人材活性化部門長

中国

常務執行役員
福島　透
（ふくしま・とおる）

出身地　島根県
59年1月7日生
（昭和34年）

学歴　81（昭和56）年3月大阪大学基礎工学部卒
職歴　81年4月中国電力入社、04年2月経営企画室マネージャー兼.経営管理システム開発室専任課長、同年6月エネルギア事業部門マネージャー、06年2月東京支社付電気事業連合会へ出向、09年2月鳥取支社副支社長、10年6月流通事業本部専任部長（設備システム）、12年6月流通事業本部部長（系統運用）、14年6月執行役員・流通事業本部副本部長兼. 部長（総括）、16年6月執行役員・流通事業本部副本部長、17年10月執行役員・送配電カンパニー副カンパニー長、18年6月常務執行役員・送配電カンパニー副カンパニー長

執行役員
味能　弘之
（みのう・ひろゆき）

出身地　山口県
57年3月11日生
（昭和32年）

学歴　79（昭和54）年3月大阪大学法学部卒
職歴　79年4月中国電力入社、99年9月関連事業部マネージャー、01年10月経営企画室マネージャー、02年6月エネルギア事業推進室マネージャー、04年6月エネルギア事業部門マネージャー、08年2月エネルギア総合研究所部長（知財）、12年6月執行役員・エネルギア総合研究所部長（知財）

執行役員
林　司
（はやし・つかさ）

出身地　山口県
57年6月16日生
（昭和32年）

学歴　80（昭和55）年3月徳島大学工学部卒
職歴　80年4月中国電力入社、06年2月電源事業本部マネージャー、09年2月電源事業本部専任部長（原子力）、同年6月電源事業本部島根原子力本部島根原子力発電所副所長、10年6月兼. 原子力強化プロジェクト専任部長、11年6月電源事業本部部長（原子力）、12年6月執行役員・電源事業本部部長（原子力管理）、14年6月執行役員・電源事業本部部長（原子力安全技術）兼. 上関原子力立地プロジェクト部長（原子力安全技術）

執行役員
佐藤　幸次
（さとう・こうじ）

出身地　広島県
57年8月26日生
（昭和32年）

学歴　80（昭和55）年3月早稲田大学政治経済学部卒
職歴　80年4月中国電力入社、01年2月燃料部マネージャー、同年10月電源事業本部マネージャー、05年6月販売事業本部倉敷営業所長、08年2月電源事業本部専任部長（燃料）、11年6月電源事業本部部長（燃料）、12年6月執行役員・電源事業本部部長（燃料）、15年6月執行役員・岡山支社長

執行役員
岡田　誠之
（おかだ・せいし）

出身地　広島県
58年11月25日生
（昭和33年）

学歴　81（昭和56）年3月中央大学理工学部卒
職歴　81年4月中国電力入社、04年2月電源事業本部マネージャー、08年2月岡山支社副支社長、10年2月経営企画部門専任部長（総合エネルギー供給事業）、同年6月原子力強化プロジェクト部長、12年6月電源事業本部専任部長（燃料）、同年12月経営企画部門専任部長（総合エネルギー・地域協力）、13年2月経営企画部門部長（総合エネルギー・地域協力）、同年6月執行役員・経営企画部門部長（総合エネルギー・地域協力）、15年6月執行役員・電源事業本部部長（燃料）

執行役員
船木　徹
（ふなき・とおる）

出身地　広島県
59年2月22日生
（昭和34年）

学歴　81（昭和56）年3月広島大学経済学部卒
職歴　81年4月中国電力入社、02年2月経営企画室マネージャー、04年6月経営企画部門マネージャー、06年6月販売事業本部福山営業所長、08年6月東京支社副支社長、10年6月広報・環境部門専任部長（環境）、11年6月グループ経営推進部門部長（グループ企業）、13年6月執行役員・グループ経営推進部門部長（グループ企業）、16年6月執行役員・グループ経営推進部門部長（経理）、17年10月執行役員・調達本部部長（経理）

執行役員
石原　隆
（いしはら・たかし）

出身地　島根県
60年3月8日生
（昭和35年）

学歴　84（昭和59）年3月神戸大学大学院工学研究科修士課程修了
職歴　84年4月中国電力入社、01年10月販売事業本部マネージャー、05年6月販売事業本部付㈱エネルギア・コミュニケーションズへ出向、07年2月販売事業本部広島北営業所長、09年2月販売事業本部専任部長（配電）、10年6月販売事業本部長（総括）、12年6月お客さまサービス本部部長（配電）、13年6月執行役員・お客さまサービス本部部長（配電）、15年6月執行役員・お客さまサービス本部副本部長、17年10月執行役員・送配電カンパニー副カンパニー長

執行役員
坪井　俊郎
（つぼい・としろう）

出身地　広島県
57年9月6日生
（昭和32年）

学歴　82（昭和57）年3月大阪大学大学院基礎工学研究科修士課程修了
職歴　82年4月中国電力入社、03年2月電源事業本部マネージャー、08年2月電源事業本部水島発電所長、11年2月電源事業本部専任部長（火力）、同年6月電源事業本部長（火力）、14年6月執行役員・エネルギア総合研究所部長（企画・総括）、18年6月執行役員・エネルギア総合研究所長

執行役員
岡部　恵二
（おかべ・けいじ）

出身地　広島県
59年2月5日生
（昭和34年）

学歴　82（昭和57）年3月広島大学総合科学部卒
職歴　82年4月中国電力入社、01年2月企画室マネージャー、同年10月経営企画室マネージャー、04年6月経営企画部門マネージャー、06年2月経営企画部門付中電プラント㈱へ出向、08年8月グループ経営推進部門専任部長（総括）、11年6月グループ経営推進部門部長（総括）、13年6月グループ経営推進部門部長（資材）、14年6月執行役員・グループ経営推進部門部長（資材）、17年10月執行役員・調達本部部長（資材）

執行役員
長谷川　千晃
（はせがわ・ちあき）

出身地　島根県
58年4月2日生
（昭和33年）

学歴	82（昭和57）年3月静岡大学工学部卒
職歴	82年4月中国電力入社、07年2月電源事業本部マネージャー、10年2月東京支社副支社長、12年6月電源事業本部島根原子力本部副本部長、15年6月執行役員・電源事業本部島根原子力本部副本部長

執行役員
妹尾　雅雄
（せのお・まさお）

出身地　岡山県
58年11月19日生
（昭和33年）

学歴	81（昭和56）年3月岡山大学法文学部卒
職歴	81年4月中国電力入社、02年2月労務部マネージャー、04年2月人材活性化室マネージャー、同年6月人材活性化部門マネージャー、07年2月販売事業本部松江営業所長、09年2月人材活性化部門専任部長（人材開発）、11年6月人材活性化部門部長（人材開発）、13年6月島根支社副支社長、15年6月執行役員・島根支社長兼．電源事業本部島根原子力本部副本部長

執行役員
天野　浩一
（あまの・こういち）

出身地　島根県
60年1月2日生
（昭和35年）

学歴	82（昭和57）年3月広島工業大学工学部卒
職歴	82年4月中国電力入社、04年2月販売事業本部マネージャー、07年2月販売事業本部浜田営業所長、09年2月販売事業本部鳥取営業所長、11年2月販売事業本部部長（配電安全品質）、12年6月お客さまサービス本部部長（総括）、15年6月執行役員・お客さまサービス本部部長（配電）、16年6月執行役員・鳥取支社長兼．電源事業本部島根原子力本部副本部長

執行役員
佐伯　正浩
（さえき・まさひろ）

出身地　広島県
60年3月27日生
（昭和35年）

学歴　82（昭和57）年3月慶応義塾大学法学部卒
職歴　82年4月中国電力入社、02年2月経営企画室マネージャー（組織）、05年2月CSR推進部門マネージャー（報道）、06年2月兼．電源事業本部上関原子力立地プロジェクト専任課長（広報）、07年2月企業再生プロジェクトマネージャー（経営機構改革）、08年2月販売事業本部山口営業所長、10年2月電源事業本部上関原子力立地プロジェクト専任部長（総括）、11年6月上関原子力立地プロジェクト部長（総括）、15年6月執行役員・上関原子力立地プロジェクト部長（総括）、17年6月執行役員・山口支社長

執行役員
山田　恭平
（やまだ・きょうへい）

出身地　広島県
58年7月14日生
（昭和33年）

学歴　83（昭和58）年3月京都大学大学院工学研究科修士課程修了
職歴　83年4月中国電力入社、06年2月事業支援部門マネージャー兼．電源事業本部上関原子力立地プロジェクトマネージャー、10年6月電源事業本部上関原子力立地プロジェクト上関原子力発電所準備事務所副所長、14年2月電源事業本部専任部長（電源土木）、15年10月電源事業本部担当部長（電源土木）、16年6月執行役員・電源事業本部部長（電源土木）兼．上関原子力立地プロジェクト部長（土木）

執行役員
吉岡　一郎
（よしおか・いちろう）

出身地　島根県
59年6月22日生
（昭和34年）

学歴　84（昭和59）年3月京都大学大学院工学研究科修士課程修了
職歴　84年4月中国電力入社、07年2月事業支援部門マネージャー、08年2月流通事業本部マネージャー、13年6月流通事業本部専任部長（土木）、14年6月流通事業本部部長（土木）、16年2月流通事業本部部長（水力・土木）、同年6月執行役員・流通事業本部部長（水力・土木）、17年10月執行役員・電源事業本部部長（水力）

執行役員
皆本　恭介
（みなもと・きょうすけ）

出身地　広島県
59年11月15日生
（昭和34年）

学歴　82（昭和57）年3月京都大学法学部卒
職歴　82年4月中国電力入社、03年2月総務部マネージャー、04年6月CSR推進部門マネージャー、07年6月販売事業本部尾道営業所長、09年2月コンプライアンス推進部門専任部長（総務）、12年6月コンプライアンス推進部門部長（総務）、15年6月広報部門部長兼．上関原子力立地プロジェクト部長（広報）、16年6月執行役員・広報部門部長兼．上関原子力立地プロジェクト部長（広報）、17年10月執行役員・地域共創本部部長（広報）兼．上関原子力立地プロジェクト部長（広報）

執行役員
前田　耕一
（まえだ・こういち）

出身地　島根県
60年12月12日生
（昭和35年）

学歴　85（昭和60）年3月京都大学大学院工学研究科修士課程修了
職歴　85年4月中国電力入社、01年2月企画室マネージャー、同年7月兼．経営管理システム開発室マネージャー、同年10月経営企画室マネージャー兼．経営管理システム開発室マネージャー、04年6月エネルギア事業部門マネージャー、08年2月流通事業本部マネージャー、10年6月原子力強化プロジェクト専任部長、12年6月グループ経営推進部門部長（事業開発）、15年6月国際事業部門部長、16年6月執行役員・国際事業部門部長、18年6月執行役員・国際事業部門部長（企画・総括）

執行役員
河村　寛
（かわむら・ひろし）

出身地　島根県
53年5月1日生
（昭和28年）

学歴　78（昭和53）年3月広島大学医学部卒
職歴　09年4月中国電力入社、同年4月中電病院内科部長、13年6月中電病院副院長、17年6月執行役員・中電病院長

執行役員
原　伸二
（はら・しんじ）

出身地　島根県
59年11月30日生
（昭和34年）

学歴	82（昭和57）年3月東京大学経済学部卒
職歴	82年4月中国電力入社、02年2月労務部マネージャー、04年6月人材活性化部門マネージャー、08年2月人材活性化部門専任部長（人事）、09年2月販売事業本部松江営業所長、10年6月東京支社副支社長、12年2月人材活性化部門専任部長（人事）、13年6月人材活性化部門部長（労務）、17年6月執行役員・人材活性化部門部長（労務）

執行役員
籔根　剛
（やぶね・つよし）

出身地　広島県
60年1月12日生
（昭和35年）

学歴	83（昭和58）年3月広島大学経済学部卒
職歴	83年4月中国電力入社、07年2月事業支援部門マネージャー、08年2月管財部門マネージャー、同年6月販売事業本部福山営業所長、11年2月管財部門部長（保全・工事）、同年6月管財部門部長（総括・管財）、17年6月執行役員・管財部門部長（総括・管財）、同年10月執行役員・送配電カンパニー部長（業務）

執行役員
長谷川　宏之
（はせがわ・ひろゆき）

出身地　山口県
61年2月18日生
（昭和36年）

学歴	83（昭和58）年3月大阪工業大学工学部卒
職歴	83年4月中国電力入社、07年2月流通事業本部マネージャー、10年2月流通事業本部中央給電指令所長、12年6月お客さまサービス本部東広島営業所長、14年6月流通事業本部部長（系統運用）、16年6月流通事業本部部長（総括）、17年6月執行役員・流通事業本部部長（総括）、同年10月執行役員・送配電カンパニー部長（ネットワーク設備）

執行役員
石井　浩一
（いしい・こういち）

出身地　広島県
61年2月23日生
（昭和36年）

学歴　83（昭和58）年3月慶応義塾大学商学部卒
職歴　83年4月中国電力入社、03年2月人材活性化室マネージャー、04年6月人材活性化部門マネージャー、07年2月CSR推進部門マネージャー兼．電源事業本部上関原子力立地プロジェクト専任課長、08年2月広報・環境部門マネージャー兼．電源事業本部上関原子力立地プロジェクト専任部長（広報）、10年2月販売事業本部山口営業所長、12年6月広報部門部長兼．上関原子力立地プロジェクト部長（広報）、15年6月広報部門付（公社）中国地方総合研究センターへ出向、17年6月執行役員待遇・（公社）中国地方総合研究センター、18年4月執行役員待遇・（公財）中国地域創造研究センター、同年6月執行役員・コンプライアンス推進部門部長（コンプライアンス）兼．原子力強化プロジェクト担当部長

執行役員
中川　賢剛
（なかがわ・けんごう）

出身地　広島県
61年6月29日生
（昭和36年）

学歴　85（昭和60）年3月東京大学工学部卒
職歴　85年4月中国電力入社、04年2月電源事業本部マネージャー、09年2月電源事業本部新小野田発電所長、11年2月電源事業本部専任部長（火力）、12年6月経営企画部門部長（設備・技術）兼．原子力強化プロジェクト担当部長、17年6月執行役員・経営企画部門部長（設備・技術）兼．原子力強化プロジェクト担当部長、同年10月執行役員・販売事業本部副本部長

執行役員
小寺　洋一
（こでら・よういち）

出身地　岡山県
61年7月30日生
（昭和36年）

学歴　85（昭和60）年3月神戸大学経済学部卒
職歴　85年4月中国電力入社、06年6月経営企画部門マネージャー、11年6月販売事業本部出雲営業所長、13年2月経営企画部門担当部長（経営計画）、17年6月執行役員・経営企画部門部長（経営計画）、同年10月執行役員・経営企画部門部長（経営企画）

執行役員
大元　宏朗
（おおもと・ひろあき）

出身地　広島県
61年12月19日生
（昭和36年）

学歴	84（昭和59）年3月早稲田大学理工学部卒
職歴	84年4月中国電力入社、04年2月電源事業本部マネージャー、09年6月電源事業本部三隅発電所長、11年6月原子力強化プロジェクト専任部長、12年6月原子力強化プロジェクト部長、13年6月電源事業本部部長（総括）兼．原子力強化プロジェクト担当部長、17年6月執行役員・電源事業本部部長（総括）兼．原子力強化プロジェクト担当部長

執行役員
棚田　健司
（たなだ・けんじ）

出身地　島根県
60年3月7日生
（昭和35年）

学歴	83（昭和58）年3月同志社大学経済学部卒
職歴	83年4月中国電力入社、03年2月販売事業本部エネルギー営業センターチーフマネージャー、05年2月販売事業本部マネージャー、09年2月販売事業本部宇部営業所長、11年2月販売事業本部周南営業所長、13年2月経営企画部門専任部長（総合エネルギー・地域協力）、15年6月お客さまサービス本部部長（エネルギー営業）、同年10月販売推進部門部長（ビジネスソリューション）、17年10月販売事業本部部長（電力調達）、18年6月執行役員・販売事業本部部長（電力調達）

執行役員
藤井　正人
（ふじい・まさと）

出身地　岡山県
60年5月6日生
（昭和35年）

学歴	83（昭和58）年3月慶応義塾大学工学部卒
職歴	83年4月中国電力入社、03年2月販売事業本部マネージャー、08年2月販売事業本部生活エネルギーセンターチーフマネージャー、10年2月販売事業本部倉敷営業所長、12年6月情報通信部門専任部長（情報システム）、14年7月情報通信部門担当部長（情報システム）兼．原子力強化プロジェクト担当部長、16年6月情報通信部門部長（総括）、17年10月情報通信部門担当部長、18年6月執行役員・情報通信部門部長兼．原子力強化プロジェクト担当部長

執行役員
山本　直樹
(やまもと・なおき)

出身地　山口県
60年9月8日生
(昭和35年)

学歴　85(昭和60)年3月大阪大学大学院工学研究科修士課程修了
職歴　85年4月中国電力入社、13年6月電源事業本部島根原子力本部島根原子力発電所副所長兼．原子力強化プロジェクト専任部長、14年6月電源事業本部専任部長(原子力管理)兼．原子力強化プロジェクト専任部長、15年6月電源事業本部担当部長(原子力管理)、17年6月電源事業本部島根原子力本部島根原子力発電所長兼．電源事業本部島根原子力本部島根原子力建設所長、18年6月執行役員・電源事業本部島根原子力本部島根原子力発電所長兼．電源事業本部島根原子力本部島根原子力建設所長

執行役員
村田　雅春
(むらた・まさはる)

出身地　山口県
61年1月6日生
(昭和36年)

学歴　83(昭和58)年3月豊橋技術科学大学情報工学部卒
職歴　83年4月中国電力入社、02年2月電源事業本部火力発電技術センターマネージャー、同年4月電源事業本部付㈱パワー・エンジニアリング・アンド・トレーニングサービスへ出向、07年2月エネルギア事業部門マネージャー、08年2月グループ経営推進部門マネージャー、10年2月電源事業本部下関発電所長、13年2月電源事業本部専任部長(火力)、同年6月電源事業本部専任部長(総括)、14年6月電源事業本部付中電プラント㈱へ出向、15年6月電源事業本部担当部長(火力)、16年6月電源事業本部部長(火力)、18年6月執行役員・電源事業本部部長(火力)

執行役員
大瀬戸　聡
(おおせど・さとし)

出身地　広島県
61年3月13日生
(昭和36年)

学歴　84(昭和59)年3月広島大学法学部卒
職歴　84年4月中国電力入社、05年2月事業支援部門マネージャー、08年2月電源事業本部マネージャー、10年2月電源事業本部上関原子力立地プロジェクトマネージャー、11年2月上関原子力立地プロジェクトマネージャー、同年6月上関原子力立地プロジェクト上関原子力発電所準備事務所副所長兼．上関原子力立地プロジェクト専任部長(総括)、14年6月上関原子力立地プロジェクト上関原子力発電所準備事務所長、18年6月執行役員・上関原子力立地プロジェクト上関原子力発電所準備事務所長

執行役員
水津　卓也
（すいず・たくや）

出身地　島根県
62年1月4日生
（昭和37年）

学歴　87（昭和62）年3月広島大学大学院工学研究科博士課程前期修了
職歴　87年4月中国電力入社、05年2月流通事業本部マネージャー、08年2月グループ経営推進部門マネージャー、11年2月流通事業本部倉敷電力所長、12年6月経営企画部門専任部長（設備・技術）、15年6月流通事業本部部長（設備システム）兼．原子力強化プロジェクト担当部長、17年10月送配電カンパニー部長（送変電）兼．原子力強化プロジェクト担当部長、18年6月執行役員・エネルギア総合研究所部長（企画・総括）

執行役員
藤井　準次
（ふじい・じゅんじ）

出身地　山口県
63年2月13日生
（昭和38年）

学歴　87（昭和62）年3月岡山大学大学院工学研究科修士課程修了
職歴　87年4月中国電力入社、07年2月経営企画部門マネージャー、11年6月電源事業本部専任部長（火力）、12年6月電源事業本部付大崎クールジェン㈱へ出向、14年6月電源事業本部担当部長（総括）、16年6月環境部門部長兼．電源事業本部部長（環境）兼．上関原子力立地プロジェクト部長（環境）、17年10月地域共創本部部長（環境）兼．電源事業本部部長（環境）兼．上関原子力立地プロジェクト部長（環境）、18年6月執行役員・地域共創本部部長（環境）兼．電源事業本部部長（環境）兼．上関原子力立地プロジェクト部長（環境）

執行役員待遇
中村　公俊
（なかむら・きみとし）

出身地　山口県
60年11月29日生
（昭和35年）

学歴　83（昭和58）年3月山口大学経済学部卒
職歴　83年4月中国電力入社、04年2月経理部マネージャー、同年6月エネルギア事業部門マネージャー、08年2月グループ経営推進部門マネージャー、09年2月販売事業本部下関営業所長、11年2月グループ経営推進部門付㈱エネルギア・ビジネスサービスへ出向、16年6月グループ経営推進部門部長（中計）、17年6月執行役員待遇・監査等委員会室長

四 国 電 力

〒760-8573 高松市丸の内2番5号
☎ ０８７－８２１－５０６１(代表)

四国電力では「千葉昭会長―佐伯勇人社長」体制が4年目に入った。2018年6月27日開催の株主総会とその後の取締役会で正式決定した役員新体制では、火力部門を中心に幅広い経験を持つ真鍋信彦氏が副社長に昇格。広報部長や東京支社長を務めた西崎明文氏、燃料部長や経営企画部長を務めた小林功氏の両氏が常務に就任した。真鍋氏は引き続き火力本部長を務める。西崎氏は秘書部・人事労務部・総合研修所・総合健康開発センター・東京支社を担当、小林氏は広報部・総務部・立地部を担当する。宮内義憲氏（前副社長）と原田雅仁氏（前常務）は同日付で役員を退任。役員の総数は、取締役が11人、監査等委員である取締役が6人で従来と変わらず。

　宮内氏は四電工社長、原田氏は四電エンジニアリング社長にそれぞれ6月28日付で就任した。

　一方、執行役員人事では、「送配電カンパニー」の設置など組織整備の実施に伴い、4月1日付で大原隆司氏が新たに執行役員に選任された。さらに6月27日付で、山内浩二、山﨑達成の2氏が常務執行役員に昇格し、大林伸二、七宮浩、杉ノ内謙三、太田正宏の4氏が新たに執行役員に選任された。これらにより、常務執行役員は8人、執行役員は20人の体制となった。

役員の担当 ◇ 四国電力

取締役会長	千葉　昭	☆
取締役社長	佐伯　勇人	☆
取締役副社長	玉川　宏一	原子力本部長
取締役副社長	長井　啓介	総合企画室長、再生可能エネルギー部 需給運用部 情報システム部担当
取締役副社長	真鍋　信彦	火力本部長
常務取締役	横井　郁夫	送配電カンパニー社長
常務取締役	守家　祥司	営業推進本部長
常務取締役	山田　研二	原子力本部副本部長、土木建築部担当
常務取締役	白井　久司	経理部 資材部担当
常務取締役	西崎　明文	秘書部 人事労務部 総合研修所 総合健康開発センター 東京支社担当
常務取締役	小林　功	広報部 総務部 立地部担当
取締役 監査等委員会委員長	新井　裕史	☆
取締役 監査等委員	松本　真治	☆
取締役 監査等委員	森田　浩治	☆
取締役 監査等委員	井原　理代	☆
取締役 監査等委員	竹内　克之	☆
取締役 監査等委員	渡邊　智樹	☆

取締役会長
千葉　昭
（ちば・あきら）

出身地　香川県
46年6月30日生
（昭和21年）
趣味　読書、ウオーキング
信条

学歴
69（昭和44）年3月京都大学経済学部卒
職歴
69年4月四国電力入社、88年3月営業部営業計画課長、90年4月高松支店丸亀営業所長、92年3月総務部次長、95年6月燃料部長、96年3月原子力本部本部付部長、97年6月高松支店長、98年6月支配人・高松支店長、99年6月支配人・企画部長・電源立地推進本部本部員、00年6月取締役・企画部長・電源立地推進本部本部員、同年8月取締役・総合企画室経営企画部長・電源立地推進本部本部員、02年6月取締役・総合企画室経営企画部長、03年6月常務取締役・情報通信本部長、04年6月常務取締役・情報通信本部長・総務部担当、05年6月取締役副社長・総合企画室長・広報部担当、09年6月取締役社長、15年6月取締役会長
主な公職
15年6月四国経済連合会会長

取締役社長
佐伯　勇人
（さえき・はやと）

出身地　愛媛県
54年7月25日生
（昭和29年）
趣味　読書、ウオーキング
信条

学歴
77（昭和52）年3月京都大学法学部卒
職歴
77年4月四国電力入社、95年3月徳島支店総務部人事労務課長、97年3月組織人事部人事課長、99年3月企画部企画課長、00年8月総合企画室経営企画部企画課長、01年3月徳島支店総務部長、03年3月㈱四電工出向、06年6月広報部長、09年6月総合企画室事業企画部長、10年6月支配人・総合企画室事業企画部長、11年6月常務執行役員・総合企画室経営企画部長、13年6月常務取締役・広報部 総務部 立地部 東京支社担当、15年6月取締役社長

取締役副社長
玉川　宏一
（たまがわ・こういち）

出身地 徳島県
53年5月20日生
（昭和28年）
趣味 映画鑑賞、ガーデニング
信条

学歴
76（昭和51）年3月立命館大学理工学部卒
職歴
76年4月四国電力入社、97年3月㈶四国産業・技術振興センター出向、99年3月広報部原子力PA課長、01年3月原子力本部原子力部中央制御盤取替プロジェクトチーム主査、02年6月原子力本部原子力部電気改良グループリーダー、05年3月四電エンジニアリング㈱出向、08年3月原子力本部原子力部計画グループリーダー、09年6月原子力本部原子力部長、10年6月支配人・原子力本部原子力部長、11年6月常務執行役員・原子力本部副本部長・伊方発電所長、12年3月常務執行役員・原子力本部副本部長・伊方発電所長兼伊方発電所品質保証部長、同年5月常務執行役員・原子力本部副本部長・伊方発電所長、14年6月常務取締役・原子力本部副本部長、16年6月取締役副社長・原子力本部長

取締役副社長
長井　啓介
（ながい・けいすけ）

出身地 香川県
57年2月11日生
（昭和32年）
趣味 読書、水泳
信条

学歴
81（昭和56）年3月京都大学大学院工学研究科修士課程修了
職歴
81年4月四国電力入社、00年3月松山支店電力部系統技術課長、03年3月総合企画室環境部温暖化対策グループリーダー、05年8月総合企画室経営企画部設備グループリーダー、06年3月総合企画室経営企画部開発需給グループリーダー、08年3月総合企画室経営企画部副部長兼開発需給グループリーダー、09年6月総合企画室経営企画部長、10年6月総合企画室経営企画部長（設備・需給担当）、11年6月執行役員・電力輸送本部系統運用部長、13年6月常務執行役員・総合企画室経営企画部長、15年6月常務取締役・総合企画室長、17年6月取締役副社長・総合企画室長・情報通信部担当、18年4月取締役副社長・総合企画室長・再生可能エネルギー部 需給運用部 情報システム部担当

取締役副社長
真鍋　信彦
（まなべ・のぶひこ）

出身地　香川県
55年6月23日生
（昭和30年）
趣味　ゴルフ、ウオーキング
信条

学歴
78（昭和53）年3月東京大学工学部卒
職歴
78年4月四国電力入社、98年8月橘湾火力建設所環境技術課長、99年3月橘湾火力建設所課長（計装）、00年6月徳島支店橘湾発電所保修課長、01年3月橘湾発電所保修課長、02年4月橘湾発電所次長、同年6月火力本部橘湾発電所次長、03年3月火力本部火力部火力システムグループリーダー、04年3月火力本部火力部計画グループリーダー、同年8月火力本部火力部工事グループリーダー、06年6月火力本部西条発電所長、09年7月火力本部火力部副部長兼総括グループリーダー、11年6月火力本部阿南火力事業所長兼橘湾発電所長、13年6月執行役員・火力本部火力部長、15年6月常務執行役員・火力本部副本部長・火力部長、16年6月常務執行役員・火力本部副本部長・火力部担任、17年6月常務取締役・火力本部長、18年6月取締役副社長・火力本部長

常務取締役
横井　郁夫
（よこい・いくお）

出身地　徳島県
58年3月24日生
（昭和33年）
趣味　スキー、ウオーキング
信条

学歴
82（昭和57）年3月慶応義塾大学大学院工学研究科修士課程修了
職歴
82年4月四国電力入社、01年3月徳島支店電力部系統技術課長、02年3月徳島支店電力部送電課長、03年8月電力輸送本部送変電部送電グループリーダー、06年3月高松支店電力部長、08年3月電力輸送本部管理グループリーダー、10年6月電力輸送本部送変電部部長（送電担当）、11年6月電力輸送本部送変電部部長、13年6月執行役員・東京支社長、15年6月常務取締役・電力輸送本部長、18年4月常務取締役・送配電カンパニー社長

常務取締役
守家　祥司
（もりや・しょうじ）

出身地　香川県
58年5月11日生
（昭和33年）
趣味　ウオーキング、ゴルフ
信条

学歴
82（昭和57）年3月京都大学法学部卒
職歴
82年4月四国電力入社、01年3月総合企画室経営企画部経営管理課長、02年6月総合企画室経営企画部経営管理グループリーダー、04年8月四国計測工業㈱出向、07年8月総合企画室経営企画部企画グループリーダー、08年3月総合企画室経営企画部副部長兼企画グループリーダー、09年6月総合企画室経営企画部長、11年6月執行役員・営業推進本部営業部長、12年10月執行役員・お客さま本部営業部長、13年6月常務執行役員・徳島支店長、16年6月常務取締役・お客さま本部長、18年4月常務取締役・営業推進本部長

常務取締役
山田　研二
（やまだ・けんじ）

出身地　愛媛県
56年2月24日生
（昭和31年）
趣味　ウオーキング
信条

学歴
80（昭和55）年3月早稲田大学大学院理工学研究科修士課程修了
職歴
80年4月四国電力入社、99年3月東京支社課長（原子力技術）、02年3月原子力本部原子力部原子力運営課長、同年6月原子力本部原子力部運営グループリーダー、05年3月四電エンジニアリング㈱出向、07年3月原子力本部原子力部設備・技術グループリーダー、09年3月原子力本部原子力部運営グループリーダー兼設備・技術グループリーダー、同年8月原子力本部原子力部運営グループリーダー、11年6月原子力本部原子力部長、12年6月執行役員・原子力本部原子力部長、13年6月常務執行役員・原子力本部原子力部長、15年6月常務執行役員・原子力本部原子力部担任、16年6月常務取締役・原子力本部副本部長、17年6月常務取締役・原子力本部副本部長・土木建築部担当

常務取締役
白井　久司
（しらい・ひさし）

出身地　香川県
58年10月3日生
（昭和33年）
趣味　ウオーキング
信条

学歴
81（昭和56）年3月一橋大学商学部卒

職歴
81年4月四国電力入社、99年3月㈱四国情報通信ネットワーク（現㈱STNet）出向、01年3月総合企画室事業企画部事業管理課長、02年6月総合企画室事業企画部事業管理グループリーダー、04年3月経理部予決算グループリーダー、同年4月経理部経理サービスセンター決算チームリーダー、05年3月経理部経理サービスセンター連結決算チームリーダー、同年5月経理部経理サービスセンター所長兼連結決算チームリーダー、06年7月経理部管理グループリーダー兼経理サービスセンター所長兼連結決算チームリーダー、07年3月経理部管理グループリーダー、08年3月経理部副部長兼管理グループリーダー、10年6月監査役室長、12年6月執行役員・経理部長、15年6月常務執行役員・経理部長、16年6月常務執行役員・経理部担任、17年6月常務取締役・経理部 資材部担当

常務取締役
西崎　明文
（にしざき・あきふみ）

出身地　高知県
57年2月5日生
（昭和32年）
趣味　旅行、音楽鑑賞
信条

学歴
80（昭和55）年3月大阪大学法学部卒

職歴
80年4月四国電力入社、97年3月電気事業連合会出向、00年3月企画部調査課長、同年8月総合企画室経営企画部調査課長、02年3月総合企画室経営企画部企画課長、同年6月総合企画室経営企画部企画グループリーダー、04年3月総合企画室経営企画部戦略グループリーダー、06年3月広報部報道グループリーダー、08年3月広報部副部長兼報道グループリーダー、10年6月原子力本部本部付部長、13年6月執行役員・広報部長、15年6月執行役員・東京支社長、16年6月常務執行役員・東京支社長、18年6月常務取締役・秘書部 人事労務部 総合研修所 総合健康開発センター 東京支社担当

常務取締役
小林　功
（こばやし・いさお）

出身地　香川県
58年4月7日生
（昭和33年）
趣味　音楽鑑賞、ゴルフ
信条

学歴
82（昭和57）年3月一橋大学経済学部卒
職歴
82年4月四国電力入社、00年3月電気事業連合会出向、02年3月広報部広報課長、同年6月広報部報道グループリーダー、04年3月総合企画室経営企画部企画グループリーダー、07年8月四国計測工業㈱出向、11年6月火力本部燃料部長、13年6月執行役員・総合企画室経営企画部部長（企画・経営管理担当）、同年10月執行役員・総合企画室経営企画部部長（企画・経営管理担当）兼経営体質強化プロジェクトチーム統括部長、15年3月執行役員・総合企画室経営企画部部長（企画・経営管理担当）兼経営改革プロジェクトチーム統括部長、同年6月執行役員・総合企画室経営企画部長、16年6月常務執行役員・総合企画室経営企画部長、18年6月常務取締役・広報部 総務部 立地部担当

取締役
監査等委員会委員長
新井　裕史
（あらい・ひろし）

出身地　徳島県
54年3月1日生
（昭和29年）
趣味　ウオーキング、映画鑑賞
信条

学歴
76（昭和51）年3月早稲田大学政治経済学部卒
職歴
76年4月四国電力入社、94年3月経理部財務課長、96年3月㈱四国情報通信ネットワーク（現㈱STNet）出向、00年3月経理部次長兼財務課長、01年3月経理部次長、02年3月経理部次長兼経営革新チームチームリーダー、同年6月経理部管理グループリーダー兼経営革新チームチームリーダー、04年6月経理部長、08年6月支配人・経理部長、10年6月上席支配人・経理部担任、11年6月常務取締役・経理部 資材部担当、15年6月取締役副社長・経理部 資材部担当、17年6月取締役監査等委員会委員長

取締役
監査等委員

松本 真治
（まつもと・しんじ）

出身地　愛媛県
57年1月24日生
（昭和32年）
趣味　詩吟、サイクリング
信条

学歴
79（昭和54）年3月岡山大学工学部卒
職歴
79年4月四国電力入社、98年3月高松支店電力部系統技術課長、01年3月総合企画室経営企画部開発需給課長、02年6月総合企画室経営企画部開発需給グループリーダー、03年3月電力輸送本部送変電部計画グループリーダー、05年3月松山支店副支店長兼松山支店電力部長、08年3月松山支店副支店長、10年3月電力輸送本部系統運用部副部長兼制御システムグループリーダー、同年6月電力輸送本部系統運用部部長兼調査グループリーダー、11年6月総合企画室経営企画部部長（設備・需給担当）、13年6月執行役員・電力輸送本部系統運用部長、15年6月常務執行役員・電力輸送本部副本部長・系統運用部担任、16年6月監査役、17年6月取締役監査等委員

取締役
監査等委員

森田 浩治
（もりた・こうじ）

出身地　愛媛県
43年4月2日生
（昭和18年）
趣味　釣り、ゴルフ
信条

学歴
67（昭和42）年3月早稲田大学第一政治経済学部卒
職歴
67年4月㈱伊予銀行入行、95年6月取締役、99年6月常務取締役、02年6月専務取締役、03年6月代表取締役専務取締役、05年6月代表取締役頭取、11年6月四国旅客鉄道㈱監査役、12年6月㈱伊予銀行代表取締役会長、14年6月四国電力監査役、15年6月四国旅客鉄道㈱監査役退任、同年6月㈱伊予銀行取締役相談役、17年6月四国電力取締役監査等委員、同年6月㈱伊予銀行相談役

取締役
監査等委員
井原　理代
（いはら・みちよ）

出身地　香川県
45年8月8日生
（昭和20年）
趣味　読書、旅行
信条

学歴
70（昭和45）年3月神戸大学大学院経営学研究科修士課程修了
職歴
85年11月香川大学経済学部教授、02年4月経済学部長、04年4月大学院地域マネジメント研究科教授・研究科長、07年12月日本放送協会経営委員、08年4月経営委員兼監査委員、09年4月経営委員兼監査委員（常勤）、同年4月香川大学名誉教授、13年12月日本放送協会経営委員兼監査委員退任、14年4月高松大学経営学部教授、同年6月四国電力取締役、15年6月㈱百十四銀行取締役、17年6月四国電力取締役監査等委員、同年6月㈱百十四銀行取締役監査等委員

取締役
監査等委員
竹内　克之
（たけうち・かつゆき）

出身地　高知県
45年6月16日生
（昭和20年）
趣味　狩猟、トレッキング
信条

学歴
68（昭和43）年3月日本大学商学部卒
職歴
68年4月㈱廣屋入社、69年9月旭食品㈱入社、76年4月取締役、81年5月常務取締役、88年7月代表取締役副社長、95年6月代表取締役社長、04年4月代表取締役会長、13年1月トモシアホールディングス㈱取締役、15年6月四国電力監査役、同年6月トモシアホールディングス㈱取締役退任、16年4月旭食品㈱取締役相談役、同年6月相談役、17年6月四国電力取締役監査等委員

四国

取締役
監査等委員
渡邊　智樹
（わたなべ・ともき）

出身地　香川県
52年3月9日生
（昭和27年）
趣味　ゴルフ、音楽鑑賞
信条

学歴
74（昭和49）年3月京都大学経済学部卒
職歴
74年4月㈱百十四銀行入行、04年6月取締役、06年6月常務取締役、08年6月代表取締役専務執行役員、09年6月代表取締役頭取、17年4月代表取締役会長、同年6月四国電力取締役監査等委員

相談役
常盤　百樹
（ときわ・ももき）

出身地　香川県
42年1月1日生
（昭和17年）
趣味　音楽鑑賞、ゴルフ
信条

学歴
64（昭和39）年3月京都大学法学部卒
職歴
64年4月四国電力入社、82年3月香川支店高松営業所営業課長、84年3月企画室管理課長、85年3月企画部企画課長、89年3月企画部次長、91年6月営業部長、93年6月支配人・企画部長、95年3月支配人・企画部担当、同年6月取締役・企画部担当、96年10月取締役・企画部担当・電源立地推進本部副本部長、98年6月常務取締役、00年8月常務取締役・営業推進本部長、01年6月取締役副社長・営業推進本部長、05年6月取締役社長、09年6月取締役会長、15年6月相談役
叙勲・褒賞
17年3月レジオン・ドヌール勲章シュヴァリエ

執行役員の担当 ◇ 四国電力

常務執行役員	石原　俊輔	四国経済連合会出向（常務執行役員待遇）
常務執行役員	川原　　央	送配電カンパニー社長補佐 企画部 送変電部担当
常務執行役員	酒井　達夫	送配電カンパニー社長補佐 総務部 業務部担当
常務執行役員	古川　俊文	人事労務部 総合研修所担任
常務執行役員	中内　伸二	情報システム部長
常務執行役員	川西　德幸	原子力本部副本部長 伊方発電所長
常務執行役員	山内　浩二	火力本部副本部長 火力部担任
常務執行役員	山﨑　達成	営業推進本部副本部長
執行役員	川西　　充	四国生産性本部出向（執行役員待遇）
執行役員	井上径一郎	東京支社長
執行役員	佐藤　雅彦	原子力本部伊方発電所所長代理
執行役員	池澤　　寛	送配電カンパニー系統運用部 通信システム部担当
執行役員	梅田　真司	徳島支店長
執行役員	関谷　幸男	送配電カンパニー配電部担当
執行役員	石田　佳宏	立地部長
執行役員	三好　俊作	考査室長
執行役員	堀田　宏司	原子力本部原子力保安研修所長
執行役員	宮本　敏樹	香川支店長
執行役員	宮崎　誠司	愛媛支店長
執行役員	大野　裕記	土木建築部長
執行役員	野村　喜久	再生可能エネルギー部長
執行役員	宮本　喜弘	総合企画室経営企画部長
執行役員	黒川　肇一	原子力本部原子力部長
執行役員	大原　隆司	高知支店長
執行役員	大林　伸二	需給運用部長
執行役員	七宮　　浩	総合企画室事業企画部長
執行役員	杉ノ内謙三	人事労務部長
執行役員	太田　正宏	火力本部火力部長

常務執行役員
石原　俊輔
（いしはら・しゅんすけ）

出身地　香川県
56年7月2日生
（昭和31年）

学歴　79（昭和54）年3月関西学院大学経済学部卒
職歴　79年4月四国電力入社、96年3月四国計測工業㈱出向、99年3月資材燃料部燃料購買課長、00年3月資材燃料部燃料課長、02年6月火力本部燃料部石炭グループリーダー、04年3月東京支社副支社長、06年8月四国計測工業㈱出向、10年6月四国経済連合会出向、13年6月執行役員・資材部長、15年6月四国経済連合会出向（常務執行役員待遇）

常務執行役員
川原　央
（かわはら・ひろし）

出身地　香川県
57年9月12日生
（昭和32年）

学歴　80（昭和55）年3月東京大学工学部卒
職歴　80年4月四国電力入社、99年8月徳島支店電力部系統技術課長、01年3月電力部送変電計画課長、02年6月電力輸送本部送変電部変電グループリーダー（以下、GL）、03年6月総合企画室経営企画部開発需給 GL 兼戦略プロジェクト GL 補佐、04年3月総合企画室経営企画部開発需給 GL、06年3月徳島支店電力部長、10年3月電力輸送本部送変電部副部長兼企画 GL、同年7月電力輸送本部送変電部副部長兼企画 GL 兼電力輸送本部管理 GL、11年3月電力輸送本部送変電部副部長兼企画 GL、同年6月電力輸送本部系統運用部長兼調査 GL、13年6月電力輸送本部送変電部長、15年6月執行役員・電力輸送本部送変電部長、16年6月常務執行役員・電力輸送本部副本部長・送変電部長、17年6月常務執行役員・電力輸送本部副本部長・送変電部担任、18年4月常務執行役員・送配電カンパニー社長補佐・企画部 送変電部担当

常務執行役員
酒井　達夫
（さかい・たつお）

出身地　愛媛県
58年1月16日生
（昭和33年）

学歴　82（昭和57）年3月立教大学経済学部卒
職歴　82年4月四国電力入社、01年3月松山支店営業部営業提案センター営業推進課長、03年3月営業推進本部営業部営業推進グループリーダー（以下、GL）補佐兼経営革新チームチームリーダー、04年3月営業推進本部営業部営業推進 GL、05年3月松山支店今治営業所長、07年3月松山支店営業部長、09年7月営業推進本部営業部副部長兼受給 GL、10年3月営業推進本部営業部副部長兼受給 GL 兼営業推進本部管理 GL、11年3月営業推進本部管理 GL、同年6月営業推進本部営業部部長兼電力取引 GL、12年10月お客さま本部営業部部長兼電力取引 GL、13年3月お客さま本部営業部部長兼電力取引 GL 兼お客さま本部管理 GL、同年6月執行役員・新居浜支店長、15年6月執行役員・松山支店長、17年6月常務執行役員・松山支店長、18年4月常務執行役員・送配電カンパニー社長補佐・総務部 業務部担当

常務執行役員
古川　俊文
（ふるかわ・としふみ）

出身地　香川県
58年1月11日生
（昭和33年）

学歴　80（昭和55）年3月神戸大学経済学部卒
職歴　80年4月四国電力入社、98年3月松山支店総務部人事労務課長、00年3月労務部課長（年金）、01年3月人事労務部課長（年金）、02年6月人事労務部年金グループリーダー、04年3月人事労務部報酬グループリーダー兼年金グループリーダー、05年12月人事労務部報酬グループリーダー兼年金グループリーダー兼シニア社員雇用プロジェクトチームリーダー、06年3月人事労務部報酬グループリーダー兼年金グループリーダー、同年6月㈱四電工出向、10年6月四国生産性本部出向、13年6月人事労務部長、15年6月執行役員・人事労務部長、17年6月常務執行役員・人事労務部担任、18年6月常務執行役員・人事労務部 総合研修所担任

常務執行役員
中内　伸二
（なかうち・しんじ）

出身地　高知県
58年5月11日生
（昭和33年）

学歴　83（昭和58）年3月大阪大学大学院基礎工学研究科修士課程修了
職歴　83年4月四国電力入社、00年3月四国計測工業㈱出向、01年6月㈱ネットウェーブ四国（現）STNet）出向、04年10月㈱STNet出向、05年3月情報通信本部情報システム部システム化推進グループリーダー、08年3月情報通信本部情報システム部システム管理グループリーダー、10年3月情報通信本部情報システム部システム計画グループリーダー、11年6月情報通信部副部長兼通信計画グループリーダー、12年6月情報通信部長（情報担当）、14年6月情報通信部長、15年6月執行役員・情報通信部長、17年6月常務執行役員・情報通信部長、18年4月常務執行役員・情報システム部長

常務執行役員
川西　徳幸
（かわにし・のりゆき）

出身地　香川県
60年11月15日生
（昭和35年）

学歴　83（昭和58）年3月慶応義塾大学工学部卒
職歴　83年4月四国電力入社、05年3月東京支社課長（原子力技術）、07年2月原子力本部原子力部技術力高度化グループリーダー、同年8月原子力本部原子力部運営グループリーダー兼技術力高度化グループリーダー、08年3月原子力本部原子力部運営グループリーダー、09年3月総合企画室経営企画部設備グループリーダー、11年3月原子力本部愛媛原子力総合対策室副室長兼松山支店副支店長、同年6月原子力本部本部付副部長、13年6月原子力本部本部付部長、同年10月原子力本部本部付部長兼原子力保安研修所長、14年6月原子力本部原子力部長（設備・工事計画担当）、15年6月執行役員・原子力本部原子力部長、17年6月常務執行役員・原子力本部副本部長・伊方発電所長

四国電力

常務執行役員
山内　浩二
（やまうち・こうじ）

出身地　香川県
58年2月7日生
（昭和33年）

- 学歴　82（昭和57）年3月東京工業大学大学院理工学研究科生産機械工学専攻修了
- 職歴　82年4月四国電力入社、01年3月西条発電所保修課長、02年6月火力本部西条発電所保修課長、03年8月㈱四国総合研究所出向、06年6月火力本部火力部工事グループリーダー、09年7月火力本部西条発電所長、11年7月火力本部火力部副部長兼総括グループリーダー、13年6月火力本部火力部部長（LNG）、同年8月火力本部阿南火力事業所長兼橘湾発電所長、15年6月執行役員・火力本部阿南火力事業所長兼橘湾発電所長、16年6月執行役員・火力本部火力部長、17年6月執行役員・火力本部副本部長・火力部長、18年6月常務執行役員・火力本部副本部長・火力部担任

常務執行役員
山﨑　達成
（やまさき・たっせい）

出身地　高知県
60年10月14日生
（昭和35年）

- 学歴　84（昭和59）年3月京都大学法学部卒
- 職歴　84年4月 四国電力入社、02年12月㈱よんでんライフケア出向、09年6月 総合企画室事業企画部新規事業グループリーダー、14年6月 総合企画室事業企画部長、16年6月 執行役員・高知支店長、18年4月執行役員・営業推進本部副本部長、同年6月常務執行役員・営業推進本部副本部長

執行役員
川西　充
（かわにし・みつる）

出身地　愛媛県
58年3月21日生
（昭和33年）

- 学歴　80（昭和55）年3月愛媛大学法文学部卒
- 職歴　80年4月四国電力入社、97年3月松山支店総務部広報課長、99年10月総務部課長（50年史編纂）、01年3月総務部総務課長兼50年史編纂プロジェクトチーム主査、同年9月総務部総務課長、02年6月総務部総務グループリーダー、03年3月広報部広報計画グループリーダー、05年3月新居浜支店総務部長、08年4月秘書部秘書役、11年6月秘書部長、14年6月総務部長、15年6月執行役員・総務部長、17年6月四国生産性本部出向（執行役員待遇）

執行役員
井上 径一郎
（いのうえ・けいいちろう）

出身地　徳島県
59年4月21日生
（昭和34年）

学歴　82（昭和57）年3月一橋大学法学部卒
職歴　82年4月四国電力入社、01年3月松山支店総務部総務課長、04年3月営業推進本部営業開発部住宅電化グループリーダー、07年3月徳島支店総務部長、12年6月宇和島支店長、14年8月宇和島支店長兼宇和島支店総務部長、15年3月宇和島支店長、同年6月広報部長、16年6月執行役員・広報部長、18年6月執行役員・東京支社長

執行役員
佐藤 雅彦
（さとう・まさひこ）

出身地　徳島県
57年5月28日生
（昭和32年）

学歴　81（昭和56）年3月大阪大学基礎工学部卒
職歴　81年4月四国電力入社、04年3月原子力本部伊方発電所品質保証グループリーダー補佐、06年3月四電エンジニアリング㈱出向、07年3月原子力本部伊方発電所保修グループリーダー補佐、09年7月原子力本部伊方発電所品質保証グループリーダー、11年6月原子力本部原子力部運営グループリーダー、12年7月原子力本部原子力部副部長、同年12月原子力本部伊方発電所安全管理部長、16年6月執行役員・原子力本部伊方発電所所長代理

執行役員
池澤 寛
（いけざわ・ひろし）

出身地　高知県
58年年7月31日生
（昭和33年）

学歴　81（昭和56）年3月京都大学工学部卒
職歴　81年4月四国電力入社、00年8月㈶国際超電導産業技術研究センター出向、03年3月松山支店電力部系統技術課長、05年8月総合企画室環境部温暖化対策グループリーダー、09年3月電力輸送本部系統運用部中央給電指令所長、12年7月電力輸送本部系統運用部託送サービスセンター所長、13年6月電力輸送本部系統運用部部長兼調査グループリーダー、同年10月電力輸送本部系統運用部部長兼調査グループリーダー兼広域運用システムプロジェクトチームプロジェクトリーダー、14年3月電力輸送本部系統運用部部長兼調査グループリーダー、15年6月電力輸送本部系統運用部部長、16年6月執行役員・電力輸送本部系統運用部部長、18年4月執行役員・送配電カンパニー系統運用部 通信システム部担当

執行役員
梅田　真司
（うめだ・しんじ）

出身地　徳島県
58年5月23日生
（昭和33年）

- 学歴　83（昭和58）年3月徳島大学大学院工学研究科修士課程修了
- 職歴　83年4月 四国電力入社、02年3月高知支店電力部系統技術課長、04年3月電力輸送本部系統運用部給電グループリーダー、05年3月電力輸送本部系統運用部託送サービスセンター所長、08年3月電力輸送本部系統運用部制御システムグループリーダー、10年3月 高知支店電力部長、14年6月 考査室考査担当部長、16年6月 執行役員・徳島支店長

執行役員
関谷　幸男
（せきや・ゆきお）

出身地　愛媛県
61年2月18日生
（昭和36年）

- 学歴　84（昭和59）年3月東京理科大学工学部卒
- 職歴　84年4月四国電力入社、05年4月徳島支店営業部配電センター計画課長、08年3月営業推進本部配電部設備グループリーダー、09年7月新居浜支店西条営業所長、11年3月松山支店副支店長兼松山支店営業部長、14年6月お客さま本部配電部長、16年3月電力輸送本部配電部長、同年6月執行役員・電力輸送本部配電部長、18年4月執行役員・送配電カンパニー配電部担当

執行役員
石田　佳宏
（いしだ・よしひろ）

出身地　香川県
59年5月12日生
（昭和34年）

- 学歴　83（昭和58）年3月大阪大学法学部卒
- 職歴　83年4月四国電力入社、03年3月徳島支店総務部総務課長、04年8月東京支社総務課長、06年3月総務部総務グループリーダー、10年4月四電ビジネス㈱出向、13年6月秘書部秘書役、14年6月秘書部長、17年6月執行役員・立地部長

執行役員
三好　俊作
（みよし・しゅんさく）

出身地　香川県
60年2月8日生
（昭和35年）

学歴　82（昭和57）年3月慶応義塾大学経済学部卒
職歴　82年4月四国電力入社、01年3月総合企画室経営企画部環境グループ課長（温暖化対策）、02年6月総合企画室環境部温暖化対策グループリーダー、03年3月四電エンジニアリング㈱出向、07年7月高松支店総務部長、11年8月総合企画室事業企画部事業開発担当リーダー、12年6月総合企画室事業企画部部長（海外事業）、15年6月総合企画室環境部長、17年6月執行役員・考査室長

執行役員
堀田　宏司
（ほった・こうじ）

出身地　香川県
59年3月3日生
（昭和34年）

学歴　81（昭和56）年3月京都大学工学部卒
職歴　81年4月四国電力入社、02年3月東京支社課長（原子力技術）、05年3月四電エンジニアリング㈱出向、08年3月原子力本部伊方発電所保全高度化グループリーダー、10年3月原子力本部伊方発電所高度化グループリーダー、11年3月原子力本部伊方発電所高度化グループリーダー兼文書・システム管理グループリーダー、同年6月原子力本部本部付副部長兼総括グループリーダー、13年6月考査室原子力監査担当部長、17年6月執行役員・原子力本部原子力保安研修所長

執行役員
宮本　敏樹
（みやもと・としき）

出身地　香川県
60年1月21日生
（昭和35年）

学歴　82（昭和57）年3月神戸商科大学商経学部卒
職歴　82年4月四国電力入社、01年3月高知支店営業部営業提案センター営業推進課長、03年3月営業推進本部営業部業務グループリーダー、04年3月営業推進本部営業開発部業務グループリーダー、05年3月高松支店観音寺営業所長、07年7月高松支店営業部長、10年3月営業推進本部営業開発部副部長兼総括グループリーダー、12年10月お客さま本部営業開発部副部長兼総括グループリーダー、13年6月お客さま本部営業開発部長、16年6月高松支店長、17年6月執行役員・高松支店長、18年4月執行役員・香川支店長

執行役員
宮崎　誠司
(みやざき・せいじ)

出身地　香川県
60年6月26日生
(昭和35年)

学歴	83(昭和58)年3月東京大学経済学部卒
職歴	83年4月四国電力入社、02年6月営業推進本部管理グループリーダー、05年3月営業推進本部営業部計画グループリーダー、07年3月新居浜支店営業部長、09年7月松山支店副支店長兼松山支店営業部長、11年3月営業推進本部営業部副部長兼受給グループリーダー、12年10月お客さま本部営業部副部長兼受給グループリーダー、13年4月お客さま本部営業部副部長兼受給グループリーダー兼ビルシステム提案グループリーダー、同年6月お客さま本部営業部長兼電力取引グループリーダー兼ビルシステム提案グループリーダー、14年3月お客さま本部営業部部長兼電力取引グループリーダー、15年6月新居浜支店長、17年3月新居浜支店長兼新居浜支店総務部長、同年6月執行役員・新居浜支店長兼新居浜支店総務部長、18年4月執行役員・愛媛支店長

執行役員
大野　裕記
(おおの・ゆうき)

出身地　愛媛県
58年3月25日生
(昭和33年)

学歴	82(昭和57)年3月岡山大学理学部卒
職歴	82年4月四国電力入社、09年3月土木建築部地質地盤担当リーダー、10年3月土木建築部設備保全推進グループリーダー、12年7月土木建築部地盤耐震グループリーダー、14年7月土木建築部副部長、15年6月土木建築部部長(耐震担当)、16年6月土木建築部長、17年6月執行役員・土木建築部長

執行役員
野村　喜久
(のむら・よしひさ)

出身地　高知県
60年7月12日生
(昭和35年)

学歴	83(昭和58)年3月慶応義塾大学工学部卒
職歴	83年4月四国電力入社、04年3月高知支店電力部本川電力センター所長、07年3月高知支店電力部発変電課長、09年3月中村支店電力部長、11年3月電力輸送本部水力部電気グループリーダー、14年3月電力輸送本部水力部副部長兼電気グループリーダー、15年6月電力輸送本部水力部長、17年6月執行役員・電力輸送部水力部長、18年4月執行役員・再生可能エネルギー部長

執行役員
宮本 喜弘
（みやもと・よしひろ）

出身地 徳島県
63年1月6日生
（昭和38年）

学歴 85（昭和60）年3月京都大学工学部卒
職歴 85年4月四国電力入社、07年3月徳島支店電力部系統技術課長、09年8月総合企画室経営企画部開発需給グループリーダー、12年3月総合企画室経営企画部需給計画グループリーダー、13年3月総合企画室経営企画部副部長兼需給計画グループリーダー、15年6月総合企画室経営企画部部長（設備・需給担当）、17年6月執行役員・総合企画室経営企画部部長（設備・需給担当）、18年6月執行役員・総合企画室経営企画部長

執行役員
黒川 肇一
（くろかわ・けいいち）

出身地 高知県
63年3月13日生
（昭和38年）

学歴 87（昭和62）年3月東京工業大学大学院理工学研究科修士課程修了
職歴 87年4月四国電力入社、04年3月四電エンジニアリング㈱出向、10年3月原子力本部原子力部計画グループリーダー、14年7月原子力本部原子力部副部長、15年6月原子力本部原子力部部長（設備・工事計画担当）、17年6月執行役員・原子力本部原子力部長

執行役員
大原 隆司
（おおはら・たかし）

出身地 香川県
62年4月13日生
（昭和37年）

学歴 85（昭和60）年3月神戸大学工学部卒
職歴 85年4月四国電力入社、07年3月高知支店電力部土木建築課長、09年3月中村支店水力担当チーム副部長（窪川駐在）、11年3月電力輸送本部水力部土木グループリーダー、13年3月電力輸送本部水力部総括グループリーダー、15年7月電力輸送本部水力部副部長兼総括グループリーダー、16年6月中村支店長、18年4月執行役員・高知支店長

執行役員
大林　伸二
（おおばやし・しんじ）

出身地　香川県
60年4月8日生
（昭和35年）

学歴　84（昭和59）年3月東京大学経済学部卒
職歴　84年4月四国電力入社、03年3月松山支店営業部営業提案センター営業推進課長、05年3月営業推進本部営業部営業推進グループリーダー、07年3月新居浜支店三島営業所長、10年7月営業推進本部営業部計画グループリーダー、12年10月お客さま本部営業部計画グループリーダー、13年7月お客さま本部営業部副部長兼受給グループリーダー、15年6月お客さま本部営業部部長兼電力取引グループリーダー、17年11月お客さま本部営業部長兼電力取引グループリーダー、18年4月需給運用部長、18年6月執行役員・需給運用部長

執行役員
七宮　浩
（しちく・ひろし）

出身地　香川県
60年9月7日生
（昭和35年）

学歴　84（昭和59）年3月早稲田大学法学部卒
職歴　84年4月四国電力入社、04年3月総合企画室事業企画部海外事業プロジェクト戦略チームリーダー、08年3月㈱四電工出向、11年3月高知支店総務部長、13年10月総合企画室経営企画部経営体質強化プロジェクトチーム副統括部長、15年3月総合企画室経営企画部経営改革プロジェクトチーム副統括部長、15年6月総合企画室経営企画部経営改革プロジェクトチーム統括部長、16年6月総合企画室事業企画部長、17年4月総合企画室事業企画部長兼海外事業推進室長、18年4月総合企画室事業企画部長、18年6月執行役員・総合企画室事業企画部長

執行役員
杉ノ内　謙三
（すぎのうち・けんぞう）

出身地　香川県
61年10月5日生
（昭和36年）

学歴　84（昭和59）年3月東北大学法学部卒
職歴　84年4月四国電力入社、03年3月高知支店営業部営業提案センター営業推進課長、05年3月営業推進本部営業開発部業務グループリーダー、07年7月高松支店観音寺営業所長、08年8月営業推進本部管理グループリーダー、10年3月高松支店営業部長、11年7月人事労務部労務安全グループリーダー、13年7月人事労務部副部長兼計画グループリーダー、15年6月総合研修所長、17年6月人事労務部長、18年6月執行役員・人事労務部長

執行役員
太田　正宏
（おおた・まさひろ）

出身地　愛媛県
60年5月14日生
（昭和35年）

学歴　84（昭和59）年3月広島大学工学部卒
職歴　84年4月四国電力入社、09年3月火力本部西条発電所環境技術課長、11年3月火力本部火力部運営グループリーダー、13年7月火力本部西条発電所長、18年6月執行役員・火力本部火力部長

九　州　電　力

〒810-8720　福岡市中央区渡辺通2丁目1番82号
☎　０９２－７６１－３０３１(代表)

九州電力は2018年6月27日の株主総会と取締役会で瓜生道明会長、池辺和弘社長のトップ人事を正式決定した。トップ交代は6年ぶり。
　役員人事では、副社長に薬真寺偉臣、渡辺義朗の2氏が昇格、新任の取締役・常務執行役員には藤井一郎、豊嶋直幸、豊馬誠の3氏が就いた。
　また、経営の透明性向上と経営監督機能の強化を狙い、監査等委員会設置会社へ移行。これに伴い、取締役監査等委員に長宣也監査役、亀井英次監査役と、社外の古荘文子・古荘土地代表取締役、井上雄介・九州債権回収会長、古賀和孝弁護士の計5氏を選任した。
　取締役総数は4人増え19人体制となった。
　執行役員人事では、上席執行役員に遠藤泰昭、栗山嘉文の2氏が昇格、新任の執行役員には4月1日付で林田道生氏、6月27日付で茂田省吾氏ら18氏を起用した。理事制度を廃止し、執行役員制度に統合したことなどに伴い、執行役員総数は2人増の39人となった。
　退任役員は会長の貫正義氏は相談役に就いた。副社長の佐藤尚文氏は九電工会長、荒牧智之氏は電気ビル社長に、監査役の平野俊明氏は九電不動産社長にそれぞれ就任した。

役員の担当 ◇ 九州電力

代表取締役会長	瓜生　道明	☆
代表取締役社長執行役員	池辺　和弘	☆
代表取締役副社長執行役員	伊﨑　数博	エネルギーサービス事業統括本部長
代表取締役副社長執行役員	佐々木有三	テクニカルソリューション統括本部長
代表取締役副社長執行役員	薬真寺偉臣	ビジネスソリューション統括本部長、CSRに関する事項、危機管理官
代表取締役副社長執行役員	渡辺　義朗	エネルギーサービス事業統括本部副統括本部長、営業本部長
取締役常務執行役員	中村　明	原子力発電事業に係る社長特命事項
取締役常務執行役員	山﨑　尚	送配電カンパニー社長
取締役常務執行役員	犬塚　雅彦	ビジネスソリューション統括本部業務本部長
取締役常務執行役員	藤井　一郎	ビジネスソリューション統括本部人材活性化本部長、社長室に関する事項
取締役常務執行役員	豊嶋　直幸	原子力発電本部長
取締役常務執行役員	豊馬　誠	コーポレート戦略部門長
取締役（非常勤）	渡辺　顯好	☆
取締役（非常勤）	菊川　律子	☆
取締役監査等委員	長　宣也	☆
取締役監査等委員	亀井　英次	☆
取締役監査等委員（非常勤）	古荘　文子	☆
取締役監査等委員（非常勤）	井上　雄介	☆
取締役監査等委員（非常勤）	古賀　和孝	☆
常務執行役員	掛林　誠	国際室に関する事項
上席執行役員	長野　益徳	コーポレート戦略部門副部門長、経営監査室に関する事項
上席執行役員	小倉　良夫	エネルギーサービス事業統括本部企画・需給本部長
上席執行役員	能見　和司	テクニカルソリューション統括本部情報通信本部長
上席執行役員	小野　利喜	送配電カンパニー副社長、配電本部長
上席執行役員	藤本　淳一	立地コミュニケーション本部長
上席執行役員	永友　清司	ビジネスソリューション統括本部業務本部副本部長
上席執行役員	遠藤　泰昭	ビジネスソリューション統括本部地域共生本部長
上席執行役員	栗山　嘉文	エネルギーサービス事業統括本部営業本部副本部長

代表取締役会長
瓜生　道明
（うりう・みちあき）

出身地　福岡県
49年3月18日生
（昭和24年）
趣味　読書、登山
信条　当事者意識とチャレンジ

学歴
75（昭和50）年3月大阪大学大学院工学研究科産業機械工学専攻修了
職歴
75年4月九州電力入社、95年7月火力部火力課長、97年7月新大分発電所建設所次長、98年7月火力部次長、00年7月火力部設備計画グループ長、01年7月経営企画室新規事業開発グループ長、02年7月経営企画室（次長）、03年7月経営企画室エネルギー市場戦略グループ長、04年7月経営企画室電力取引管理グループ長、06年6月環境部長、07年6月執行役員・経営企画室長、08年7月執行役員・経営企画部長、09年6月取締役・常務執行役員・火力発電本部長、11年6月代表取締役副社長・火力発電本部長、12年1月代表取締役副社長、同年4月代表取締役社長、18年6月代表取締役会長

代表取締役
社長執行役員
池辺　和弘
（いけべ・かずひろ）

出身地　大分県
58年2月17日生
（昭和33年）
趣味　ゴルフ、メダカの飼育、水泳
信条

学歴
81（昭和56年）3月東京大学法学部卒
職歴
81年4月九州電力入社、87年6月ワシントン大学留学派遣、93年7月鹿児島支店人事副長、98年7月佐賀支店総務課長、00年7月経営企画室計画グループ課長、03年6月秘書課社長秘書、08年7月熊本支店副支店長兼総務部長、10年7月人材活性化本部労務福祉部副部長、12年7月発電本部部長（発電総括）、14年6月経営企画本部部長（経営戦略）、16年6月執行役員・経営企画本部副本部長兼部長（経営戦略）、17年4月執行役員・コーポレート戦略部門副部門長兼部長、同年6月取締役・常務執行役員・コーポレート戦略部門長、18年6月代表取締役社長執行役員

**代表取締役
副社長執行役員
伊﨑　数博**
（いざき・かずひろ）

出身地　大分県
54年1月12日生
（昭和29年）
趣味
信条

学歴
78（昭和53）年3月九州大学大学院工学研究科機械工学専攻修了

職歴
78年4月九州電力入社、95年7月火力部課長（PFBC担当）、97年7月苅田発電所建設所技術課長、98年7月火力部火力課長、00年7月火力部経営計画グループ長、01年7月火力部設備計画グループ長、02年7月苅田発電所次長、03年6月事業開発部エネルギー関連事業グループ長、06年7月松浦発電所長兼唐津発電所長、07年6月海外事業部長、09年6月火力部長、11年6月執行役員・火力発電本部副本部長兼火力部長、同年7月執行役員・火力発電本部副本部長兼部長、12年1月上席執行役員・火力発電本部長兼部長、同年4月上席執行役員・火力発電本部長、同年6月取締役・上席執行役員・火力発電本部長、同年7月取締役・上席執行役員・発電本部副本部長、13年6月取締役・常務執行役員・発電本部長、15年6月代表取締役副社長・発電本部長、17年4月代表取締役副社長・エネルギーサービス事業統括本部長、18年6月代表取締役副社長執行役員・エネルギーサービス事業統括本部長

**代表取締役
副社長執行役員
佐々木　有三**
（ささき・ゆうぞう）

出身地　福岡県
53年4月18日生
（昭和28年）
趣味　温泉、ゴルフ
信条

学歴
78（昭和53）年3月東京大学大学院工学系研究科土木工学専攻修了

職歴
78年4月九州電力入社、00年7月土木部（課長）、03年7月土木部企画・管理グループ長、07年7月土木部副部長、08年6月土木部長、10年6月執行役員・土木部長、10年7月執行役員・技術本部土木部長、11年6月上席執行役員・技術本部長、14年6月取締役・常務執行役員・技術本部長、16年6月代表取締役副社長・技術本部長、17年4月代表取締役副社長・テクニカルソリューション統括本部長、18年6月代表取締役副社長執行役員・テクニカルソリューション統括本部長

代表取締役
副社長執行役員

薬真寺　偉臣
（やくしんじ・ひでおみ）

出身地　大分県
53年4月8日生
（昭和28年）
趣味　登山、ゴルフ
信条

学歴
76（昭和51）年3月京都大学経済学部卒

職歴
76年4月九州電力入社、95年7月企画部経営調査室課長、97年7月企画部課長（経済調査担当）、98年7月企画部課長（経営計画担当）、00年7月福岡支店副支店長兼企画管理室長兼企画管理グループ長、02年7月経営企画室企画グループ長、03年7月経営管理室経営考査グループ長、07年6月情報システム部長、09年7月経営管理部長、10年6月執行役員・熊本支店長、11年7月執行役員・熊本支社長、12年6月取締役・上席執行役員・立地本部長・地域共生本部長、13年6月取締役・常務執行役員・立地本部長・地域共生本部長、14年6月取締役・常務執行役員・地域共生本部長、17年4月取締役・常務執行役員・ビジネスソリューション統括本部地域共生本部長、18年6月代表取締役副社長執行役員・ビジネスソリューション統括本部長・CSRに関する事項・危機管理官

代表取締役
副社長執行役員

渡辺　義朗
（わたなべ・よしろう）

出身地　大分県
54年1月25日生
（昭和29年）
趣味
信条

学歴
77（昭和52）年3月九州大学法学部卒

職歴
77年4月九州電力入社、97年7月営業部営業課長、00年7月北九州支店営業部長兼営業業務グループ長、03年2月北九州支店営業部長兼料金グループ長、同年7月東京支社部長（営業担当）、05年7月エネルギーソリューション部副部長、07年6月エネルギーソリューション部長、08年7月法人営業部長、10年6月営業部長、11年6月理事・お客さま本部営業部長、同年7月理事・お客さま本部部長、12年6月執行役員・熊本支社長、14年6月上席執行役員・経営管理本部長、15年6月取締役・常務執行役員・お客さま本部長、同年7月取締役・常務執行役員・営業本部長、17年4月取締役・常務執行役員・エネルギーサービス事業統括本部副統括本部長、営業本部長、18年6月代表取締役副社長執行役員・エネルギーサービス事業統括本部副統括本部長、営業本部長

取締役
常務執行役員
中村　明
（なかむら・あきら）

出身地　大分県
51年6月2日生
（昭和26年）
趣味　ゴルフ
信条

学歴
77（昭和52）年3月九州大学大学院工学研究科応用原子核工学専攻修了

職歴
77年4月九州電力入社、96年7月原子力管理部課長（環境広報担当）、00年7月玄海原子力発電所次長（運転管理担当）、01年7月東京支社原子力グループ長、03年7月原子力管理部業務運営グループ長、05年6月原子力管理部長、08年6月執行役員・原子力管理部長、10年6月執行役員・原子力発電本部原子力管理部長、11年6月上席執行役員・原子力発電本部副本部長、12年7月上席執行役員・発電本部（安全・品質保証担当）、15年6月取締役・常務執行役員・発電本部副本部長、17年4月取締役・常務執行役員・原子力発電本部長、18年6月取締役・常務執行役員・原子力発電事業に係る社長特命事項

取締役
常務執行役員
山﨑　尚
（やまさき・たかし）

出身地　長崎県
53年10月17日生
（昭和28年）
趣味
信条

学歴
76（昭和51）年3月九州大学工学部電気工学科卒

職歴
76年4月九州電力入社、93年7月工務部課長（基幹系統担当）、95年7月福岡支店電力課長、97年7月東京支社技術課長、00年7月東京支社技術グループ長、01年7月鹿児島支店副支店長兼企画管理室長兼企画管理グループ長、03年7月鹿児島支店副支店長兼企画管理室長、04年7月経営企画室副室長兼設備計画グループ長、07年7月熊本支店送変電統括部熊本電力所長、09年7月系統運用部長、11年6月執行役員・大分支店長、同年7月執行役員・大分支社長、13年6月上席執行役員・電力輸送本部長、16年6月取締役・常務執行役員・電力輸送本部長、17年4月取締役・常務執行役員・送配電カンパニー社長

**取締役
常務執行役員
犬塚　雅彦**
（いぬづか・まさひこ）

出身地　福岡県
55年1月11日生
（昭和30年）
趣味　読書、音楽鑑賞
信条　日々全力

学歴
78（昭和53）年3月一橋大学法学部卒
職歴
78年4月九州電力入社、00年7月経理部予算グループ長、02年7月経理部決算グループ長、03年7月北九州支店副支店長兼総務部長、04年7月経営企画室グループ戦略グループ長、06年7月経営管理室内部統制整備推進グループ長、08年7月経営管理部副部長兼内部統制整備推進グループ長、09年7月経営企画本部経営計画担当部長、11年6月業務本部経理部長、同年7月業務本部部長、12年6月執行役員・福岡支社長、14年6月上席執行役員・業務本部長、17年4月上席執行役員・ビジネスソリューション統括本部業務本部長、同年6月取締役・常務執行役員・ビジネスソリューション統括本部業務本部長

**取締役
常務執行役員
藤井　一郎**
（ふじい・いちろう）

出身地　福岡県
56年7月21日生
（昭和31年）
趣味　ゴルフ、テニス
信条　一球是魂

学歴
79（昭和54）年3月九州大学法学部卒
職歴
79年4月九州電力入社、00年7月人事労務部（課長）、02年7月人事労務部人材マネジメント企画グループ長、03年7月人事労務部労務グループ長、05年7月福岡支店久留米営業所長、07年7月人事労務部社員研修所長、09年6月人事労務部長、10年7月人材活性化本部人材開発部長、11年7月人材活性化本部部長（人材開発）、12年6月執行役員・鹿児島支社長、15年6月執行役員・人材活性化本部長、16年6月上席執行役員・人材活性化本部長、17年4月上席執行役員・ビジネスソリューション統括本部人材活性化本部長、18年6月取締役・常務執行役員・ビジネスソリューション統括本部人材活性化本部長・社長室に関する事項

**取締役
常務執行役員**

豊嶋　直幸
（とよしま・なおゆき）

出身地　福岡県
56年10月27日生
（昭和31年）
趣味　レザークラフト
信条　日に新たに、日々に新たに

学歴
82（昭和57）年3月東北大学大学院工学研究科原子核工学専攻修了

職歴
82年4月九州電力入社、00年7月玄海原子力発電所安全管理第一課長、02年7月原子力管理部放射線安全グループ長、07年7月原子力管理部業務運営グループ長、10年7月原子力発電本部原子力管理部プルサーマル品質管理グループ長、11年6月原子力発電本部原子力管理部長、同年7月原子力発電本部部長（原子力管理）、12年7月発電本部部長（原子力管理）兼原子力コミュニケーション本部部長、15年6月執行役員・宮崎支社長、17年4月上席執行役員・原子力発電本部副本部長、18年6月取締役・常務執行役員・原子力発電本部長

**取締役
常務執行役員**

豊馬　誠
（とよま・まこと）

出身地　熊本県
59年1月1日生
（昭和34年）
趣味　将棋、ゴルフ
信条　一途一心

学歴
81（昭和56）年3月東京大学工学部電気工学科卒

職歴
81年4月九州電力入社、03年7月系統運用部給電計画グループ課長、04年7月系統運用部給電計画グループ長、06年7月北九州支店副支店長兼企画管理室長、09年7月工務部付電気事業連合会出向、11年7月電力輸送本部付電気事業連合会出向、13年6月電力輸送本部部長（系統運用）、14年7月電力輸送本部部長（計画）、16年6月執行役員・福岡支社長、18年6月取締役・常務執行役員・コーポレート戦略部門長

取締役
渡辺　顯好
（わたなべ・あきよし）

出身地　静岡県
42年8月10日生
（昭和17年）
趣味　温泉、サウナ、ゴルフ
信条　誠心誠意、明るく仲よく元気よく

学歴
66（昭和41）年3月東京大学工学部船舶工学科卒
職歴
66年4月トヨタ自動車工業㈱入社、91年2月生技管理部技術統括室長兼商品企画部主査、92年1月生技管理部技術統括室長兼商品企画部主査兼北米事業部主査兼欧州・アフリカ事業部主査、94年6月海生技術部第2生産技術室長、96年6月取締役、98年6月トヨタ自動車九州㈱非常勤取締役、01年6月トヨタ自動車㈱常務取締役（02年6月退任）、02年6月トヨタ自動車九州㈱代表取締役社長、08年6月代表取締役会長、09年6月九州電力取締役、11年6月トヨタ自動車九州㈱相談役（15年6月退任）

取締役
菊川　律子
（きくかわ・りつこ）

出身地　福岡県
52年2月22日生
（昭和27年）
趣味　短歌、コーラス、体操
信条　感謝

学歴
74（昭和49）年3月九州大学教育学部卒
職歴
74年4月福岡県庁入庁、98年4月教育庁教育企画部生涯学習課長、00年4月生活労働部男女共同参画推進課長、03年4月教育振興部義務教育課長、05年4月福岡県立社会教育総合センター所長、07年4月福岡県立図書館長、08年3月福岡県退職、同年4月独立行政法人国立青少年教育振興機構理事、11年3月同機構退任、12年4月九州大学理事、14年9月同大学退任、同年10月放送大学特任教授・福岡学習センター所長、15年6月九州電力取締役

取締役監査等委員
長　宣也
（おさ・のぶや）

出身地　鹿児島県
54年12月28日生
（昭和29年）
趣味
信条

学歴
77（昭和52）年3月九州大学経済学部経済学科卒
職歴
77年4月九州電力入社、96年7月企画部課長（経営管理担当）、98年7月経理部決算課長、00年7月経理部決算グループ長、02年7月福岡支店副支店長兼企画管理室長、03年6月経理部経理計画グループ長、06年7月経営企画室IRグループ長、08年7月経営企画部IRグループ長、09年6月経理部長、11年6月九州林産㈱代表取締役社長、同年6月九州電力理事・九州林産㈱出向、15年6月監査役、18年6月取締役監査等委員

取締役監査等委員
亀井　英次
（かめい・えいじ）

出身地　熊本県
53年8月6日生
（昭和28年）
趣味　ゴルフ、囲碁、犬
信条

学歴
79（昭和54）年3月九州大学大学院工学研究科エネルギー変換工学専攻修了
職歴
79年4月九州電力入社、98年7月企画部課長（設備計画担当）、00年7月経営企画室（課長）、02年7月工務部付電気事業連合会出向、05年7月系統運用部副部長兼電力市場システムグループ長、06年7月系統運用部副部長兼給電計画グループ長、08年7月系統運用部副部長兼給電運営グループ長、09年6月工務部長、11年6月執行役員・経営企画本部副部長兼経営計画担当部長、同年7月執行役員・経営企画本部副本部長兼部長、13年6月執行役員・大分支社長、16年6月監査役、18年6月取締役監査等委員

取締役監査等委員
古荘　文子
（ふるしょう・ふみこ）

出身地　熊本県
53年11月28日生
（昭和28年）
趣味　読書、テニス、ゴルフ
信条

学歴
77（昭和52）年3月国際基督教大学教養学部卒

職歴
82年7月古荘土地㈲入社、同年7月取締役、98年3月スペシャルオリンピックス日本理事、00年2月事務局長、04年6月特定非営利活動法人スペシャルオリンピックス日本事務局長退任、同年10月熊本家庭裁判所家事調停委員、06年10月熊本県教育委員会委員、08年3月特定非営利活動法人スペシャルオリンピックス日本理事退任、09年8月熊本県文化振興審議会委員、同年10月熊本県教育委員会委員長、10年2月特定非営利活動法人スペシャルオリンピックス日本・熊本参与、同年9月熊本家庭裁判所家事調停委員退任、11年10月古荘土地㈲代表取締役、12年10月熊本県教育委員会委員長退任、同年12月熊本県文化振興審議会副会長、13年6月九州電力監査役、15年3月熊本県文化振興審議会委員副会長退任、16年8月（一般財）化学及血清療法研究所監事、同年10月学校法人熊ゼミ学園「くまもと清陵高校」理事・評議員、18年4月公立大学法人熊本県立大学経営会議委員、同年4月国立大学法人熊本大学経営協議会委員、同年6月九州電力取締役監査等委員

取締役監査等委員
井上　雄介
（いのうえ・ゆうすけ）

出身地　広島県
49年5月10日生
（昭和24年）
趣味　ゴルフ、カラオケ、読書、スポーツ観戦
信条　継続は力なり、和して同ぜず

学歴
73（昭和48）年3月一橋大学商学部卒

職歴
73年4月日本銀行入行、85年4月福岡相互銀行入行、86年6月取締役、90年6月㈱福岡シティ銀行（89年2月商号変更）常務取締役、93年6月代表取締役専務、97年6月代表取締役副頭取（03年6月まで）、03年7月九州カード㈱代表取締役会長、05年6月九州債権回収㈱代表取締役会長、16年6月九州電力監査役、18年6月取締役監査等委員

取締役監査等委員
古賀　和孝
（こが・かずたか）

出身地　福岡県
55年9月17日生
（昭和30年）
趣味
信条

学歴
86（昭和61）年3月司法修習修了（第38期司法修習生）
職歴
86年4月弁護士登録（福岡県弁護士会所属）ふくおか法律事務所入所、89年4月古賀和孝法律事務所設立（12年3月古賀・花島法律事務所に改称）、07年10月マックスバリュ九州㈱監査役（非常勤）、12年4月九州弁護士連合会副理事長（13年3月まで）、同年4月福岡県弁護士会会長（13年3月まで）、14年4月日本弁護士連合会副会長（15年3月まで）、16年6月九州電力監査役、17年12月㈱テノ・ホールディングス監査役（非常勤）、18年6月九州電力取締役監査等委員

常務執行役員
掛林　誠
（かけばやし・まこと）

出身地　福岡県
53年5月28日生
（昭和28年）
趣味　読書
信条　日日新たなり

学歴
77（昭和52）年3月横浜国立大学経済学部卒
職歴
77年4月通商産業省入省、00年6月日本貿易振興会ロンドン・センター所長、04年9月経済産業省通商政策局通商交渉官、06年1月退官、同年2月日本アルコール販売㈱入社、08年8月同社退社、同年9月九州電力顧問、09年6月海外事業部長、11年4月執行役員・福岡支店長、同年7月執行役員・福岡支社長、12年6月執行役員・国際事業本部副本部長、14年6月上席執行役員・国際事業本部長、17年4月上席執行役員、同年6月常務執行役員・国際室に関する事項

上席執行役員
長野　益徳
（ちょうの・よしのり）

出身地　佐賀県
54年4月18日生
（昭和29年）
趣味　ゴルフ、映画、お茶
信条

学歴
79（昭和54）年3月九州大学大学院工学研究科水工土木学専攻修了

職歴
79年4月九州電力入社、00年7月事業開発部（課長）、01年7月事業開発部生活・環境事業グループ長、02年7月事業開発部生活環境事業グループ長、06年7月事業開発部事業開発第5グループ（生活サービス事業）長、07年7月事業開発部長、10年6月㈱キューデン・グッドライフ代表取締役社長、同年6月九州電力理事・㈱キューデン・グッドライフ出向、12年6月㈱キューデン・グッドライフ代表取締役社長退任、同年6月九州電力執行役員・佐賀支社長、15年6月上席執行役員・経営管理本部長、17年4月上席執行役員・コーポレート戦略部門副部門長、経営監査室に関する事項

上席執行役員
小倉　良夫
（おぐら・よしお）

出身地　山口県
56年1月2日生
（昭和31年）
趣味
信条

学歴
79（昭和54）年3月東京大学工学部電気工学科卒

職歴
79年4月九州電力入社、01年7月経営企画室課長、04年7月経営企画室エネルギー市場戦略グループ長、05年7月経営企画室エネルギー戦略グループ長、06年7月火力部副部長兼建設グループ長、08年4月経営企画室長期エネルギー戦略グループ長、同年7月経営企画部長期エネルギー戦略グループ長、09年7月経営企画本部エネルギー・設備担当部長、11年7月電力輸送本部佐賀電力センター長、14年6月執行役員・北九州支社長、16年6月上席執行役員・事業推進本部長、17年4月上席執行役員・エネルギーサービス事業統括本部企画・需給本部長

上席執行役員
能見　和司
（のうみ・かずし）

出身地　鹿児島県
56年9月9日生
（昭和31年）
趣味　将棋、カメラ、音楽、犬
信条

学歴
81（昭和56）年3月京都大学大学院工学研究科修士課程電気系専攻修了

職歴
81年4月九州電力入社、97年7月系統運用部専門課長（給電技術）、02年7月系統運用部電力品質管理グループ長、04年7月福岡支店副支店長兼技術部長、05年7月工務部付電気事業連合会出向、09年7月系統運用部副部長兼給電運営グループ長、11年7月電力輸送本部部長（系統運用）、13年6月経営企画本部部長（経営計画）、14年6月執行役員・経営企画本部副本部長兼部長（経営計画）、16年6月上席執行役員・情報通信本部長、17年4月上席執行役員・テクニカルソリューション統括本部情報通信本部長

上席執行役員
小野　利喜
（おの・としき）

出身地　福岡県
57年1月9日生
（昭和32年）
趣味
信条

学歴
79（昭和54）年3月九州大学工学部電気工学科卒

職歴
79年4月九州電力入社、96年7月鹿児島支店配電課長、00年7月配電部配電運営グループ長、03年7月北九州支店配電部長兼配電計画グループ長、05年7月配電部配電企画グループ長、07年7月福岡支店福岡西営業所長、09年7月配電部副部長、10年7月熊本支店熊本東営業所長、11年7月お客さま本部熊本お客さまセンター長、12年6月お客さま本部部長（配電）、15年6月お客さま本部副本部長、同年7月執行役員・配電本部長、16年6月上席執行役員・配電本部長、17年4月上席執行役員・送配電カンパニー副社長、配電本部長

上席執行役員
藤本　淳一
（ふじもと・じゅんいち）

出身地　熊本県
58年2月2日生
（昭和33年）
趣味
信条

学歴
80（昭和55）年3月九州大学経済学部卒
職歴
80年4月九州電力入社、00年7月人事労務部課長、04年7月人事労務部人事グループ長、06年7月熊本支店副支店長兼総務部長、08年7月経営企画部副部長、09年7月人事労務部副部長、10年7月人材活性化本部労務福祉部長、11年7月人材活性化本部部長（労務福祉）、12年6月人材活性化本部部長（人材開発）、同年7月人材活性化本部部長（人材開発・安全推進）、14年6月執行役員・熊本支社長、17年4月上席執行役員・原子力発電本部副本部長兼部長兼立地コミュニケーション本部副本部長、18年6月上席執行役員・立地コミュニケーション本部長

上席執行役員
永友　清司
（ながとも・せいじ）

出身地　宮崎県
56年9月2日生
（昭和31年）
趣味　読書
信条

学歴
79（昭和54）年3月九州大学法学部卒
職歴
79年4月九州電力入社、96年7月人事部課長（人事管理担当）、99年7月資材部付㈳九州・山口経済連合会出向、01年8月資材部流通機器購買グループ長、02年7月資材燃料部資材購買計画・国際調達グループ長、05年7月資材燃料部燃料購買グループ長、07年7月福岡支店副支店長兼企画管理室長、08年7月資材部資材契約センター所長、09年7月資材部副部長兼資材計画グループ長、11年6月業務本部資材部長兼資材計画グループ長、同年7月業務本部長（資材）、16年6月執行役員・業務本部副本部長、17年4月執行役員・ビジネスソリューション統括本部業務本部副本部長、同年6月上席執行役員・ビジネスソリューション統括本部業務本部副本部長

上席執行役員
遠藤　泰昭
（えんどう・やすあき）

出身地　福岡県
55年8月29日生
（昭和30年）
趣味
信条

学歴
80（昭和55）年3月京都大学法学部卒
職歴
80年4月九州電力入社、98年7月大分支店労務課長、00年7月人事労務部課長、03年7月人事労務部給与福祉グループ長、05年7月人事労務部労務グループ長、07年7月総務部副部長、11年6月地域共生本部総務部長、同年7月地域共生本部部長（総務）、15年6月執行役員・佐賀支社長、18年6月上席執行役員・ビジネスソリューション統括本部地域共生本部長

上席執行役員
栗山　嘉文
（くりやま・よしふみ）

出身地　福岡県
58年1月27日生
（昭和33年）
趣味
信条

学歴
81（昭和56）年3月九州大学法学部卒
職歴
81年4月九州電力入社、00年7月営業部営業計画グループ課長、02年7月営業部営業運営グループ長、04年7月熊本支店営業部長、07年7月営業部営業計画グループ長、09年7月法人営業部副部長、10年7月お客さま本部営業部副部長兼経営企画本部IRグループ次長、11年7月東京支社副支社長、14年7月お客さま本部部長（営業企画）、15年7月配電本部部長（託送契約）、16年6月執行役員・大分支社長、18年6月上席執行役員・エネルギーサービス事業統括本部営業本部副本部長

相談役
貫　正義
（ぬき・まさよし）

出身地　福岡県
45年1月27日生
（昭和20年）
趣味　ゴルフ
信条

学歴
68（昭和43）年3月九州大学経済学部卒

職歴
68年4月九州電力入社、88年7月企画部課長（経営計画担当）、89年7月企画部経営調査室課長、91年7月企画部課長（経営管理担当）、93年7月北九州支店八幡営業所長、94年7月企画部次長、97年7月東京支社副支社長、00年6月広報部長、01年6月理事・広報部長、03年6月理事・鹿児島支店長、同年7月執行役員・鹿児島支店長、07年6月取締役・常務執行役員・事業開発本部長・情報通信本部長、09年6月代表取締役副社長・お客さま本部長、10年6月代表取締役副社長、12年4月代表取締役会長、18年6月相談役

主な公職
15年6月（一般社）九州経済連合会副会長

特別顧問
鎌田　迪貞
（かまた・みちさだ）

出身地　福岡県
34年8月21日生
（昭和9年）
趣味　読書、絵画鑑賞、ゴルフ
信条

学歴
58（昭和33）年3月京都大学経済学部卒

職歴
58年4月九州電力入社、84年7月広報部次長、87年7月人事部部長（経営効率担当）、89年6月福岡支店長、同年7月理事・福岡支店長、91年6月取締役・総務部長、94年6月常務取締役、95年6月代表取締役副社長、96年6月代表取締役社長・立地環境本部長、97年6月代表取締役社長、01年10月代表取締役社長・情報通信事業推進本部長、03年6月代表取締役会長、07年6月相談役、15年7月特別顧問

叙勲・褒賞
18年4月旭日大綬章

特別顧問
松尾　新吾
（まつお・しんご）

出身地　長崎県
38年5月19日生
（昭和13年）
趣味　将棋、小唄、清元
信条　天行健

学歴
63（昭和38）年3月東京大学法学部卒

職歴
63年4月九州電力入社、81年7月企画室課長（要員計画担当）、82年7月企画室課長（経済調査担当）、83年7月社長室人事課長、84年7月人事部人事課長、87年7月北九州支店次長、89年7月営業部次長、91年7月人事部次長、93年6月熊本支店長、94年7月理事・熊本支店長、95年6月理事・人事部長、96年6月理事・総務部長、97年6月取締役・総務部長、98年6月常務取締役、03年6月代表取締役社長、07年6月代表取締役会長、12年4月相談役、18年7月特別顧問

主な公職
13年6月（一般社）九州経済連合会名誉会長

叙勲・褒賞
12年3月レジオン・ドヌール勲章シュヴァリエ

執行役員の担当 ◇ 九州電力

執行役員	藤原 伸彦	川内原子力総合事務所長
執行役員	廣渡 健	北九州支社長
執行役員	辻 浩平	エネルギーサービス事業統括本部火力発電本部長
執行役員	田﨑 佳夫	エネルギーサービス事業統括本部水力発電本部長
執行役員	山科 秀之	送配電カンパニー電力輸送本部長
執行役員	新開 明彦	宮崎支社長
執行役員	橋本 上	熊本支社長
執行役員	須藤 礼	原子力発電本部川内原子力発電所長
執行役員	船越 法克	東京支社長
執行役員	千田 善晴	テクニカルソリューション統括本部土木建築本部長
執行役員	二宮 浩一	長崎支社長
執行役員	林田 道生	玄海原子力総合事務所長
執行役員	茂田 省吾	㈱キューデン・グッドライフ出向
執行役員	漆間 道宏	㈱博多ステーションビル出向
執行役員	穐山 泰治	九電みらいエナジー㈱出向
執行役員	八木 繁	立地コミュニケーション本部副本部長
執行役員	岡野 久弥	原子力発電本部副本部長
執行役員	櫻木 雅仁	福岡国際空港㈱出向
執行役員	長澤 敏樹	原子力監査室長
執行役員	小西 政彦	原子力発電本部玄海原子力発電所長
執行役員	生野 義伸	原子力発電本部副本部長兼部長兼立地コミュニケーション本部副本部長
執行役員	永井 宏治	玄海原子力総合事務所副所長
執行役員	松本 泰崇	送配電カンパニー電力輸送本部電力輸送技術センター所長
執行役員	城後 精一	立地コミュニケーション本部副本部長
執行役員	早田 敦	大分支社長
執行役員	安部進一郎	福岡支社長
執行役員	内村 芳郎	佐賀支社長
執行役員	中野 隆	鹿児島支社長
執行役員	今村 弘	ビジネスソリューション統括本部地域共生本部副本部長兼部長兼社長室部長（経営政策担当）
執行役員	常冨 浩之	エネルギーサービス事業統括本部企画・需給本部副本部長

執行役員
藤原　伸彦
（ふじわら・のぶひこ）

出身地　大分県
56年4月10日生
（昭和31年）

学歴	81（昭和56）年3月九州大学大学院総合理工学研究科エネルギー変換工学専攻修了
職歴	81年4月九州電力入社、01年7月原子力管理部経年対策グループ長、05年7月原子力管理部付西日本技術開発㈱出向、07年7月川内原子力発電所次長（高経年化担当）、08年4月川内原子力発電所次長（保全計画担当）、10年7月川内原子力発電所長、12年7月発電本部付川内原子力発電所長、14年6月執行役員・川内原子力発電所長、15年10月執行役員・川内原子力総合事務所長

執行役員
廣渡　健
（ひろわたり・たけし）

出身地　福岡県
57年11月22日生
（昭和32年）

学歴	80（昭和55）年3月九州大学工学部電気工学科卒
職歴	80年4月九州電力入社、00年7月配電部配電技術グループ長、01年7月配電部国際技術協力グループ長、02年7月配電部付㈱キューキ出向、04年7月配電部ネットワーク技術グループ長、07年7月配電部配電自動化グループ長、10年7月お客さま本部配電部副部長、11年7月お客さま本部長（配電技術）、13年7月電力輸送本部長崎電力センター長、15年6月お客さま本部長（配電）、同年7月配電本部長（配電）、16年6月執行役員・北九州支社長

執行役員
辻　浩平
（つじ・こうへい）

出身地　鹿児島県
56年11月17日生
（昭和31年）

学歴	79（昭和54）年3月東京工業大学工学部機械工学科卒
職歴	79年4月九州電力入社、95年7月火力部課長（PFBC担当）、98年7月苅田発電所建設所技術課長、01年7月苅田発電所保修課長兼苅田発電所建設所技術課長、03年7月火力部内燃力グループ長、05年7月松浦発電所次長兼総括技術室長兼松浦発電所建設所次長、06年7月松浦発電所副所長、07年7月海外事業部付EST社出向、09年7月火力部副部長兼建設第2グループ長、10年7月火力発電本部火力部副部長、12年4月火力発電本部長（火力）、同年7月発電本部長（火力）、16年6月理事・発電本部長、17年4月執行役員・エネルギーサービス事業統括本部火力発電本部長

執行役員
田﨑　佳夫
（たさき・よしお）

出身地　長崎県
57年10月13日生
（昭和32年）

学歴　80（昭和55）年3月山口大学工学部土木工学科卒
職歴　80年4月九州電力入社、96年7月小丸川開発事務所課長（下部調整池調査担当）、98年10月小丸川発電所建設所下部ダム工事区工区長、00年7月小丸川発電所建設所下部ダム工事区長、04年7月土木部土木運営グループ長、08年7月宮崎支店技術部長、12年7月技術本部水力開発事務所長、14年7月耳川水力整備事務所長、16年7月技術本部部長、17年4月執行役員・エネルギーサービス事業統括本部水力発電本部長

執行役員
山科　秀之
（やましな・ひでゆき）

出身地　長崎県
58年12月29日生
（昭和33年）

学歴　83（昭和58）年3月九州大学大学院総合理工学研究科エネルギー変換工学専攻修了
職歴　83年4月九州電力入社、99年7月大分支店電力課長、00年7月大分支店技術部系統グループ長、02年7月経営企画室（課長）、06年7月工務部設備計画グループ長、08年7月熊本支店送変電統括部八代電力所長、10年7月福岡支店副支店長兼送変電統括部長、11年7月電力輸送本部鹿児島電力センター副センター長兼計画管理グループ長、13年7月電力輸送本部部付㈱九電ハイテック出向、14年7月電力輸送本部部長（系統運用担当）、17年4月執行役員・送配電カンパニー電力輸送本部長

執行役員
新開　明彦
（しんかい・あきひこ）

出身地　福岡県
59年6月27日生
（昭和34年）

学歴　83（昭和58年）3月九州大学工学部電気工学科卒
職歴　83年4月九州電力入社、01年10月工務部（課長）（PEA駐在）、05年1月工務部（課長）、06年7月工務部水力グループ長、09年7月大分支店送変電統括部日田電力所長、11年7月電力輸送本部佐賀電力センター副センター長兼計画管理グループ長兼佐賀支店電気保安監理担当兼お客さま本部佐賀お客さまセンター電気保安監理担当、12年7月東京支社副支社長、15年6月電力輸送本部部長、17年4月執行役員・宮崎支社長

執行役員
橋本　上
(はしもと・のぼる)

出身地　熊本県
62年1月19日生
(昭和37年)

学歴　84(昭和59年)3月九州大学経済学部卒
職歴　84年4月九州電力入社、03年7月総務部(課長)、04年7月総務部事務部門効率化検討グループ長、06年7月総務部総務グループ長、08年7月総務部総務グループ長兼コンプライアンスグループ課長、09年7月総務部総務グループ長、10年7月経営企画本部地域戦略グループ長、12年7月地域共生本部副部長兼総務計画・CSRグループ長、15年6月地域共生本部部長兼総務計画・CSRグループ長、同年7月地域共生本部部長、17年4月執行役員・熊本支社長

執行役員
須藤　礼
(すとう・れい)

出身地　大分県
59年3月4日生
(昭和34年)

学歴　81(昭和56)年3月九州大学工学部応用原子核工学科卒
職歴　81年4月九州電力入社、98年7月原子力管理部付西日本技術開発㈱出向、02年7月玄海原子力発電所保修第一課長、05年7月原子力管理部発電管理グループ長、08年7月玄海原子力発電所安全品質保証第二統括室長、09年7月原子力管理部設備管理グループ長、11年7月原子力発電本部副部長、12年7月発電本部部長、15年8月川内原子力発電所付、同年10月川内原子力発電所長、17年6月執行役員・原子力発電本部川内原子力発電所長

執行役員
船越　法克
(ふなこし・のりかつ)

出身地　福岡県
59年3月12日生
(昭和34年)

学歴　82(昭和57)年3月早稲田大学政治経済学部卒
職歴　82年4月九州電力入社、00年7月熊本支店総務部人事労務グループ長(課長)、01年7月熊本支店総務部総務グループ長(課長)、03年7月総務部総務グループ長(課長)、04年7月人事労務部(課長)、06年7月人事労務部人事グループ長、09年7月佐賀支店副支店長兼企画管理部長、10年11月佐賀支店副支店長兼企画管理部長兼事業支援グループ長、11年7月佐賀支社副支社長、12年7月人材活性化本部副部長兼労務企画グループ長、13年7月人材活性化本部副部長兼人事労務企画グループ長、14年6月人材活性化本部部長、17年4月ビジネスソリューション統括本部人材活性化本部部長、同年6月執行役員・東京支社長

九州

執行役員
千田　善晴
（せんだ・よしはる）

出身地　福岡県
59年7月28日生
（昭和34年）

学歴	84年3月京都大学大学院工学研究科土木工学専攻修了
職歴	84年4月九州電力入社、01年7月熊本支店技術部土木建築グループ長（課長）、04年7月小丸川発電所建設所土木建築課長、06年7月小丸川発電所建設所発電所工事区長、07年7月土木部海外・新規事業グループ長、08年7月環境部地球環境グループ長、10年7月地域共生本部環境部副部長兼環境計画グループ長、11年7月地域共生本部副部長兼環境計画グループ長、14年6月地域共生本部部長、16年3月地域共生本部部長兼社長室部長、17年4月ビジネスソリューション統括本部地域共生本部部長兼社長室部長、同年6月執行役員・ビジネスソリューション統括本部地域共生本部副本部長兼部長兼社長室部長、18年6月執行役員・テクニカルソリューション統括本部土木建築本部長

執行役員
二宮　浩一
（にのみや・こういち）

出身地　福岡県
60年8月21日生
（昭和35年）

学歴	84（昭和59）年3月山口大学経済学部卒
職歴	84年4月九州電力入社、02年7月宮崎支店営業部営業計画グループ長（課長）、03年7月東京支社事業戦略グループ長（課長）、05年7月エネルギーソリューション部お客さま契約グループ長、06年7月エネルギーソリューション部お客さま契約Ⅱグループ長、07年7月福岡支店営業部長、09年7月営業部営業計画グループ長、11年7月お客さま本部鹿児島お客さまセンター副センター長兼業務運営部長、13年7月お客さま本部副部長兼法人営業企画グループ長、14年7月お客さま本部部長、15年7月営業本部部長、17年4月エネルギーサービス事業統括本部営業本部部長、同年6月執行役員・長崎支社長

執行役員
林田　道生
（はやしだ・みちお）

出身地　長崎県
58年5月28日生
（昭和33年）

学歴	85（昭和60）年3月九州大学大学院総合理工学研究科エネルギー変換工学専攻修了
職歴	85年4月九州電力入社、02年10月原子力管理部（課長）、04年7月玄海原子力発電所技術第二課長、07年7月原子力管理部環境広報グループ長、10年7月原子力発電本部原子力建設部原子力計画グループ長、11年7月原子力発電本部川内原子力発電所安全品質保証統括室長、12年7月発電本部川内原子力発電所安全品質保証統括室長、13年7月発電本部川内原子力発電所原子炉保安監理担当兼安全品質保証統括室長、15年6月発電本部部長兼原子力コミュニケーション本部部長、17年4月原子力発電本部部長、18年4月執行役員・立地コミュニケーション本部副本部長（玄海事務所駐在）、同年6月執行役員・玄海原子力総合事務所長

執行役員
茂田　省吾
（しげた・しょうご）

出身地　佐賀県
52年12月28日生
（昭和27年）

学歴	77（昭和52）年3月慶応義塾大学大学院工学研究科電気工学専攻修了
職歴	77年4月九州電力入社、95年7月系統運用部中央給電指令所副所長、98年7月福岡支店総合制御所長、01年7月佐賀支店副支店長兼技術部長、03年7月工務部託送サービスセンター所長、05年4月電力輸送本部ネットワークサービスセンター所長、07年7月鹿児島支店送変電統括部鹿児島電力所長、10年6月総合研究所長、11年6月理事・総合研究所長、12年6月㈱キューデン・グッドライフ代表取締役社長、12年6月九州電力理事・㈱キューデン・グッドライフ出向、18年6月九州電力執行役員・㈱キューデン・グッドライフ出向

執行役員
漆間　道宏
（うるま・みちひろ）

出身地　大分県
54年7月24日生
（昭和29年）

学歴	77（昭和52）年3月神戸大学経済学部経済学科卒
職歴	77年4月九州電力入社、97年7月経理部課長（資金調査担当）、99年7月経理部財務課長、00年7月経理部財務計画グループ長、02年7月鹿児島支店副支店長兼総務部長、04年7月経営管理室TQM推進グループ長、06年7月経理部経理計画グループ長、07年7月監査役室監査担当部長、08年7月監査役室長、09年6月総務部長、11年6月（一般社）九州経済連合会常務理事、同年6月九州電力理事・（一般社）九州経済連合会出向、13年6月㈱博多ステーションビル代表取締役社長、同年6月九州電力理事・㈱博多ステーションビル出向、18年6月九州電力執行役員・㈱博多ステーションビル出向

執行役員
穐山　泰治
（あきやま・やすじ）

出身地　山口県
55年10月16日生
（昭和30年）

学歴	79（昭和54）年3月東京大学工学部産業機械工学科卒
職歴	79年4月九州電力入社、99年7月火力部課長（調査担当・三菱商事㈱派遣）、00年7月火力部付メキシコIPP対応のためEAT杜派遣、02年7月火力部・設備計画グループ長、05年7月火力部副部長兼経営計画グループ長、09年7月苅田発電所長、10年7月火力発電本部発電技術開発部長、11年7月火力発電本部部長（発電技術開発）、12年6月地域共生本部部長（環境）、14年6月㈱キューデン・エコソル代表取締役社長、同年6月九州電力理事・㈱キューデン・エコソル出向、同年7月九電みらいエナジー㈱代表取締役社長、同年7月九州電力理事・九電みらいエナジー㈱出向、18年6月九州電力執行役員・九電みらいエナジー㈱出向

九州

執行役員
八木　繁
（やぎ・しげる）

出身地　大分県
55年10月13日生
（昭和30年）

学歴	78（昭和53）年3月早稲田大学教育学部教育学科卒
職歴	78年4月九州電力入社、95年7月福岡支店総務課長、99年7月資材部委託管理課長、00年7月資材部機器購買グループ長、01年8月資材部発電機器購買グループ長、02年7月長崎支店総務部長兼経理資材グループ長、03年7月長崎支店副支店長兼総務部長、05年7月資材燃料部総括グループ長、06年7月資材燃料部資材契約センター所長、08年7月資材部副部長兼資材計画グループ長、09年7月広報部副部長、11年7月地域共生本部部長（広報）、12年7月原子力コミュニケーション本部部長（原子力コミュニケーション）、15年6月理事・原子力コミュニケーション本部部長（原子力コミュニケーション）、17年4月理事・立地コミュニケーション本部部長、18年6月執行役員・立地コミュニケーション本部副本部長

執行役員
岡野　久弥
（おかの・ひさや）

出身地　福岡県
57年3月24日生
（昭和32年）

学歴	81（昭和56）年3月九州大学工学部応用原子核工学科卒
職歴	81年4月九州電力入社、00年7月原子力管理部環境広報グループ課長、01年7月玄海原子力発電所技術第二課長、04年7月原子力管理部品質保証／システムグループ長、09年3月玄海原子力発電所安全品質保証第一統括室長、11年7月原子力発電本部技術支援グループ長、12年2月原子力発電本部業務運営グループ長、同年7月発電本部原子力運営グループ長、13年7月発電本部副部長兼原子力運営グループ長、14年7月発電本部部長（安全・品質保証）、15年7月発電本部部長（安全・品質保証）兼リスク管理・解析グループ長、同年10月発電本部長（安全・品質保証）、16年6月理事・発電本部部長、17年4月理事・原子力発電本部部長、18年6月執行役員・原子力発電本部副本部長

執行役員
櫻木　雅仁
（さくらぎ・まさひと）

出身地　福岡県
57年11月14日生
（昭和32年）

学歴	80（昭和55）年3月九州大学工学部土木工学科卒
職歴	80年4月九州電力入社、99年7月大分支店土木建築課長、00年7月大分支店技術部土木建築グループ長、03年7月土木部（課長）、04年2月海外事業部（課長）、同年5月海外事業部付EST社出向、06年4月土木部（課長）、同年7月土木部海外・新規事業グループ長、07年7月事業開発部事業開発第5（生活サービス事業）グループ長、11年7月事業推進本部部長、17年2月福岡エアポートホールディングス㈱代表取締役社長、同年4月九州電力理事・福岡エアポートホールディングス㈱出向、18年6月九州電力執行役員・福岡エアポートホールディングス㈱出向、同年7月九州電力執行役員・福岡国際空港㈱代表取締役副社長、同年7月九州電力執行役員・福岡国際空港㈱出向

執行役員
長澤　敏樹
（ながさわ・としき）

出身地　福岡県
57年9月16日生
（昭和32年）

学歴	83（昭和58）年3月京都大学大学院工学研究科原子核工学専攻修了
職歴	83年4月九州電力入社、98年7月原子力管理部付電気事業連合会出向、01年7月原子力管理部付西日本技術開発㈱出向、02年7月原子力建設部燃料技術グループ長、06年7月原子力管理部付原燃輸送㈱出向、09年7月川内原子力発電所安全品質保証統括室長、11年7月原子力発電本部付（一般社）日本原子力技術協会出向、12年7月発電本部付（一般社）日本原子力技術協会出向、14年7月発電本部原子力技術支援グループ長、15年8月経営管理本部原子力・保安監査部長、17年4月原子力監査室長、同年6月理事・原子力監査室長、18年6月執行役員・原子力監査室長

執行役員
小西　政彦
（こにし・まさひこ）

出身地　福岡県
58年2月27日生
（昭和33年）

学歴	82（昭和57）年3月東京工業大学大学院理工学研究科機械工学専攻修了
職歴	82年4月九州電力入社、00年7月川内原子力発電所課長（品質保証担当）、01年7月川内原子力発電所保修課長、05年7月原子力建設部機械設計グループ長、07年7月玄海原子力発電所次長、12年7月発電本部玄海原子力発電所第一所長、15年7月玄海原子力発電所第二所長、17年4月原子力発電本部玄海原子力発電所第二所長、同年6月理事・原子力発電本部玄海原子力発電所第二所長、18年6月執行役員・原子力発電本部玄海原子力発電所長

執行役員
生野　義伸
（しょうの・よしのぶ）

出身地　大分県
59年4月16日生
（昭和34年）

学歴	82（昭和57）年3月立命館大学経営学部卒
職歴	82年4月九州電力入社、00年7月北九州支店用地部計画グループ長、03年7月用地部電源用地グループ長、06年7月長崎支店用地部長、08年7月佐賀支店用地部長、09年7月電源立地部立地企画グループ長、10年7月鹿児島支店副支店長兼総務部長、11年7月鹿児島支社副支社長、14年7月立地本部部長、17年4月送配電カンパニー用地部長、18年6月執行役員・原子力発電本部副本部長兼部長兼立地コミュニケーション本部副本部長

九州

執行役員
永井　宏治
（ながい・ひろはる）

出身地　鹿児島県
59年4月25日生
（昭和34年）

学歴	84（昭和59）年3月國學院大學法学部法律学科卒
職歴	84年4月九州電力入社、03年7月大分支店用地部計画グループ長、04年7月大分支店用地部用地計画グループ長、06年7月電源立地対策部（課長）（川内駐在）、08年7月電源立地対策部川内調査グループ課長（川内駐在）、09年5月川内原子力総合事務所立地部立地第1グループ長、同年7月川内原子力総合事務所・立地部長、11年7月立地本部玄海地域グループ長、13年5月原子力コミュニケーション本部副部長兼運営グループ長、同年7月原子力コミュニケーション本部副部長兼運営第1グループ長（玄海駐在）、14年7月原子力コミュニケーション本部副部長兼運営第2グループ長（玄海駐在）、15年7月原子力コミュニケーション本部玄海事務所長、17年4月立地コミュニケーション本部玄海事務所長、18年6月執行役員・玄海原子力総合事務所副所長

執行役員
松本　泰崇
（まつもと・やすたか）

出身地　福岡県
59年5月16日生
（昭和34年）

学歴	83（昭和58）年3月九州工業大学工学部制御工学科卒
職歴	83年4月九州電力入社、01年10月経営企画室（課長）、05年7月工務部（課長）、08年7月工務部業務基盤改革グループ課長、09年7月工務部業務基盤改革グループ長、11年7月電力輸送本部付㈱九電ハイテック出向、14年6月電力輸送本部鹿児島電力センター長、16年6月電力輸送本部部長、17年4月送配電カンパニー電力輸送本部部長、18年6月執行役員・送配電カンパニー電力輸送本部電力輸送技術センター所長

執行役員
城後　精一
（じょうご・せいいち）

出身地　長崎県
59年7月20日生
（昭和34年）

学歴	82（昭和57）年3月大分大学経済学部経営学科卒
職歴	82年4月九州電力入社、00年7月熊本支店用地部建設グループ長、02年7月電源立地対策部（課長）、03年7月電源立地対策部電源立地調査第2グループ長、06年7月電源立地対策部川内調査グループ長（川内駐在）、09年5月川内原子力総合事務所立地部長、同年7月電源立地部川内地域グループ長、10年7月立地本部電源立地部副部長兼川内地域グループ長、11年7月立地本部副部長兼計画グループ長、14年6月立地本部部長、17年4月立地コミュニケーション本部部長、18年6月執行役員・立地コミュニケーション本部副本部長

執行役員
早田　敦
（そうだ・あつし）

出身地　長崎県
61年1月12日生
（昭和36年）

学歴	85（昭和60）年3月長崎大学大学院工学研究科電気工学専攻修了
職歴	85年4月九州電力入社、01年7月北九州支店技術部電力グループ長、05年7月工務部（課長）、08年7月工務部設備計画グループ長、11年7月電力輸送本部副部長兼計画管理グループ長、13年7月電力輸送本部付電気事業連合会出向、16年6月経営企画本部部長、17年4月コーポレート戦略部門部長、18年6月執行役員・大分支社長

執行役員
安部　進一郎
（あべ・しんいちろう）

出身地　大分県
61年7月11日生
（昭和36年）

学歴	84（昭和59）年3月慶應義塾大学工学部電気工学科卒
職歴	84年4月九州電力入社、01年7月北九州支店小倉営業所配電工事課長、02年7月北九州支店小倉営業所配電課長、03年7月配電部（課長）、04年7月配電部付博多港開発㈱出向、06年7月配電部（課長）、07年7月福岡支店八女営業所、09年7月配電部配電設備建設グループ長、11年7月お客さま本部配電設備建設グループ長、12年7月お客さま本部宮崎お客さまセンター副センター長兼業務運営部長、15年7月福岡お客さまセンター福岡営業所副所長兼計画グループ長、同年12月福岡配電センター福岡配電事業所長、16年6月配電本部部長、17年4月送配電カンパニー配電本部部長、18年6月執行役員・福岡支社長

執行役員
内村　芳郎
（うちむら・よしろう）

出身地　鹿児島県
62年7月14日生
（昭和37年）

学歴	85年（昭和60）3月九州大学経済学部卒
職歴	85年4月九州電力入社、04年7月熊本支店営業部法人営業グループ長、05年7月人事労務部（課長）、07年7月人事労務部人事労務企画グループ長、10年7月人材活性化本部人材開発部人事運営グループ長、11年7月人材活性化本部人事運営グループ長、12年7月お客さま本部福岡お客さまセンター福岡南営業所長、14年7月地域共生本部副部長兼広報計画グループ長兼経営企画本部IRグループ次長、16年3月地域共生本部副部長兼広報計画グループ長兼次長（危機管理担当）兼経営企画本部IRグループ次長、同年6月地域共生本部部長兼部長（危機管理担当）兼原子力コミュニケーション本部部長、17年4月ビジネスソリューション統括本部地域共生本部部長兼部長（危機管理担当）、18年6月執行役員・佐賀支社長

執行役員
中野　隆
（なかの・たかし）

出身地　福岡県
62年7月14日生
（昭和37年）

学歴　85（昭和60）年3月西南学院大学法学部法律学科卒
職歴　85年4月九州電力入社、03年7月長崎支店企画管理室企画管理グループ長、06年7月経営管理室（課長）、08年7月経営管理部経営管理グループ課長、10年7月経営管理本部経営管理部経営管理グループ長、11年7月経営管理本部統括グループ長、12年7月経営企画本部企画グループ長、15年6月経営企画本部部長、17年4月コーポレート戦略部門部長、18年6月執行役員・鹿児島支社長

執行役員
今村　弘
（いまむら・ひろし）

出身地　大分県
62年12月18日生
（昭和37年）

学歴　85（昭和60）年3月筑波大学第三学群社会工学類卒
職歴　85年4月九州電力入社、03年7月福岡支店総務部人事労務グループ長、05年7月経営企画室（課長）、08年7月経営企画部組織改革グループ長、09年7月人事労務部人事グループ長、10年7月人材活性化本部人材開発部人事企画グループ長、11年7月人材活性化本部人事企画グループ長、12年7月宮崎支社副支社長、14年7月人材活性化本部副部長兼計画グループ長、16年7月人材活性化本部部長、17年4月ビジネスソリューション統括本部人材活性化本部部長、18年6月執行役員・ビジネスソリューション統括本部地域共生本部副本部長兼部長兼社長室部長（経営政策担当）

執行役員
常冨　浩之
（つねとみ・ひろゆき）

出身地　福岡県
63年1月28日生
（昭和38年）

学歴　85（昭和60）年3月九州大学法学部卒
職歴　85年4月九州電力入社、02年7月鹿児島支店企画管理室（課長）、03年7月鹿児島支店企画管理室企画管理グループ長、05年7月資材燃料部付電気事業連合会出向、08年7月燃料部原子燃料バックエンドグループ課長、10年7月国際事業本部燃料部原子燃料バックエンドグループ長、11年7月国際事業本部原子燃料フロントエンドグループ長、13年7月国際事業本部総括グループ長、14年7月国際事業本部副部長兼燃料供給事業グループ長、15年7月国際事業本部副部長兼燃料企画グループ長兼燃料供給事業グループ長、同年8月国際事業本部副部長兼燃料供給事業グループ長、16年7月国際事業本部部長、17年4月エネルギーサービス事業統括本部企画・需給本部部長、18年6月執行役員・エネルギーサービス事業統括本部企画・需給本部副本部長

沖 縄 電 力

〒901-2602 浦添市牧港5丁目2番1号
☎ 098－877－2341(代表)

沖縄電力は2018年6月28日の株主総会を経て「石嶺伝一郎会長─大嶺満社長」体制は6年目を迎えた。社外を含め、取締役14氏と監査役5氏の計19人の顔ぶれは変わらない。
　役員の業務分担も小幅な変更にとどまった。宮里学取締役は研究開発部を統括する。仲宗根斉取締役は、離島カンパニー副社長に就いた。
　グループ会社のトップ人事では、沖縄エネテック（沖縄県浦添市）の社長に、仲尾理氏が就任した。
　他電力会社エリアと比べて電力小売り全面自由化競争が進んでいなかった沖縄エリアだが、4月に沖縄電力が新電力向けに卸電力メニューの提供を開始したのに伴い、新規参入者がじわじわと現れ始めた。新電力最大手のエネット（東京都港区、川越祐司社長）と、生協系のおきなわコープエナジー（那覇市、嘉手川繁之社長）は10月に参入を計画する。イーレックスと沖縄ガス（那覇市、我那覇力蔵社長）の合弁会社も、5万キロワッ級のバイオマス発電所の建設を進め、事業拡大を目指す。
　迎え撃つ沖縄電力は、エネルギー・サービス・プロバイダー（ESP）事業会社「リライアンスエナジー沖縄」（沖縄県浦添市、本永浩之社長）を設立し、需要家の幅広いエネルギーニーズに応えていく。大口需要家にはガスの営業も推進。家庭向けではオール電化営業を積極的に展開している。総合エネルギーサービスを充実させ、顧客の囲い込みを図る。

役員の担当　◇　沖　縄　電　力

代表取締役会長	石嶺伝一郎	☆
代表取締役社長	大嶺　滿	☆
代表取締役副社長	本永　浩之	社長の補佐、CSR、企画本部長、東京支社（総務部、経理部、資材部、用地部、お客さま本部、支店）
代表取締役副社長	島袋　清人	社長の補佐、内部監査室、防災室、環境部、発電本部長、離島カンパニー社長（IT推進本部、研究開発部、送配電本部）
常務取締役	仲里　武思	お客さま本部長、支店
常務取締役	恩川　英樹	経理部、資材部、用地部
取締役	宮里　学	IT推進本部長、研究開発部
取締役	仲宗根　斉	送配電本部副本部長、配電部、離島カンパニー副社長
取締役	成底　勇人	総務部長
取締役	横田　哲	送配電本部長、電力流通部長
取締役	久貝　博康	発電本部副本部長、発電部長
取締役	小禄　邦男	☆
取締役	岡田　晃	☆
取締役	湯淺　英雄	☆
常任監査役	山城　克己	☆
常任監査役	小橋川健二	☆
監査役	比嘉　正輝	☆
監査役	野崎　四郎	☆
監査役	阿波連　光	☆

代表取締役会長
石嶺　伝一郎
（いしみね・でんいちろう）

出身地　沖縄県
49年4月26日生
（昭和24年）
趣味　読書、ゴルフ
信条

学歴
72（昭和47）年3月琉球大学法文学部商学科卒
職歴
72年4月琉球電力公社（現沖縄電力）入社、98年4月経理部長、00年6月総務部長、01年6月取締役総務部長、03年6月常務取締役、05年6月代表取締役副社長・離島カンパニー社長、07年6月代表取締役社長・お客さま本部長、09年6月代表取締役社長、13年4月代表取締役会長

代表取締役社長
大嶺　滿
（おおみね・みつる）

出身地　沖縄県
55年8月31日生
（昭和30年）
趣味　読書
信条

学歴
80（昭和55）年3月青山学院大学経営学部経営学科卒
職歴
80年4月沖縄電力入社、01年7月経理部次長、03年6月経理部長、05年6月取締役経理部長、08年6月取締役・企画本部副本部長、09年6月常務取締役・企画本部長、11年6月代表取締役副社長、13年4月代表取締役社長

代表取締役副社長
本永　浩之
（もとなが・ひろゆき）

出身地　沖縄県
63年9月22日生
（昭和38年）
趣味　ジョギング、サイクリング
信条

学歴
88（昭和63）年3月慶応義塾大学経済学部卒
職歴
88年4月沖縄電力入社、05年7月総務部広報室長、08年7月企画本部企画部次長、11年7月企画本部企画部部長、13年6月取締役総務部長、15年6月代表取締役副社長・お客さま本部長、17年6月代表取締役副社長・企画本部長

代表取締役副社長
島袋　清人
（しまぶくろ・きよひと）

出身地　沖縄県
64年2月28日生
（昭和39年）
趣味　音楽鑑賞、釣り
信条

学歴
90（平成2）年3月琉球大学大学院工学研究科修士課程修了
職歴
90年4月沖縄電力入社、08年7月離島カンパニー離島事業部次長、11年7月防災室長、13年6月取締役離島カンパニー離島事業部長・離島カンパニー副社長、14年6月取締役離島カンパニー離島事業部長・離島カンパニー社長、15年6月代表取締役副社長・電力本部長・離島カンパニー社長、16年4月代表取締役副社長・発電本部長・送配電本部長・離島カンパニー社長、同年6月代表取締役副社長・発電本部長・離島カンパニー社長

常務取締役
仲里　武思
（なかざと・たけし）

出身地　沖縄県
61年10月6日生
（昭和36年）
趣味　空手
信条

学歴
85（昭和60）年3月沖縄大学法経学部経済学科卒
職歴
85年4月沖縄電力入社、03年7月企画本部企画部次長、04年7月お客さま本部営業部次長、08年7月企画本部企画部長、11年6月取締役企画本部企画部長・企画本部副本部長、15年6月常務取締役・企画本部長、17年6月常務取締役・お客さま本部長

常務取締役
恩川　英樹
（おんかわ・ひでき）

出身地　沖縄県
61年7月13日生
（昭和36年）
趣味　家庭菜園
信条

学歴
85（昭和60）年3月琉球大学法文学部経済学科卒
職歴
85年4月沖縄電力入社、03年7月経理部次長、08年6月経理部長、11年6月取締役経理部長、15年6月常務取締役

取締役
宮里　学
（みやざと・まなぶ）

出身地　沖縄県
57年11月27日生
（昭和32年）
趣味　ウオーキング
信条

学歴
81（昭和56）年3月琉球大学理工学部電気工学科卒
職歴
81年4月沖縄電力入社、01年7月企画本部事業開発部新規事業開発室長、11年7月IT推進本部部長・IT推進本部副本部長、12年7月理事IT推進本部部長・IT推進本部副本部長、15年6月取締役IT推進本部部長・IT推進本部長、17年6月取締役・IT推進本部長

取締役
仲宗根　斉
（なかそね・ひとし）

出身地　沖縄県
63年3月15日生
（昭和38年）
趣味
信条

学歴
86（昭和61）年3月琉球大学工学部電気工学科卒
職歴
86年4月沖縄電力入社、05年7月総務部秘書室長、07年7月お客さま本部那覇支店支店長代理、10年6月お客さま本部うるま支店長、12年7月お客さま本部配電部長、13年7月お客さま本部理事配電部長・お客さま本部副本部長、15年6月取締役お客さま本部配電部長・お客さま本部副本部長、16年4月取締役送配電本部配電部長・送配電本部副本部長、18年6月取締役・送配電本部副本部長・離島カンパニー副社長

取締役
成底　勇人
（なりそこ・はやと）

出身地　沖縄県
63年10月31日生
（昭和38年）
趣味　映画鑑賞
信条

学歴
87（昭和62）年3月東京農工大学工学部電気工学科卒
職歴
87年4月沖縄電力入社、05年7月企画本部事業開発部新規事業開発室長、09年7月企画本部事業開発部次長、13年7月企画本部企画部部長、15年6月理事総務部長、16年6月取締役総務部長

取締役
横田　哲
（よこだ・てつ）

出身地　沖縄県
67年5月2日生
（昭和42年）
趣味　音楽鑑賞、ゴルフ
信条

学歴
91（平成3）年3月琉球大学工学部電気工学科卒
職歴
91年4月沖縄電力入社、12年7月電力本部電力流通部次長、14年7月電力本部電力流通部部長、15年6月電力本部理事電力流通部長・電力本部副本部長、16年4月送配電本部理事電力流通部長・送配電本部副本部長、同年6月取締役送配電本部電力流通部長・送配電本部長

取締役
久貝　博康
（くがい・ひろやす）

出身地　沖縄県
63年10月28日生
（昭和38年）
趣味　ゴルフ
信条

学歴
87（昭和62）年3月琉球大学工学部電気工学科卒
職歴
87年4月沖縄電力入社、07年7月電力本部発電部次長、09年7月電力本部発電部具志川火力発電所長、10年7月電力本部発電部次長、11年7月電力本部発電部部長、13年6月防災室長、同年7月理事防災室長、15年6月電力本部理事発電部長、16年4月発電本部理事発電部長、同年6月発電本部理事発電部長・発電本部副本部長、17年6月取締役発電本部発電部長・発電本部副本部長

取締役
小禄　邦男
（おろく・くにお）

出身地　沖縄県
35年9月20日生
（昭和10年）
趣味　読書、映画鑑賞、ゴルフ
信条

学歴
60（昭和35）年3月早稲田大学第一文学部英文科卒
職歴
60年3月琉球放送㈱入社、75年5月取締役東京支社長、同年7月取締役総務局長、78年10月常務取締役総務局長、82年1月代表取締役専務、同年5月代表取締役社長、97年6月代表取締役会長、99年6月沖縄電力取締役、11年6月琉球放送㈱代表取締役最高顧問、17年6月取締役最高顧問
主な公職
99年1月沖縄懇話会沖縄側代表幹事、00年4月沖縄経済同友会特別幹事
叙勲・褒賞
藍綬褒章（97年4月）、旭日中綬章（09年4月）

沖縄

取締役
岡田　晃
（おかだ・あきら）

出身地　愛媛県
55年11月14日生
（昭和30年）
趣味
信条

学歴
79（昭和54）年3月東京大学経済学部卒
職歴
79年4月全日本空輸㈱入社、10年6月取締役執行役員オペレーション推進会議議長・オペレーション統括本部長、12年4月常務取締役執行役員貨物事業室長、14年4月㈱ANA Cargo代表取締役社長、15年4月全日本空輸㈱専務取締役執行役員貨物事業室長、同年6月沖縄電力取締役、16年4月㈱ANA総合研究所代表取締役社長、17年4月㈱ANA Cargo顧問

取締役
湯淺　英雄
（ゆあさ・ひでお）

出身地　大分県
55年8月3日生
（昭和30年）
趣味
信条

学歴
78（昭和53）年3月山口大学経済学部経営学科卒
職歴
88年10月第二電電㈱（現KDDI㈱）入社、09年6月沖縄セルラー電話㈱取締役、10年6月KDDI㈱取締役執行役員常務コンシューマ事業本部長、15年6月沖縄セルラー電話㈱代表取締役副社長、16年6月代表取締役社長、17年6月沖縄電力取締役

常任監査役
山城　克己
（やましろ・かつみ）

出身地　沖縄県
59年4月3日生
（昭和34年）
趣味　ゴルフ、映画鑑賞
信条

学歴
83（昭和58）年3月琉球大学法学部経済学科卒
職歴
83年7月沖縄電力入社、04年7月お客さま本部企画室長、06年7月お客さま本部営業部長、09年6月理事総務部長、11年6月取締役総務部長、13年6月常務取締役、15年6月常任監査役

常任監査役
小橋川　健二
（こばしがわ・けんじ）

出身地　沖縄県
55年11月24日生
（昭和30年）
趣味
信条

学歴
79（昭和54）年3月大阪大学法学部法学科卒
職歴
79年5月沖縄県庁入庁、13年4月総務部長、15年5月沖縄電力総務部理事、16年6月監査役、17年6月常任監査役

監査役
比嘉　正輝
（ひが・まさてる）

出身地　沖縄県
44年4月21日生
（昭和19年）
趣味
信条

学歴
67（昭和42）年3月専修大学経済学部卒
職歴
74年5月㈱リウボウ入社、83年5月取締役営業部次長、85年6月取締役経理部長、88年1月常務取締役企画室長、90年9月㈱リウボウインダストリー常務取締役、92年5月㈱リウボウ代表取締役社長、94年3月㈱リウボウインダストリー代表取締役社長、07年2月沖縄電力仮監査役、同年6月監査役、08年5月㈱リウボウインダストリー（現㈱リウボウホールディングス）代表取締役会長、11年3月㈱リウボウインダストリー（会社分割による新設会社）代表取締役会長、16年5月㈱リウボウホールディングス代表取締役

監査役
野崎　四郎
（のざき・しろう）

出身地　沖縄県
47年5月5日生
（昭和22年）
趣味
信条

学歴
76（昭和51）年3月上智大学大学院経済学研究科修士課程修了
職歴
85年10月㈱沖縄計画研究所所長、92年4月沖縄国際大学助教授、95年4月教授、04年4月経済学部学部長、07年6月沖縄電力監査役、13年4月沖縄国際大学名誉教授
主な公職
99年12月沖縄県将来展望委員会委員長、05年1月那覇市都市計画審議会会長、同年10月沖縄労働局沖縄地方労働審議会会長

監査役
阿波連　光
(あはれん・ひかる)

出身地　沖縄県
64年8月26日生
(昭和39年)
趣味
信条

学歴
89(平成元)年3月千葉大学法経学部法学科卒、94年3月司法研修所終了
職歴
94年4月与世田兼稔法律事務所入所、00年3月ひかり法律事務所所長、11年6月沖縄電力監査役
主な公職
04年2月沖縄県国民健康保険審査会会長、同年2月沖縄県後期高齢者医療審査会会長、15年4月沖縄弁護士会会長、同年8月那覇市公平委員会委員長、17年12月沖縄県公安委員会委員長

電　源　開　発

〒104-8165　東京都中央区銀座6丁目15番1号
☎　０３－３５４６－２２１１(代表)

Ｊパワー（電源開発）は2018年6月27日の株主総会後の取締役会・監査役会で、新役員人事を決定した。北村雅良会長と渡部肇史社長は続投。副社長では、尾ノ井芳樹氏と南之園弘巳氏が代表権のない副社長に就き、江藤修治氏は退任した。代表権を持つ副社長3人は再任され、副社長は5人体制となった。

　それ以外の取締役・常務執行役員3人に動きはなく、取締役は社内が1人減り10人、社外は変わらず3人の体制。監査役は引き続き5人体制だが、河谷眞一氏が常任監査役に昇任した。監査役は常任3人、常任ではない監査役2人となった。

　取締役ではない執行役員は昇任・退任がなく、野村京哉、萩原修、関根良二、謝花たかしの4氏が新任された。常務執行役員は5人で変わらず、常務執行役員ではない執行役員が倍増の8人となったことで、執行役員は13人体制となった。

　3年目を迎える「北村会長―渡部社長」体制では、引き続き、25年度を目標年度とする中期経営計画の具現化に取り組む。18年度からは、火力発電事業とともに、再生可能エネルギーの普及拡大を一段と進める。100万キロワツ規模の再エネ新規開発を行い、水力発電の年間発電電力量を17年度比3億キロワツ時、風力発電などの年間発電量を同25億キロワツ時、それぞれ増やす目標を中計に明記した。再エネの取り組みを加速するため、再生可能エネルギー本部も新設した。

役員の担当　◇　電源開発

代表取締役会長	北村　雅良	全社コンプライアンス総括
代表取締役社長	渡部　肇史	☆
代表取締役副社長	村山　均	業務全般 生産・技術統括 資材調達部
代表取締役副社長	内山　正人	業務全般 エネルギー営業本部長（事務委嘱） 経営企画部、財務部、総務部
代表取締役副社長	浦島　彰人	業務全般 原子力事業本部長（事務委嘱）
取締役副社長	尾ノ井芳樹	業務全般 国際事業本部長（事務委嘱）
取締役副社長	南之園弘巳	業務全般 原子力事業本部副本部長（事務委嘱） 秘書広報部、人事労務部、立地・環境部、原子力業務部
取締役常務執行役員	杉山　弘泰	再生可能エネルギー本部長（事務委嘱） 原子力事業本部長代理（事務委嘱） 土木建築部 火力建設事業および国際事業に関する特命事項
取締役常務執行役員	筑田　英樹	火力発電部、火力建設部、技術開発部 国際事業に関する特命事項
取締役常務執行役員	本田　亮	国際事業本部副本部長（事務委嘱） 財務部、資材調達部、国際業務部、国際営業部 経営企画業務に関する特命事項
取締役	梶谷　剛	☆
取締役	伊藤　友則	☆
取締役	ジョン　ブカナン	☆
常任監査役	福田　直利	☆
常任監査役	藤岡　博	☆
常任監査役	河谷　眞一	☆
監査役	大塚　陸毅	☆
監査役	中西　清	☆

代表取締役会長
北村　雅良
（きたむら・まさよし）

出身地　長野県
47年5月11日生
（昭和22年）
趣味　山歩き、自然・動植物写真撮影
信条　「道」なければ迷わず

学歴
72（昭和47）年3月東京大学経済学部経済学科卒
職歴
72年4月電源開発入社、87年7月労務部労務課長、88年7月立地環境部第一立地室課長、91年7月企画部企画室課長、92年7月企画部企画室次長、97年7月企画部民営化準備室長、99年1月新事業開発室長、00年6月企画部長、01年6月取締役・企画部長、02年4月取締役、04年6月常務取締役、07年6月代表取締役副社長、09年6月代表取締役社長、16年6月代表取締役会長

代表取締役社長
渡部　肇史
（わたなべ・としふみ）

出身地　大分県
55年3月10日生
（昭和30年）
趣味　映画鑑賞、旅行、スキー
信条

学歴
77（昭和52）年3月東京大学法学部卒
職歴
77年4月電源開発入社、91年10月原子力部原子力業務室課長、93年7月原子力部原子力業務課長、同年10月企画部企画課長、97年7月企画部経営企画グループリーダー、98年7月企画部経営企画・調査グループリーダー、00年7月企画部民営化準備室長、同年12月企画部長代理兼企画部民営化準備室長、02年4月企画部長兼企画部民営化準備室長、04年6月経営企画部長、06年6月取締役、09年6月常務取締役、10年6月常務取締役・原子力事業本部副本部長、12年6月取締役常務執行役員・原子力事業本部副本部長、13年6月代表取締役副社長・原子力事業本部副本部長、16年6月代表取締役社長

代表取締役副社長
村山　均
（むらやま・ひとし）

出身地　長野県
54年2月2日生
（昭和29年）
趣味
信条

学歴
80（昭和55）年3月北海道大学大学院工学研究科合成化学工学専攻修了
職歴
80年4月電源開発入社、94年4月火力部火力建設室課長、98年3月橘湾火力建設所機械グループリーダー、00年7月橘湾火力建設所機械グループリーダー兼橘湾火力発電所保修グループリーダー、02年7月火力事業部企画・管理グループ（副部長）、03年6月開発電気㈱出向、04年4月㈱ジェイペック出向、06年6月火力事業部長代理、同年7月火力発電部長代理、08年6月火力発電部長、09年6月執行役員・火力発電部長、10年6月執行役員・火力エンジニアリング部長、11年12月執行役員・火力建設部長、12年6月取締役常務執行役員、15年6月代表取締役副社長

代表取締役副社長
内山　正人
（うちやま・まさと）

出身地　福岡県
55年7月23日生
（昭和30年）
趣味
信条

学歴
78（昭和53）年3月慶応義塾大学法学部法律学科卒
職歴
78年4月電源開発入社、92年7月関西支社総務課長、95年4月総務部広報室課長、00年7月人事労務部調査役、02年4月人事労務部長代理、同年10月事業企画部長代理、04年7月事業企画部部長、05年3月エネルギー業務部長、08年7月審議役兼エネルギー業務部長、09年6月執行役員・エネルギー業務部長、11年12月常務執行役員（人事労務部、エネルギー業務部）、13年6月取締役常務執行役員、15年6月取締役副社長、同年10月取締役副社長・エネルギー営業本部長、16年6月代表取締役副社長・エネルギー営業本部長

代表取締役副社長
浦島　彰人
（うらしま・あきひと）

出身地　東京都
55年7月18日生
（昭和30年）
趣味　サッカー観戦、スキー
信条

学歴
80（昭和55）年3月東京大学大学院工学系研究科産業機械工学専攻修了

職歴
80年4月電源開発入社、94年4月原子力部原子力技術課長、97年7月原子力部原子燃料グループ課長、99年7月原子力部原子燃料グループリーダー、同年9月原子力部機械グループリーダー、03年7月原子力事業部長代理、07年9月原子力事業部大間原子力建設準備事務所副所長、08年5月大間現地本部大間原子力建設所副所長兼大間現地本部長代理、09年12月大間現地本部大間原子力建設所長、10年6月執行役員・大間現地本部大間原子力建設所長、14年6月常務執行役員・原子力事業本部長代理（大間現地本部）、15年6月取締役常務執行役員・原子力事業本部長代理、17年6月代表取締役副社長・原子力事業本部長

取締役副社長
尾ノ井　芳樹
（おのい・よしき）

出身地　兵庫県
55年7月14日生
（昭和30年）
趣味　カラオケ、水泳
信条

学歴
79（昭和54）年3月京都大学工学部卒

職歴
79年4月電源開発入社、95年2月沖縄海水揚水建設所工事課課長、同年7月国際事業部国際営業技術課課長、97年7月国際事業部IPP事業室（課長）、02年4月新事業戦略室（副部長）、04年4月事業企画部長代理、06年7月設備企画部長、09年6月執行役員・設備企画部長、11年1月執行役員・国際事業本部副本部長（国際事業に関する特命事項（タイ国駐在））、13年1月執行役員・国際事業本部副本部長、同年6月常務執行役員・国際事業本部副本部長（設備企画部、国際業務部）、15年6月取締役常務執行役員・国際事業本部長、18年6月取締役副社長・国際事業本部長

取締役副社長
南之園　弘巳
（みなみのその・ひろみ）

出身地　鹿児島県
56年10月19日生
（昭和31年）
趣味
信条

学歴
81（昭和56）年3月東京大学法学部卒
職歴
81年4月電源開発入社、96年4月人事部課長、98年7月人事労務部人事グループリーダー、02年4月総務部株式公開準備グループリーダー、同年10月総務部総務グループリーダー兼総務部株式公開準備グループリーダー、04年7月総務部長代理、06年6月㈱JPビジネスサービス出向、08年6月営業部長、09年6月人事労務部長、11年12月秘書広報部長兼秘書広報部広報室長、12年6月秘書広報部長、13年6月執行役員・秘書広報部長、14年6月常務執行役員・大間現地本部長・原子力事業本部長代理、16年6月取締役常務執行役員・エネルギー営業本部長代理・原子力事業本部長代理、17年6月取締役常務執行役員・エネルギー営業本部副本部長・原子力事業本部長代理、18年6月取締役副社長・原子力事業本部副本部長

取締役常務執行役員
杉山　弘泰
（すぎやま・ひろやす）

出身地　東京都
56年4月11日生
（昭和31年）
趣味
信条

学歴
81（昭和56）年3月早稲田大学大学院理工学研究科建設工学専攻修了
職歴
81年4月電源開発入社、95年3月火力部火力土木建築課課長、96年4月火力部火力土木建築課長、97年7月建設部設計室火力グループリーダー、98年3月建設部設計室地盤解析グループリーダー、01年7月エンジニアリングセンター電力・インフラ技術室課長、02年4月エンジニアリング事業部地盤耐震技術グループリーダー、03年7月エンジニアリング事業部建設技術グループリーダー、06年7月水力エンジニアリング部土木技術室長、08年7月国際営業部技術営業室長、10年2月国際営業部開発営業室長、同年10月国際営業部長、12年7月国際営業部長、13年6月執行役員・国際営業部長・国際事業本部長代理、15年6月常務執行役員・国際事業本部長代理（環境エネルギー事業部、国際営業部）、16年6月取締役常務執行役員・原子力事業本部長代理、18年6月取締役常務執行役員・再生可能エネルギー本部長・原子力事業本部長代理

取締役常務執行役員
筑田　英樹
（つくだ・ひでき）

出身地　北海道
57年6月7日生
（昭和32年）
趣味　読書、ウオーキング
信条　誠実

学歴
81（昭和56）年3月北海道大学工学部電気工学科卒
職歴
81年4月電源開発入社、96年7月松浦火力2号機建設所電気課課長、97年7月マシンロック石炭火力工事監理事務所セクション・マネージャー、99年1月新事業開発室開発グループ課長、02年7月新エネルギー・産業技術総合開発機構出向、04年4月新事業部環境リサイクル事業グループリーダー、06年6月㈱ジェイペック出向、08年6月火力発電部長代理、09年10月火力発電部磯子火力発電所長、12年6月火力建設部長、13年6月執行役員・火力発電部長、15年6月常務執行役員（火力発電部、火力建設部、技術開発部）、17年6月取締役常務執行役員

取締役常務執行役員
本田　亮
（ほんだ・まこと）

出身地　山形県
58年7月6日生
（昭和33年）
趣味
信条

学歴
82（昭和57）年3月東北大学法学部卒
職歴
82年4月電源開発入社、97年7月関西支社総務グループリーダー、99年10月人事労務部労務厚生グループリーダー、00年7月人事労務部労働グループリーダー、03年7月財務部財務室長代理、04年7月財務部財務室長、09年7月営業部部長（営業担当）、10年6月営業部長、14年6月執行役員・経営企画部長、16年6月常務執行役員（経営企画部、資材調達部）、17年6月取締役常務執行役員・国際事業本部副本部長

取締役
梶谷　剛
（かじたに・ごう）

出身地　東京都
36年11月22日生
（昭和11年）
趣味
信条

学歴
59（昭和34）年3月成蹊大学政治経済学部卒
職歴
67年4月弁護士登録（第一東京弁護士会入会）、梶谷法律事務所入所、85年4月第一東京弁護士会副会長、90年1月日本弁護士連合会事務次長、98年4月日本弁護士連合会副会長、第一東京弁護士会会長、99年6月㈶日弁連法務研究財団理事、02年4月㈶日本法律家協会理事、04年4月日本弁護士連合会会長、09年6月電源開発取締役
叙勲・褒賞
07年5月旭日重光章

取締役
伊藤　友則
（いとう・とものり）

出身地　兵庫県
57年1月9日生
（昭和32年）
趣味
信条

学歴
79（昭和54年）3月東京大学経済学部卒、84年6月ハーバード・ビジネス・スクール卒（MBA）
職歴
79年4月㈱東京銀行入行、82年6月ハーバード・ビジネス・スクール派遣、84年9月㈱東京銀行国際企業部、87年5月資本市場第一部部長代理、90年3月東京銀行信託会社ニューヨーク支店インベストメント・バンキング・グループバイスプレジデント、94年4月㈱東京銀行ニューヨーク支店エマージング・マーケット・グループバイスプレジデント、95年3月スイス・ユニオン銀行営業開発第二部長、97年8月東京支店長兼投資銀行本部長、98年6月UBS証券会社投資銀行本部長マネージングディレクター、11年4月一橋大学大学院国際企業戦略研究科特任教授、12年5月㈱パルコ社外取締役、同年10月一橋大学大学院国際企業戦略研究科教授、14年6月㈱あおぞら銀行社外取締役、16年6月電源開発取締役

取締役
John Buchanan
（ジョン　ブカナン）

出身地　英国
51年10月31日生
（昭和26年）
趣味
信条

学歴
74（昭和49）年6月ケンブリッジ大学東洋学部卒、06年7月ケンブリッジ大学ジャッジ・ビジネススクール博士課程修了
職歴
74年10月ロイズ銀行グループ入社、81年1月大阪支店長、83年8月バルセロナ支店長、87年10月エス・ジー・ウオーバーグ・アンド・カンパニー入社、92年10月取締役、95年10月㈱住友銀行ロンドン支店入社（ヨーロッパM&A担当）、00年5月大和証券SBCMヨーロッパ・リミテッド入社（ヨーロッパM&A担当）、06年8月ケンブリッジ大学ビジネスリサーチセンターリサーチアソシエイト、16年6月電源開発取締役

常任監査役
福田　直利
（ふくだ・なおり）

出身地　岩手県
56年3月25日生
（昭和31年）
趣味
信条

学歴
79（昭和54）年3月東京大学工学部土木工学科卒
職歴
79年4月電源開発入社、94年7月建設部工事課課長、96年4月企画部企画課課長、00年2月建設部建設管理グループリーダー、02年4月エンジニアリング事業部企画・管理グループリーダー、04年4月原子力事業部大間原子力建設準備事務所長代理、07年7月国際事業部部長、08年6月水力エンジニアリング部長、10年6月執行役員・水力エンジニアリング部長、11年12月執行役員・土木建築部長、12年6月常務執行役員（土木建築部、環境エネルギー事業部）、13年6月取締役常務執行役員、14年12月取締役常務執行役員・原子力事業本部長代理、16年6月常任監査役

常任監査役
藤岡　博
（ふじおか・ひろし）

出身地　福岡県
54年6月2日生
（昭和29年）
趣味
信条

学歴
77（昭和52）年3月東京大学法学部卒、12年2月政策研究大学院大学博士号取得（政策研究）

職歴
77年4月大蔵省入省、98年7月理財局地方資金課長、00年7月理財局資金第一課長、01年1月財務省理財局財政投融資総括課長、02年7月大臣官房地方課長兼財務総合政策研究所次長、03年7月大臣官房参事官（大臣官房担当）、04年7月大臣官房政策評価審議官兼大臣官房審議官（大臣官房担当）、05年7月東海財務局長、06年7月理財局次長、08年7月関税局長、09年7月国土交通省政策統括官、12年1月独立行政法人住宅金融支援機構副理事長、14年1月財務省大臣官房審議官（大臣官房担当）、同年2月辞職、同年6月電源開発監査役、15年6月常任監査役

常任監査役
河谷　眞一
（かわたに・しんいち）

出身地　兵庫県
57年2月14日生
（昭和32年）
趣味
信条

学歴
80（昭和55）年3月東京大学経済学部経済学科卒

職歴
80年4月電源開発入社、95年4月関西支社総務課長、97年7月経理部予算グループ課長、98年7月経理部資金グループリーダー、00年7月経理部予算グループリーダー、02年4月企画部経営管理グループリーダー、05年6月㈱開発設計コンサルタント出向、07年6月原子力事業部部長、08年5月原子力業務部長、12年6月国際業務部長、13年6月執行役員・国際業務部長・国際事業本部長代理、15年6月常務執行役員・国際業務部長・国際事業本部長代理、16年6月常務執行役員・国際事業本部長代理（環境エネルギー事業部、国際業務部）、17年6月監査役、18年6月常任監査役

監査役
大塚　陸毅
（おおつか・むつたけ）

出身地　福井県
43年1月5日生
（昭和18年）
趣味
信条

学歴
65（昭和40）年3月東京大学法学部卒

職歴
65年4月日本国有鉄道入社、82年12月経理局調査役、85年6月総裁室秘書役、87年4月東日本旅客鉄道㈱入社・財務部長、90年6月取締役・人事部長、92年6月常務取締役・人事部長、94年1月常務取締役、96年6月常務取締役・総合企画本部副本部長、97年6月代表取締役副社長・総合企画本部長、00年6月代表取締役社長、06年4月取締役会長、07年4月電源開発仮監査役、同年6月監査役、12年4月東日本旅客鉄道㈱相談役

監査役
中西　清
（なかにし・きよし）

出身地　兵庫県
45年4月2日生
（昭和20年）
趣味
信条

学歴
70（昭和45）年3月京都大学大学院工学研究科修士課程機械工学専攻修了

職歴
70年4月トヨタ自動車工業㈱入社、82年7月トヨタ自動車㈱に社名変更、97年1月第4開発センター第3エンジン技術部部長、00年6月取締役、03年6月常務役員、04年6月顧問、同年6月㈱コンポン研究所代表取締役所長、10年6月顧問、同年6月㈱豊田中央研究所顧問、同年6月トヨタテクノクラフト㈱（現㈱トヨタカスタマイジング＆ディベロップメント）監査役、11年6月電源開発監査役

| 執行役員の担当　◇　電源開発 |

常務執行役員	楠瀬　昌作	原子力事業本部長代理（事務委嘱） 大間現地本部長（事務委嘱）
常務執行役員	嶋田　善多	再生可能エネルギー本部長代理（事務委嘱） 風力事業部 国際事業に関する特命事項
常務執行役員	鈴木　亮	再生可能エネルギー本部長代理（事務委嘱） 水力発電部、流通システム部 国際事業に関する特命事項
常務執行役員	静間　久徳	原子力事業本部長代理（事務委嘱） 原子力技術部
常務執行役員	菅野　等	経営企画部、総務部、立地・環境部 開発計画業務に関する特命事項
執行役員	笹津　浩司	技術開発部 火力建設事業に関する特命事項
執行役員	星　克則	流通システム部 経営企画業務に関する特命事項
執行役員	倉田　一秀	原子力業務部長（事務委嘱）
執行役員	池田　正昭	秘書広報部長（事務委嘱）
執行役員	野村　京哉	水力発電部長（事務委嘱）
執行役員	萩原　修	大間現地本部副本部長（事務委嘱） 大間原子力建設所長（事務委嘱）
執行役員	関根　良二	エネルギー営業本部長代理（事務委嘱） エネルギー計画部長（事務委嘱）
執行役員	謝花たかし	国際営業部長（事務委嘱）

常務執行役員
楠瀬　昌作
（くすのせ・しょうさく）

出身地　香川県
57年9月15日生
（昭和32年）

学歴　83（昭和58）年3月東京大学工学部卒
職歴　83年4月電源開発入社、02年4月原子力事業部計画グループリーダー、05年7月原子力事業部大間原子力建設準備事務所長代理、07年9月原子力事業部調査役、08年5月原子力業務部長代理、10年12月原子力建設部長代理、11年12月原子力建設部建設管理室長、12年7月大間現地本部大間原子力建設所副所長、14年6月大間現地本部大間原子力建設所長、15年6月執行役員・大間現地本部大間原子力建設所長・大間現地本部副本部長、16年6月常務執行役員・大間現地本部長・原子力事業本部長代理

常務執行役員
嶋田　善多
（しまだ・よしかず）

出身地　大阪府
57年5月16日生
（昭和32年）

学歴　82（昭和57）年3月京都大学大学院工学研究科土木工学専攻修了
職歴　82年4月電源開発入社、97年7月建設部工事グループリーダー、02年4月エンジニアリング事業部開発企画グループリーダー、06年7月水力エンジニアリング部長代理、07年6月㈱開発設計コンサルタント出向、10年6月水力エンジニアリング部部長、11年12月土木建築部部長、12年6月土木建築部長、15年6月執行役員・土木建築部長、17年6月常務執行役員（環境エネルギー事業部）、18年6月常務執行役員・再生可能エネルギー本部長代理（風力事業部）

常務執行役員
鈴木　亮
（すずき・りょう）

出身地　新潟県
58年10月15日生
（昭和33年）

学歴　82（昭和57）年3月中央大学理工学部電気工学科卒
職歴　82年4月電源開発入社、05年4月CBK Power Company Ltd.出向、08年5月水力・送変電部調査役、同年6月水力・送変電部長代理、11年7月水力・送変電部中部支店副支店長、12年6月㈱JPハイテック出向、14年2月水力発電部長、15年6月執行役員・水力発電部長、17年6月常務執行役員（水力発電部、流通システム部）、18年6月常務執行役員・再生可能エネルギー本部長代理（水力発電部、流通システム部）

常務執行役員
静間　久徳
（しずま・ひさのり）

出身地　福岡県
60年2月18日生
（昭和35年）

学歴　83（昭和58）年3月九州大学工学部機械工学科卒
職歴　83年4月電源開発入社、02年4月原子力事業部計装システムグループリーダー、05年7月原子力事業部機械グループリーダー、07年9月原子力事業部長代理、10年3月大間現地本部大間原子力建設所副所長、12年7月原子力建設部長、14年12月原子力技術部長、15年6月執行役員・原子力技術部長、17年6月常務執行役員・原子力事業本部長代理（原子力技術部）

常務執行役員
菅野　等
（かんの・ひとし）

出身地　山形県
61年4月19日生
（昭和36年）

学歴　84（昭和59）年3月筑波大学第二学群比較文化学類卒
職歴　84年4月電源開発入社、02年4月総務部関連事業グループリーダー、05年7月経営企画部経営管理グループリーダー、06年7月経営企画部長代理、10年7月設備企画部長代理兼経営企画部長代理、11年1月設備企画部長、15年6月執行役員・設備企画部長、同年10月執行役員・開発計画部長、16年6月執行役員・経営企画部長、17年6月常務執行役員（経営企画部、総務部、立地・環境部）

執行役員
笹津　浩司
（ささつ・ひろし）

出身地　広島県
62年3月15日生
（昭和37年）

学歴　86（昭和61）年3月筑波大学大学院環境科学研究科環境科学専攻修了
職歴　86年4月電源開発入社、02年4月技術開発センターSOFC開発グループリーダー、03年4月技術開発センター水素・エネルギー供給グループリーダー、06年7月技術開発センター事業化グループリーダー、08年4月技術開発センター研究企画グループリーダー、同年7月技術開発センター所長代理、10年7月技術開発センター若松研究所長、13年6月火力発電部磯子火力発電所長、15年6月技術開発部長、16年6月執行役員・技術開発部長、18年6月執行役員（技術開発部）

執行役員
星　克則
（ほし・かつのり）

出身地　新潟県
60年3月20日生
（昭和35年）

- **学歴**　82（昭和57）年3月電気通信大学電気通信学部通信工学科卒
- **職歴**　82年4月電源開発入社、05年3月事業企画部調査役兼エネルギー業務部調査役、06年7月設備企画部調査役、07年10月設備企画部長代理、09年7月設備企画部部長、11年1月設備企画部審議役、同年7月経営企画部IT・通信室長、同年12月流通システム部部長、13年12月流通システム部長、15年6月審議役兼流通システム部長、17年6月執行役員（流通システム部）

執行役員
倉田　一秀
（くらた・いっしゅう）

出身地　京都府
61年11月20日生
（昭和36年）

- **学歴**　84（昭和59）年3月早稲田大学政治経済学部政治学科卒
- **職歴**　84年4月電源開発入社、04年7月新事業部事業管理グループリーダー、06年7月環境エネルギー事業部管理グループリーダー、07年7月総務部関連事業室長、10年6月㈱ジェイペック出向、12年6月大間現地本部大間原子力建設所副所長兼大間現地本部長代理、14年6月総務部長、16年7月原子力業務部長、17年6月執行役員・原子力業務部長

執行役員
池田　正昭
（いけだ・まさあき）

出身地　千葉県
61年7月21日生
（昭和36年）

- **学歴**　85（昭和60）年3月慶応義塾大学法学部政治学科卒
- **職歴**　85年4月電源開発入社、02年4月人事労務部人事グループリーダー、06年10月営業部設備計画グループリーダー、08年7月営業部長代理、11年6月開発電子技術㈱出向、14年6月秘書広報部長、17年6月執行役員・秘書広報部長

執行役員
野村　京哉
（のむら・たかや）

出身地　兵庫県
62年1月3日生
（昭和37年）

学歴　84（昭和59）年3月早稲田大学理工学部電気工学科卒
職歴　84年4月電源開発入社、04年11月国際事業部プルリア揚水工事監理事務所長代理、06年4月国際事業部プルリア揚水工事監理事務所副所長、07年7月国際事業部プルリア揚水工事監理事務所長、08年7月国際営業部技術営業室長代理、10年2月国際営業部開発営業室長代理、11年4月水力・送変電部調査役、同年7月水力・送変電部長代理、同年12月水力発電部水力電気室長、12年6月水力発電部長代理、14年2月㈱JPハイテック出向、16年6月水力発電部部長兼経営企画部審議役、17年6月水力発電部長、18年1月水力発電部長兼経営企画部審議役、同年6月執行役員・水力発電部長

執行役員
萩原　修
（はぎわら・おさむ）

出身地　神奈川県
60年12月11日生
（昭和35年）

学歴　84（昭和59）年3月横浜国立大学工学部情報工学科卒
職歴　84年4月電源開発入社、05年7月原子力事業部計画グループリーダー、08年5月原子力建設部建設管理グループリーダー、09年12月原子力業務部長代理、11年12月原子力業務部原子力調査室長、13年7月原子力建設部建設管理室長、14年12月原子力技術部建設管理室長、15年12月大間現地本部大間原子力建設所副所長兼大間現地本部長代理、16年6月大間現地本部大間原子力建設所長兼大間現地本部副本部長、18年6月執行役員・大間現地本部副本部長・大間原子力建設所長

執行役員
関根　良二
（せきね・りょうじ）

出身地　埼玉県
62年10月16日生
（昭和37年）

学歴　85（昭和60）年3月東京大学法学部卒
職歴　85年4月㈱日本長期信用銀行入行、01年1月電源開発入社、02年7月新事業部事業企画グループリーダー、06年7月設備企画部企画グループリーダー兼エネルギー業務部営業企画グループリーダー、08年7月設備企画部長代理、10年1月経営企画部長代理、11年12月経営企画部経営企画室長、13年6月水力発電部東日本支店長、15年10月エネルギー計画部長、18年6月執行役員・エネルギー営業本部長代理・エネルギー計画部長

執行役員
謝花 たかし
（じゃはな・たかし）

出身地 沖縄県
63年1月11日生
（昭和38年）

学歴 85（昭和60）年3月琉球大学工学部電気工学科卒
職歴 85年4月電源開発入社、07年7月火力エンジニアリング部計画グループリーダー、09年7月国際営業部技術営業室長代理、10年2月国際営業部開発営業室長代理、同年12月国際営業部開発営業室長代理兼国際業務部調査役、11年1月 J-POWER Generation (Thailand) Co., Ltd. 出向、15年6月国際営業部長、18年6月執行役員・国際営業部長

日本原子力発電

〒101-0053　東京都千代田区神田美土代町1番地1
☎　03 － 6371 － 7110

原電

日本原子力発電は、2018年6月29日開催の定時株主総会と取締役会で新たな役員体制を発足させ、村松衛社長は就任4年目に入った。東海第二発電所の安全審査が重要な局面にあることと、地域対応の重要性などを踏まえ、これまでの役員体制の基本的な枠組みを維持。副社長には和智信隆氏が就き、副社長は前年度の2人から3人体制となった。常務取締役には菅野政利氏が就任した。和智氏は安全審査対応、菅野氏は経理と、いずれも東海第二発電所関係で重要な役割を果たしている。

　非常勤・社外取締役の変更はなく、これにより、取締役の総数は前年度の16人から1人増の17人となった。

　執行役員人事では、常務執行役員に江口藤敏氏、新任の執行役員に宮澤直裕、坂佐井豊の2氏が就任した。退任は常務執行役員から常務取締役となった菅野氏と、執行役員だった荻野孝史氏で、荻野氏は退任後フェローに就任した。執行役員の総数は17人で前年度と変わっていない。

　17年度連結決算は、売上高（営業収益）が前年度比4.3％増の1147億円で3年ぶりの増収、経常利益は同58.2％増の76億円で4年ぶりの増益となり、増収増益は7年ぶりだった。

　また、19年1月をめどに、本店所在地を現在の東京都千代田区神田美土代町から同台東区上野へ移す。賃料削減に加え、子会社の原電エンジニアリングとともに移転を行うことで、グループ一体となった改革を加速するのが狙い。

役員の担当　◇　日本原子力発電

取締役社長	村松　衛	☆	
取締役副社長	市村　泰規	業務全般、総務室（人事・秘書）担当 開発計画室担当	
取締役副社長	小島　康壽	業務全般、地域共生・広報室担当 総務室担当	
取締役副社長	和智　信隆	業務全般、発電管理室担当	
常務取締役	劒田　裕史	東海事業本部長 廃止措置プロジェクト推進室担当	
常務取締役	木村　仁	経営企画室担当、経理・資材室（資材）担当	
常務取締役	前川　芳土	敦賀事業本部長 福井地区担当、安全室担当	
常務取締役	肥田　隆彦	国際事業推進室担当	
常務取締役	菅野　政利	経理・資材室（経理）担当	
取締役	村部　良和	東海事業本部副事業本部長	
取締役（非常勤）	岩根　茂樹	☆	
取締役（非常勤）	勝野　哲	☆	
取締役（非常勤）	金井　豊	☆	
取締役（非常勤）	小早川智明	☆	
取締役（非常勤）	原田　宏哉	☆	
取締役（非常勤）	渡部　肇史	☆	
取締役	高野　研一	☆	
常任監査役	大石　善彦	☆	
監査役	伊藤　成	☆	
監査役（非常勤）	下村　節宏	☆	
監査役（非常勤）	土屋　光章	☆	

取締役社長
村松　衛
（むらまつ・まもる）

出身地　神奈川県
55年8月19日生
（昭和30年）
趣味　海釣り
信条　知行合一

学歴
78（昭和53）年3月慶応義塾大学経済学部経済学科卒
職歴
78年4月東京電力入社、94年7月燃料部LNG室課長（LNG担当）、96年7月企画部調査課長、97年7月企画部調査グループマネージャー（以下、GM）（課長）、98年7月企画部企画GM（課長）、00年7月千葉支店船橋営業所長、02年7月企画部総括調整グループ、03年4月企画部総括調整GM、05年6月企画部電気事業連合会事務局派遣、08年6月執行役員・企画部長、12年6月常務執行役・経営改革本部事務局長（共同）、14年6月日本原子力発電取締役副社長、15年6月取締役社長

取締役副社長
市村　泰規
（いちむら・たいき）

出身地　茨城県
52年2月3日生
（昭和27年）
趣味　テニス、絵画
信条　撰難楽

学歴
74（昭和49）年3月茨城大学工学部電気工学科卒
職歴
74年4月日本原子力発電入社、92年7月計画部課長、93年6月開発計画本部第二計画部課長、96年12月開発計画本部第二計画部次長、98年6月開発計画本部第二計画部部長代理（次長）、99年6月開発計画本部第二計画部制御設計GM兼務、00年6月開発計画室副室長（副部長）、03年7月開発計画室長代理（開発業務部長）兼開発計画室長代理（開発計画部長）、05年6月理事・開発計画室長代理、06年6月理事・開発計画室長、08年6月取締役・開発計画室長、11年6月常務取締役、13年6月取締役副社長

取締役副社長
小島　康壽
（こじま・やすとし）

出身地　静岡県
53年2月14日生
（昭和28年）
趣味　書道、料理、読書、ウオーキング
信条

学歴
75（昭和50）年3月東京大学法学部卒
職歴
75年4月通商産業省入省、01年1月経済産業省大臣官房会計課長、02年1月大臣官房審議官、03年7月内閣官房知的財産戦略推進事務局次長、05年8月防衛庁防衛参事官、06年7月産業技術環境局長、07年7月退官、同年10月日本政策投資銀行理事、08年10月㈱日本政策投資銀行常務執行役員、09年7月退任、同年10月日本原子力発電顧問・広報室担任、10年6月取締役・広報室担任、12年6月常務取締役、15年6月取締役副社長

取締役副社長
和智　信隆
（わち・のぶたか）

出身地　福岡県
52年4月18日生
（昭和27年）
趣味　模型作り、音楽鑑賞、水泳
信条　男子三日会わざれば刮目して見よ

学歴
79（昭和54）年3月九州大学大学院工学研究科エネルギー変換工学専攻修了
職歴
79年4月日本原子力発電入社、95年6月敦賀発電所運営管理課長、98年6月発電本部発電管理部業務運営GM（課長）、99年6月（次長）、00年6月発電管理室（次長）、03年7月東海発電所副所長兼東海第二発電所副所長（副部長）、06年7月発電管理室長代理兼環境共生担当（部長）、09年6月理事・発電管理室長、11年6月取締役・敦賀発電所長、13年6月常務取締役・敦賀地区本部長、15年6月常務取締役、18年6月取締役副社長

常務取締役
釼田　裕史
（けんだ・ひろふみ）

出身地　富山県
55年11月14日生
（昭和30年）
趣味　読書
信条

学歴
78（昭和53）年3月東京大学工学部原子力工学科卒
職歴
78年4月日本原子力発電入社、95年6月東海発電所運営管理課長兼東海第二発電所運営管理課長、99年6月発電本部発電技術部炉心GM（課長）、01年6月（次長）、02年7月東海発電所次長兼東海第二発電所次長、03年7月発電管理室業務運営GM、04年7月（副部長）、06年7月東海発電所副所長兼東海第二発電所副所長、07年6月東海発電所長代理兼東海第二発電所長代理、同年7月（部長）、09年6月発電管理室長代理、10年6月理事・東海発電所長兼東海第二発電所長、11年6月取締役・東海発電所長兼東海第二発電所長、13年6月常務取締役、17年6月常務取締役・東海事業本部長

常務取締役
木村　仁
（きむら・ひとし）

出身地　滋賀県
55年6月8日生
（昭和30年）
趣味　水泳、ウオーキング、鉄道
信条　厳しい状況に直面したら正攻法

学歴
80（昭和55）年3月京都大学大学院工学研究科工業化学専攻修了
職歴
80年4月関西電力入社、93年6月大飯原子力発電所技術課長、96年6月原子力・火力本部原子力発電課長、00年6月原子力事業本部発電GM、同年9月関西電力パリ事務所長、04年8月東京支社次長、06年8月原子燃料サイクル室原子燃料サイクル部長兼サイクル事業グループチーフマネジャー併任企画室企画GM、07年6月大飯発電所長、11年6月原子力事業本部副事業本部長兼原子燃料部門統括、12年6月日本原子力発電取締役・企画室担任、14年6月常務取締役

常務取締役
前川　芳土
（まえかわ・よしのり）

出身地　福井県
55年5月9日生
（昭和30年）
趣味
信条

学歴
78（昭和53）年3月金沢大学工学部機械工学第二学科卒
職歴
78年4月日本原子力発電入社、96年6月発電本部発電管理部発電課長、98年6月敦賀発電所運営管理課長、00年3月敦賀地区本部敦賀発電所運営管理課長、同年6月敦賀地区本部敦賀発電所次長、02年7月敦賀地区本部福井事務所技術・報道GM（次長）、04年7月敦賀地区本部福井事務所技術・報道GM（副部長）、05年6月敦賀地区本部地域共生部技術・報道GM、同年7月敦賀発電所副所長、07年7月敦賀発電所長代理（部長）、10年6月理事・敦賀発電所長代理、12年6月取締役・敦賀地区本部長代理、13年6月取締役・敦賀地区本部長代理兼地域共生部長、14年6月常務執行役員・敦賀地区本部長代理兼地域共生部長、15年6月常務取締役・敦賀地区本部長、16年6月常務取締役・敦賀事業本部長

常務取締役
肥田　隆彦
（ひだ・たかひこ）

出身地　東京都
55年11月17日生
（昭和30年）
趣味　サイクリング
信条

学歴
78（昭和53）年3月中央大学理工学部精密機械工学科卒
職歴
78年4月日本原子力発電入社、96年6月開発計画本部第一計画部課長、98年6月開発計画本部第一計画部設計GM（課長）、00年6月開発計画室BWRシステム設計GM（課長）、01年6月開発計画室副室長兼BWRシステム設計GM（次長）、02年7月研究開発室将来炉プロジェクトGM（次長）、03年7月研究開発室将来炉プロジェクトGM兼革新炉技術GM（副部長）、05年7月研究開発室副室長兼将来炉プロジェクトGM、同年8月研究開発室応用技術GM兼務を解く、07年6月国際協力技術開発チームリーダー、同年7月国際協力技術開発チームリーダー（部長）、10年6月理事・国際協力技術開発チームリーダー、12年6月理事・国際協力推進室長、14年6月常務執行役員・国際事業推進室長、16年6月常務取締役

常務取締役
菅野　政利
（かんの・まさとし）

出身地　宮城県
60年9月24日生
（昭和35年）
趣味
信条

学歴
84（昭和59）年3月早稲田大学政治経済学部卒
職歴
84年4月北海道東北開発公庫入庫、99年10月日本政策投資銀行人事部調査役、00年3月人事部参事役、01年3月東北支店業務課長、04年3月信用リスク管理部課長、06年4月人事部次長、08年6月新むつ小川原㈱代表取締役専務、10年6月㈱日本政策投資銀行審査部担当部長、12年6月監査部長、14年6月執行役員（内部監査担当）、15年4月国立大学法人北海道大学理事、17年4月（一般財）北海道東北地域経済総合研究所特任顧問、同年6月日本原子力発電常務執行役員・経理・資材室担任、18年6月常務取締役

取締役
村部　良和
（むらべ・よしかず）

出身地　東京都
56年9月6日生
（昭和31年）
趣味　音楽鑑賞、楽器演奏
信条　謙虚に、前向きに、
　　　　誠実に

学歴
80（昭和55）年3月東京大学工学部原子力工学科卒
職歴
80年4月日本原子力発電入社、97年6月広報部課長、98年6月広報部報道GM、同年11月広報部広報総括GM、01年6月敦賀地区本部業務部事務GM、02年7月敦賀地区本部業務部業務総括GM、03年6月敦賀地区本部敦賀発電所運営管理課長、04年6月敦賀発電所運営管理GM（次長）、06年7月発電管理室業務運営GM、07年7月（副部長）、08年7月発電管理室長代理（部長）、11年6月発電管理室長、12年6月理事・発電管理室長、13年6月理事・敦賀発電所長、14年6月常務執行役員・敦賀発電所長、15年6月常務執行役員・東京電力㈱出向、16年6月常務執行役員・東京電力ホールディングス㈱出向、17年6月取締役・東京電力ホールディングス㈱出向、同年10月取締役・東海事業本部副事業本部長

取締役(非常勤) 岩根　茂樹

同　(　同　) 勝野　　哲

同　(　同　) 金井　　豊

同　(　同　) 小早川智明

同　(　同　) 原田　宏哉

同　(　同　) 渡部　肇史

取締役
高野　研一
（たかの・けんいち）

出身地　神奈川県
55年9月1日生
（昭和30年）
趣味
信条

学歴
78（昭和53）年3月名古屋大学工学部原子核工学科卒、80年3月名古屋大学大学院工学研究科原子核工学専攻博士課程前期修了、95年1月名古屋大学大学院工学研究科論文博士（工学）取得
職歴
80年4月㈶電力中央研究所原子力部入所、87年7月ヒューマンファクター研究センター主査研究員、93年7月ヒューマンファクター研究センター主任研究員、96年6月ヒューマンファクター研究センター上席研究員、07年4月慶応義塾大学先導研究センター教授、08年4月同大学院システムデザイン・マネジメント研究科教授、14年6月日本原子力発電取締役

常任監査役
大石　善彦
（おおいし・よしひこ）

出身地　愛知県
58年7月18日生
（昭和33年）
趣味　映画鑑賞
信条　過ちがないことではなく、過ちを改めることを重んじよ

学歴
81（昭和56）年3月早稲田大学法学部卒
職歴
81年10月日本原子力発電入社、97年12月人財部課長、99年6月秘書部庶務GM（課長）、00年6月社長室秘書GM（課長）、03年7月総務室文書法務GM（課長）、08年7月総務室副室長兼文書法務GM、10年6月総務室長代理、11年6月社長室室長（人事・労務）、12年6月人事労務室長、13年6月理事・人事労務室長、14年6月執行役員・総務室長、16年6月常任監査役

監査役
伊藤　成
（いとう・しげる）

出身地　東京都
58年4月26日生
（昭和33年）
趣味　山登り、映画鑑賞
信条

学歴
83（昭和58）年3月東京大学医学部保健学科卒、85年3月東京大学大学院修士課程医学系研究科保健学専攻修了
職歴
85年4月日本原子力発電入社、99年6月敦賀発電所労務課長兼敦賀調査所課長、00年3月敦賀地区本部敦賀発電所労務課長兼敦賀調査所課長、01年6月社長室人事GM（課長）、06年7月社長室副室長、09年6月企画室副室長兼情報システム統括GM、11年7月広報室副室長、12年6月秘書室長、14年6月考査・品質監査室長、16年6月監査役

監査役
下村　節宏
（しもむら・せつひろ）

出身地　鳥取県
45年4月28日生
（昭和20年）
趣味
信条

学歴
69（昭和44）年3月京都大学工学部電気工学科卒

職歴
69年4月三菱電機㈱入社、01年4月自動車機器事業本部長、同年6月取締役・自動車機器事業担当、03年4月常務取締役・自動車機器事業担当、同年5月常務取締役・ビルシステム事業・自動車機器事業担当、同年6月上席常務執行役・ビルシステム事業・自動車機器事業担当、04年4月代表執行役執行役副社長・ビルシステム事業担当、06年4月代表執行役執行役社長、同年6月取締役代表執行役執行役社長、10年4月取締役会長、12年6月日本原子力発電監査役、14年6月三菱電機㈱相談役、18年6月三菱電機㈱特別顧問

監査役
土屋　光章
（つちや・みつあき）

出身地　東京都
54年5月1日生
（昭和29年）
趣味
信条

学歴
77（昭和52）年3月東京大学経済学部卒

職歴
77年4月㈱日本興業銀行入行、00年9月㈱みずほホールディングスALM企画部長、02年4月㈱みずほコーポレート銀行秘書室長、04年4月執行役員・秘書室長、06年3月常務執行役員・営業担当役員、08年4月みずほ信託銀行㈱副社長執行役員、同年6月取締役副社長、11年4月㈱みずほフィナンシャルグループ副社長執行役員、同年6月取締役副社長、12年4月みずほ総合研究所㈱代表取締役社長、同年6月日本原子力発電監査役、17年6月みずほ総合研究所㈱代表取締役社長退任

日本原子力発電

執行役員の担当　◇　日本原子力発電

常務執行役員	島守	哲哉	原電エンジニアリング㈱出向
常務執行役員	吉田	邦弘	敦賀事業本部副事業本部長兼立地・地域共生部長
常務執行役員	松浦	豊	発電管理室担任（新検査制度担当）
常務執行役員	番	隆弘	総務室担任（コンプライアンスの強化・働き方改革、人事・秘書担当）
常務執行役員	星野	知彦	開発計画室長
常務執行役員	山内	豊明	廃止措置プロジェクト推進室長
常務執行役員	石坂	善弘	発電管理室長
常務執行役員	小島	明彦	経営企画室担任（経営基盤強化・財務担当）兼経理・資材室担任（資材担当）
常務執行役員	師尾	直登	東京電力ホールディングス㈱出向
常務執行役員	江口	藤敏	東海事業本部東海発電所長兼東海第二発電所長
執行役員	北川	陽一	敦賀事業本部敦賀建設準備事務所長兼開発計画室
執行役員	松橋	康弘	経理・資材室長
執行役員	猪股	真純	東海事業本部地域共生部長
執行役員	福山	智	発電管理室室長（許認可担当）
執行役員	坂井	毅志	敦賀事業本部敦賀発電所長
執行役員	宮澤	直裕	経営企画室長
執行役員	坂佐井	豊	東海事業本部東海発電所長代理兼東海第二発電所長代理

常務執行役員
島守　哲哉
（しまもり・てつや）

出身地　青森県
58年3月20日生
（昭和33年）

学歴　80（昭和55）年3月慶応義塾大学法学部法律学科卒
職歴　80年4月日本原子力発電入社、97年6月企画部課長、98年6月企画部企画グループマネージャー（以下、GM）、99年6月経理部予算GM、03年7月総務室総務GM、04年7月総務室総務GM（次長）、05年7月社長室副室長兼秘書GM、07年7月（副部長）、08年7月総務室副室長兼環境共生担当、09年7月総務室長代理兼環境共生担当（部長）、10年6月総務室長、12年6月理事・総務室長、14年6月執行役員・茨城総合事務所長代理兼東海事務所長、15年6月常務執行役員・茨城総合事務所長代理兼東海事務所長、16年6月常務執行役員・原電エンジニアリング㈱出向

常務執行役員
吉田　邦弘
（よしだ・くにひろ）

出身地　兵庫県
57年7月15日生
（昭和32年）

学歴　80（昭和55）年3月神戸商船大学商船学部原子動力学科卒
職歴　80年4月日本原子力発電入社、97年7月開発計画本部開発業務部課長、00年6月開発計画室（課長）、03年7月開発計画室プロジェクトGM、05年7月（次長）、08年7月廃止措置プロジェクト推進室副室長兼プロジェクト管理GM（副部長）、10年7月廃止措置プロジェクト推進室長代理（部長）、12年4月廃止措置プロジェクト推進室長代理兼プロジェクト管理GM、同年6月理事・敦賀地区本部副本部長兼敦賀建設準備事務所長、14年6月執行役員・敦賀地区本部副本部長兼敦賀建設準備事務所長、15年6月常務執行役員・敦賀地区本部長代理兼地域共生部長、16年6月常務執行役員・敦賀事業本部副事業本部長兼立地・地域共生部長

常務執行役員
松浦　豊
（まつうら・ゆたか）

出身地　福岡県
58年9月6日生
（昭和33年）

学歴　81（昭和56）年3月東京大学工学部原子力工学科卒
職歴　81年4月日本原子力発電入社、99年6月発電本部発電技術部（課長）、00年6月発電管理室（課長）、03年7月発電管理室炉心GM（課長）、07年7月発電管理室炉心・燃料サイクルGM、09年6月敦賀発電所安全管理室長、10年7月敦賀発電所副所長兼安全管理室長、11年7月発電管理室長代理、12年6月東海発電所長代理兼東海第二発電所長代理、13年6月理事・東海発電所長兼東海第二発電所長、14年6月執行役員・東海発電所長兼東海第二発電所長、16年6月常務執行役員・東海事業本部副事業本部長、17年10月常務執行役員・発電管理室担任（新検査制度担当）

常務執行役員
番　隆弘
（ばん・たかひろ）

出身地　青森県
57年5月9日生
（昭和32年）

学歴　82（昭和57）年3月東京経済大学経済学部経済学科卒
職歴　82年4月日本原子力発電入社、99年6月企画部（課長）、00年6月企画室業務GM（課長）、06年7月企画室副室長、11年2月企画室グループ事業開発チームリーダー兼務、同年6月企画室長、13年6月理事・企画室長、14年6月執行役員・経営企画室長、16年6月常務執行役員・総務室長、17年6月常務執行役員・総務室担任（コンプライアンスの強化・働き方改革、人事・秘書担当）

常務執行役員
星野　知彦
（ほしの・ともひこ）

出身地　埼玉県
60年2月26日生
（昭和35年）

学歴　82（昭和57）年3月慶応義塾大学理工学部機械工学科卒、84年3月慶応義塾大学大学院工学研究科機械工学専攻（修士課程）修了
職歴　84年4月日本原子力発電入社、99年6月開発計画本部第二計画部（課長）、00年6月開発計画室（課長）、03年7月発電管理室設備・化学管理GM（課長）、06年7月東海発電所保修室長兼東海第二発電所保修室長、09年6月開発計画室副室長、11年6月開発計画室長、13年6月理事・開発計画室長、14年6月執行役員・開発計画室長、16年6月常務執行役員・開発計画室長

常務執行役員
山内　豊明
（やまうち・とよあき）

出身地　新潟県
59年9月20日生
（昭和34年）

学歴　82（昭和57）年3月東京大学工学部原子力工学科卒
職歴　82年4月日本原子力発電入社、99年8月発電本部廃止措置計画部（課長）、00年6月発電管理室（課長）、01年6月廃止措置プロジェクト推進室（課長）、02年7月研究開発室（課長）、04年1月廃止措置プロジェクト推進室（課長）、同年7月廃止措置プロジェクト推進室基準・調査GM（課長）、06年7月（次長）、07年7月廃止措置プロジェクト推進室プロジェクト管理GM、08年6月廃止措置プロジェクト推進室廃止措置計画GM、同年7月廃止措置プロジェクト推進室処理計画GM、09年6月廃止措置プロジェクト推進室副部長兼処理計画GM、10年7月（副部長）、12年6月廃止措置プロジェクト推進室長代理兼敦賀地区本部地域共生部、同年7月（部長）、14年6月執行役員・廃止措置プロジェクト推進室長、16年6月常務執行役員・廃止措置プロジェクト推進室長

常務執行役員
石坂　善弘
（いしざか・よしひろ）

出身地　茨城県
60年4月13日生
（昭和35年）

学歴　83（昭和58）年3月北海道大学工学部原子力工学科卒
職歴　83年4月日本原子力発電入社、99年6月東海発電所運営管理課課長兼東海第二発電所運営管理課課長、00年6月東海発電所技術課長兼東海第二発電所技術課長、03年7月企画室付電気事業連合会へ派遣（課長待遇）、06年7月東海発電所運営管理GM兼東海第二発電所運営管理GM（次長）、09年6月東海発電所運営管理室長兼東海第二発電所運営管理室長、10年7月廃止措置プロジェクト推進室プロジェクト管理GM（副部長）、12年4月発電管理室長代理、同年7月（部長）、13年6月発電管理室長、14年6月執行役員・発電管理室長、16年6月常務執行役員・発電管理室長

常務執行役員
小島　明彦
（こじま・あきひこ）

出身地　栃木県
60年8月15日生
（昭和35年）

学歴　83（昭和58）年3月慶応義塾大学法学部政治学科卒
職歴　83年4月日本原子力発電入社、01年7月企画室（課長）、02年7月企画室企画GM（課長）、05年7月（次長）、06年7月資材燃料室副室長兼購買契約GM、09年6月資材燃料室副室長兼燃料GM、同年7月（副部長）、12年6月資材燃料室長代理、同年7月（部長）、13年6月資材燃料室長、14年6月執行役員・経理・資材室長、16年6月執行役員・経営企画室担任（経営基盤強化・財務担当）、17年6月常務執行役員・経営企画室担任（経営基盤強化・財務担当）、18年6月常務執行役員・経営企画室担任（経営基盤強化・財務担当）兼経理・資材室担任（資材担当）

常務執行役員
師尾　直登
（もろお・なおと）

出身地　東京都
61年1月31日生
（昭和36年）

学歴　83（昭和58）年3月横浜国立大学工学部機械工学科卒
職歴　83年4月日本原子力発電入社、01年6月東海発電所機械保修課長兼東海第二発電所機械保修課長、04年6月東海発電所保修室サブマネージャー兼東海第二発電所保修室サブマネージャー（課長）、05年10月発電管理室、06年7月発電管理室設備・化学管理GM、08年7月発電管理室設備管理GM、09年6月敦賀発電所保修室長、11年7月敦賀発電所副所長兼保修室長、12年6月敦賀発電所長代理、14年4月発電管理室長代理、15年6月執行役員・敦賀発電所長、16年6月執行役員・敦賀事業本部敦賀発電所長、17年6月常務執行役員・敦賀事業本部敦賀発電所長、同年10月常務執行役員・東京電力ホールディングス㈱出向

常務執行役員
江口　藤敏
（えぐち・ふじとし）

出身地　長崎県
59年8月6日生
（昭和34年）

| 学歴 | 84（昭和59）年3月長崎大学工学部材料工学科卒 |
| 職歴 | 92年5月日本原子力発電入社、04年6月東海発電所保修室サブマネージャー兼東海第二発電所保修室サブマネージャー（課長）、07年6月東海発電所保修室副室長兼サブマネージャー、09年6月東海発電所保修室長兼東海第二発電所保修室長、11年7月発電管理室設備管理GM、13年7月東海発電所長代理兼東海第二発電所長代理、16年6月執行役員・東海事業本部東海発電所長兼東海第二発電所長、18年6月常務執行役員・東海事業本部東海発電所長兼東海第二発電所長 |

執行役員
北川　陽一
（きたがわ・よういち）

出身地　東京都
58年11月4日生
（昭和33年）

学歴　82（昭和57）年3月日本大学理工学部土木工学科卒
職歴　82年4月日本原子力発電入社、03年10月開発計画室土木計画GM（課長）、04年6月開発計画室土木設計GM（課長）、11年7月開発計画室副室長兼土木設計GM、12年6月開発計画室副室長、13年12月開発計画室長代理、15年6月執行役員・敦賀建設準備事務所長兼開発計画室、16年6月執行役員・敦賀事業本部敦賀建設準備事務所長兼開発計画室

執行役員
松橋　康弘
（まつはし・やすひろ）

出身地　茨城県
59年6月30日生
（昭和34年）

学歴　84（昭和59）年3月日本大学経済学部経営学科卒
職歴　84年4月日本原子力発電入社、04年6月経理室予算GM（課長）、09年6月経理室副室長兼財務GM、11年7月敦賀発電所副所長兼総務室長、13年1月経理室副室長、同年6月経理室長、14年6月経理・資材室長代理、16年6月執行役員・経理・資材室長

執行役員
猪股　真純
（いのまた・ますみ）

出身地　新潟県
60年5月19日生
（昭和35年）

学歴　83（昭和58）年3月早稲田大学商学部卒
職歴　95年5月日本原子力発電入社、05年6月社長室人財活性化GM、06年7月敦賀発電所総務室サブマネージャー、08年7月敦賀発電所総務室副室長兼サブマネージャー、09年6月社長室安全衛生GM、12年2月東海事務所総括・広報GM、同年6月茨城総合事務所総括・渉外GM、13年6月敦賀地区本部業務・立地部長代理、14年2月茨城総合事務所副所長兼東海事務所長代理兼務、同年6月敦賀地区本部業務・立地部長、15年6月敦賀地区本部副本部長兼業務・立地部長、16年6月執行役員・東海事業本部地域共生部長

執行役員
福山　智
（ふくやま・さとる）

出身地　三重県
60年10月7日生
（昭和35年）

学歴　84（昭和59）年3月北海道大学工学部原子工学科卒
職歴　84年4月日本原子力発電入社、01年6月敦賀地区本部敦賀発電所技術課課長、02年7月発電管理室（課長）、03年1月発電管理室付原電情報システム㈱へ出向（課長待遇）、08年7月発電管理室、09年6月発電管理室技術・安全GM、12年6月発電管理室副室長兼安全室、13年7月発電管理室長代理兼業務効率化推進担当兼環境共生担当、14年3月発電管理室長代理（原子力災害防止担当）兼総務室、同年6月総務室兼務を解く、16年6月執行役員・発電管理室室長（許認可担当）

執行役員
坂井　毅志
（さかい・たけし）

出身地　滋賀県
63年1月3日生
（昭和38年）

学歴　87（昭和62）年3月大阪大学大学院工学研究科前期（溶接工学専攻）修了
職歴　87年4月日本原子力発電入社、02年7月敦賀地区本部敦賀発電所機械保修課長、04年6月敦賀発電所保修室サブマネージャー（課長）、08年7月敦賀発電所保修室副室長兼サブマネージャー、09年6月発電管理室設備管理GM、11年7月発電管理室業務運営GM、12年6月敦賀発電所副所長兼保修室長、14年4月敦賀発電所長代理、15年6月発電管理室長代理、17年6月執行役員・発電管理室長代理、同年10月執行役員・敦賀事業本部敦賀発電所長

執行役員
宮澤　直裕
（みやざわ・なおひろ）

出身地　北海道
64年11月7日
（昭和39年）

学歴　87（昭和62）年3月北海道大学工学部原子工学科卒
職歴　87年4月日本原子力発電入社、06年7月企画室企画GM、10年7月企画室副室長兼企画GM、12年4月企画室企画GM兼務を解く、13年7月企画室長代理、14年6月経営企画室長代理、16年6月経営企画室長、18年6月執行役員・経営企画室長

執行役員
坂佐井　豊
（さかさい・ゆたか）

出身地　茨城県
64年3月25日
（昭和39年）

学歴　87（昭和62）年3月千葉大学工学部電気電子工学科卒
職歴　87年4月日本原子力発電入社、10年7月発電管理室プラント管理GM、12年6月東海発電所運営管理室長兼東海第二発電所運営管理室長、14年6月東海発電所安全・防災室長兼東海第二発電所安全・防災室長、15年7月廃止措置プロジェクト推進室付東京電力㈱へ出向、18年6月執行役員・東海事業本部東海発電所長代理兼東海第二発電所長代理

邦暦・西暦・年齢早見表

平成30年 2018年

邦暦	西暦	年齢	邦暦	西暦	年齢	邦暦	西暦	年齢
大正10年	1921	97	29	1954	64	63	1988	30
11	1922	96	30	1955	63	64	1989	29
12	1923	95	31	1956	62	平成元年	1989	29
13	1924	94	32	1957	61	2	1990	28
14	1925	93	33	1958	60	3	1991	27
15	1926	92	34	1959	59	4	1992	26
昭和元年	1926	92	35	1960	58	5	1993	25
2	1927	91	36	1961	57	6	1994	24
3	1928	90	37	1962	56	7	1995	23
4	1929	89	38	1963	55	8	1996	22
5	1930	88	39	1964	54	9	1997	21
6	1931	87	40	1965	53	10	1998	20
7	1932	86	41	1966	52	11	1999	19
8	1933	85	42	1967	51	12	2000	18
9	1934	84	43	1968	50	13	2001	17
10	1935	83	44	1969	49	14	2002	16
11	1936	82	45	1970	48	15	2003	15
12	1937	81	46	1971	47	16	2004	14
13	1938	80	47	1972	46	17	2005	13
14	1939	79	48	1973	45	18	2006	12
15	1940	78	49	1974	44	19	2007	11
16	1941	77	50	1975	43	20	2008	10
17	1942	76	51	1976	42	21	2009	9
18	1943	75	52	1977	41	22	2010	8
19	1944	74	53	1978	40	23	2011	7
20	1945	73	54	1979	39	24	2012	6
21	1946	72	55	1980	38	25	2013	5
22	1947	71	56	1981	37	26	2014	4
23	1948	70	57	1982	36	27	2015	3
24	1949	69	58	1983	35	28	2016	2
25	1950	68	59	1984	34	29	2017	1
26	1951	67	60	1985	33	30	2018	0
27	1952	66	61	1986	32			
28	1953	65	62	1987	31			

注）年齢は誕生日以降の満年齢です
　　誕生日までの年齢数は上表年齢より1をひいてください

2018年版 電力役員録	Ⓒ 電気新聞　2018
平成30年8月21日印刷	定価（本体4000円＋税）
平成30年8月31日発行	送料　実費

編　集　　電気新聞メディア事業局
発行者　　新田　毅
発行所　　一般社団法人 日本電気協会新聞部

〒100-0006
東京都千代田区有楽町1-7-1（有楽町電気ビル）
☎(03) 3211-1555　　FAX (03) 3212-6155
www.denkishimbun.com

当書籍は電力および電気関連業界内で業務遂行上の円滑な連絡を行うことを目的に発行したものです。

本書の一部または全部の複写・複製・磁気媒体・光デバイスへの入力及びウェブサイトへの転載を禁じます。

編集の内容および購読についてのお問い合わせはメディア事業局（☎03-3211-1555）までご連絡ください。

乱丁、落丁の場合はお取り換え致します。転売禁止。
印刷・今野印刷株式会社
ISBN978-4-905217-70-1　C2060　¥4000E

電氣新聞 Digital

電 気新聞デジタルとは

お手元のパソコンやスマートフォン・タブレットで電気新聞が読めます。

便 利な機能多数搭載

検　索
検索機能でほしい情報にすぐアクセス！
2014年以降は紙面のイメージも

バックナンバー
日常の調査業務や資料作成作業に最適
過去の新聞も簡単に読める！

切り抜き印刷
切り抜きの形で印刷できるため
ニュースの重要度がわかる！

記事クリップ
気になる記事を保存
キーワード検索保存機能もあり！

サ ービス内容と料金

本紙と電子版とのセットプランなら月額 5,000 円(税抜)とお得です
データプランとデータDXプランで記事の閲覧・検索機能が充実しました

	新聞宅配プラン	電子版基本プラン	セットプラン	データプラン	データDXプラン
特徴	新聞を毎日お届け	PC・スマホ等でいつでもどこでも読める	新聞と電子版セットでお得	電子版基本プランに+1,000円で過去1年分の記事閲覧・検索が可能	電子版基本プランに+5,000円で2003年以降すべての記事閲覧・検索が可能
月額料金(税抜き)	4,500 円	4,500 円	5,000 円	5,500 円	9,500 円

※電子版基本プランの閲覧・検索可能日数は最新号から5日分となります
※データプランおよびデータDXプランは月額 500 円(税抜き)を追加すれば新聞とセットで購読できます

お申し込み・お問い合わせは	電気新聞お客さまセンター	☎0120-39-1551 TEL:03-3287-0025 E-mail:koudoku@denkishimbun.com
	電気新聞ウェブサイト	電気新聞デジタル　[検索]

電氣新聞の本 定期刊行物のご案内

定期購読のお申し込み、バックナンバーの購入も可能です。在庫等はお問い合わせください。

季刊 電力人事

価格 本体 4,800 円＋税／B5 判／700 ページ程度

[年 4 回発行]
- ●春季版… 4 月上旬　●夏季版… 5 月末頃
- ●秋季版… 8 月末頃　●冬季版… 2 月下旬

電力各社の管理職と組織図、および関係会社・団体の役職者約 8 万 5 千人を収録しています。

※当書籍は電力および電気関連業界内で業務遂行上の円滑な連絡を行うことを目的に発行しているものです。

電気新聞 縮刷版

価格 本体 3,505 円＋税／A4 変形／470 ページ程度

[隔月刊・年 6 回奇数月中旬発行]
- ● 1・2 月号　● 3・4 月号　● 5・6 月号
- ● 7・8 月号　● 9・10 月号　● 11・12 月号

電気新聞の紙面 2 カ月分と特集号などを 1 冊に収録し、奇数月に発行しています。電気・エネルギー業界の動きを振り返る貴重な資料としてご活用ください。

お申し込み・お問い合わせ　ウェブサイト www.denkishimbun.com

一般社団法人 日本電気協会新聞部（電気新聞）メディア事業局
〒100-0006 東京都千代田区有楽町1-7-1 有楽町電気ビル北館3F

TEL：03-3211-1555
FAX：03-3212-6155